Hugo Riemann

Katechismus der Orgel

Orgellehre

Hugo Riemann

Katechismus der Orgel
Orgellehre

ISBN/EAN: 9783743696525

Hergestellt in Europa, USA, Kanada, Australien, Japan

Cover: Foto ©Thomas Meinert / pixelio.de

Weitere Bücher finden Sie auf **www.hansebooks.com**

Katechismus

der

Orgel
(Orgellehre)

Max Hesse's Verlag.
1888.

Alle Rechte, insbesondere das der Übersetzung vorbehalten.

Den Manen

des

Prof. Dr. Heinrich Breidenstein.

Vorrede.

Wenn ich schon für alle die Orgel betreffenden Artikel meines Musiklexikons aus den hinterlassenen Manuskripten Prof. Dr. Heinrich Breidensteins reichen Nutzen ziehen konnte, so war das natürlich in noch höherem Maße der Fall in diesem speziell der Orgellehre gewidmeten Schriftchen, das als eine Umgestaltung des auf Grund des Breidensteinschen ausgearbeiteten Manuskriptes der Vorlesungen über die Orgel angesehen werden mag, welche ich während meiner Dozententhätigkeit an der Leipziger Universität 1878—79 hielt.

Ich bitte wohl nicht vergeblich, wenn ich alle Interessenten ersuche, mich auf Lücken oder Ungenauigkeiten meiner Darstellung aufmerksam zu machen.

Hamburg, Sommer 1888.

Dr. Hugo Riemann.

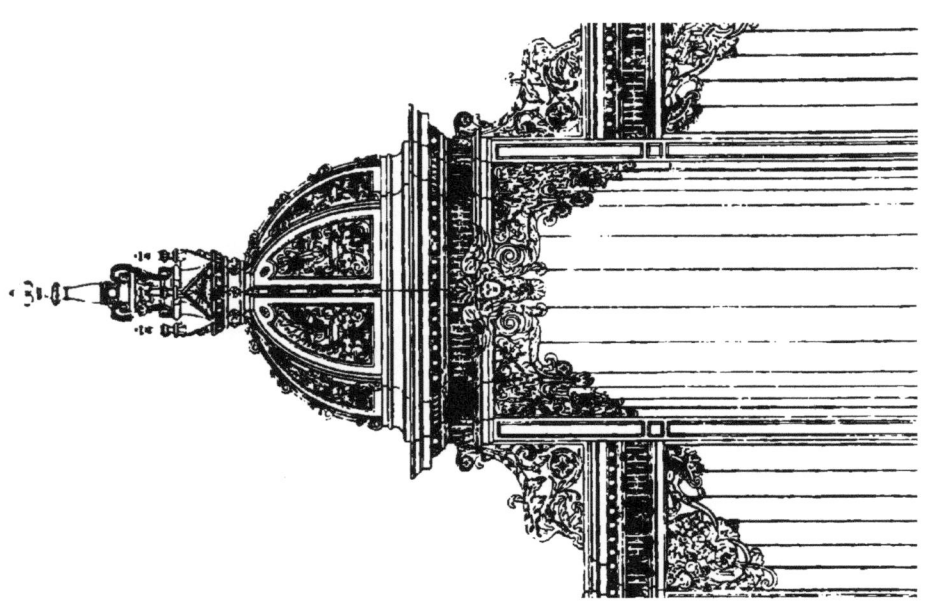

Prospect der Orgel im neuen Concerthaus zu Leipzig.

Einleitung.

1. Was für ein Instrument ist die Orgel?

Der Name Orgel (franz. Orgue, engl. Organ, ital. Organo) kommt vom griechischen Ὄργανον, das soviel wie Werkzeug, Instrument, daher auch Musikinstrument bedeutet; sowie die heilige Schrift den Namen „Buch der Bücher" (Βιβλια) erhielt, so erhielt das bekannte den Gottesdienst verherrlichende Instrument den Namen „Instrument der Instrumente" (Ὄργανα). In der That ist die große Orgel unserer Kirchen und Konzertsäle ebensowenig oder noch weniger ein einfaches Instrument, als die Bibel ein einfaches Buch. Fragen wir zunächst, welcher Klasse von Musikinstrumenten die Orgel angehört, den Saiteninstrumenten, Blasinstrumenten oder Schlaginstrumenten, so müssen wir sie in die zweite Klasse rechnen. Bei näherer Betrachtung erweist sich aber, daß die Orgel nicht ein einfaches, sondern ein gar künstlich zusammengesetztes Blasinstrument ist, das statt einer einzigen Schallröhre resp. tonerzeugenden Zunge deren viele hunderte, ja tausende enthält. Diese vielen einzelnen Röhren oder Pfeifen können natürlich nicht durch den Atem eines Menschen angeblasen werden, zumal darunter Pfeifen von kolossalen Dimensionen sind, die kein Mensch anzublasen vermöchte (bis zu 40 Fuß Länge); vielmehr bedient man sich dazu künstlich verdichteter Luft (Orgelwind), welche nach dem Willen des Spielers Zugang zu den einzelnen Pfeifen erhält. Ein ziemlich komplizierter Mechanismus vermittelt dieses Anblasen der einzelnen Pfeifen; seine beiden Hauptteile sind die Spielmechanik und die Registrierung, beide zusammen auch als Regierwerk bezeichnet. Die Spielmechanik besteht dem Spieler zunächst aus den Klaviaturen und weiterhin aus der Wellatur und endlich zunächst den Pfeifen den Spielventilen; die Registrierung aus den zunächst dem Spieler aus dem Gehäuse der Orgel herausragenden Registerstangen und weiterhin den durch der Wellatur ähnliche Verbindungsglieder regierten Registerventilen. Das den künstlichen Wind beschaffende und dem Spieler bereit stellende Gebläse zerfällt in die Bälge, welche die Luft einpumpen und komprimieren, die Kanäle, welche sie weiter leiten und die Windladen, welche ihn derart an Pfeifenreihen, resp. einzelne Pfeifen heranführen, daß er

nur noch durch ein leicht zu bewegendes Ventil von den Pfeifen geschieden ist und die Pfeifen sofort anbläst, sobald die betreffenden Register gezogen sind und die Taften niedergedrückt werden. Den wesentlichsten und wertvollsten Bestandteil bilden natürlich die eigentlichen klanggebenden Körper, die Pfeifen, die sich der Art der Tonerzeugung nach in Labial- und Lingualpfeifen scheiden (Pfeifen mit Luftblatt und solche mit Metallzunge). Da alle Pfeifen nur mechanisch angeblasen werden, so ist es unmöglich, etwa wie auf einer Flöte oder Oboe derselben Schallröhre eine größere Anzahl verschieden hoher Töne zu entlocken (durch Schließen oder Öffnen von Tonlöchern und gelinderes oder schärferes Blasen). Vielmehr giebt jede Pfeife stets nur einen und denselben Ton. Deshalb sind ganze Reihen einander ähnlich konstruierter aber verschieden großer Pfeifen erforderlich, um ein einziges Blasinstrument durch einen Umfang von mehreren Oktaven vorzustellen. Solche Reihen, die zu einem Instrument zusammengehören, heißen Stimmen (klingende Stimmen) oder Register. Man bestimmt die Größe einer Orgel gewöhnlich zunächst nach der Anzahl der klingenden Stimmen (eine Orgel von 10, von 50, von 100 Stimmen); die sämtlichen Stimmen einer Orgel gehören aber nicht zu einer Klaviatur, sondern sind stets auf mehrere Klaviaturen verteilt; doch ist es möglich, durch die sogenannten Koppeln die zu den anderen Klaviaturen gehörenden Stimmen mit zum Ansprechen zu bringen, wenn man auf einer derselben spielt. Hauptbestandteile der Orgeln sind also vom Spieler aus bis zu den Pfeifen:
1) Die Manuale mit den Registerzügen, Koppeln u. s. w.
2) Das Verbindungswerk, die eigentliche Mechanik (Wellatur, Wippen, Winkel u. s. w.).
3) Die Windladen und das sie speisende gesamte Gebläse (Bälge, Kanäle, Kondukten u. s. w.).
4) Das Pfeifwerk (die schönsten Pfeifen werden gewöhnlich als Prunkstück in den sogenannten Prospekt gestellt).

2. Unterscheidet man nicht die Orgeln je nach ihrer Größe mit besonderen Namen?

Jetzt kaum mehr. Früher nannte man eine Orgel ohne Pedal, die nur Flötenstimmen hatte, Positiv (wenn sie fest stand) oder Portativ (wenn sie tragbar war), eine die nur Zungenstimmen hatte aber Regal. Die Portative sind fast ganz verschwunden, die Regale aber zum Harmonium (Physharmonika, früher auch Äoline, Melodium oder Expressivorgel) fortentwickelt. Orgeln, die keine 16füßigen Stimmen enthielten, nannte man früher halbe Orgeln, und solche, die nicht einmal 8füßige Stimmen hatten, gar Viertelorgeln. In der That sind Instrumente von solcher Unvollkommenheit etwas Halbes, ja weniger als das, kommen aber auch heute nirgends mehr vor. Zu einer halbwegs brauchbaren Orgel gehören außer einer wenn auch nur kleinen Anzahl verschiedener Register (darunter ein, eine Oktave tiefer klingendes, sogenanntes 16füßiges für das Pedal) drei Klaviaturen, zwei für die Hände (Manuale) und eine für die Füße (Pedal). Denn da der Orgel das crescendo und diminuendo so gut wie ganz unmöglich ist (worüber später mehr), so bedarf sie der Möglichkeit durch dynamischen Kontrast zu wirken, indem sie von den zarten Stimmen des einen Manuals plötzlich zu den stärkeren des anderen übergeht oder umgekehrt. Ein anderer Grund, das zweite Manual für unentbehrlich zu halten, ist der, daß häufig irgend etwas an der Mechanik passiert, was momentan die Benutzung eines Manuals zur Unmöglichkeit macht.

3. Ist für den Organisten eine genauere Kenntnis der Konstruktion der Orgel erwünscht?

Dieselbe ist ihm sogar durchaus unerläßlich. Denn er muß im stande sein, kleine Störungen und Schäden jederzeit selbst finden und reparieren zu können, resp. wenn das nicht angeht, seine Benutzung des Instrumentes so einzurichten, daß der Schade nicht auffällt: wenn auch in großen Städten allenfalls jederzeit ein des Orgelbaues Verständiger aufzutreiben ist, so ist es doch auf dem Lande und in kleineren Orten unmöglich, immer gleich den Orgelbauer zu citieren. Die Orgel ist ein kostbares dem Organisten anvertrautes Kleinod: er hat darüber zu wachen, daß dasselbe in allen seinen Teilen korrekt behandelt und wohl im Stande erhalten werde, was er natürlich nicht kann, wenn er sich darauf beschränkt, den Klangcharakter der Register auszuprobieren und sie nach seinem künstlerischen Vermögen beim Spiel zu verwerten. Natürlich muß man zuerst Klavier spielen lernen, d. h. überhaupt lernen, was eine Klaviatur zu bedeuten hat und sich die nötige Fertigkeit des Umsetzens der Noten in Griffe aneignen. Ist man mit dieser Vorbereitung des rein Mechanischen zu einem passablen Grade fortgeschritten, so wird es erforderlich, daß man auf einem Harmonium oder auch gleich einer wirklichen Orgel sich das streng gebundene Spiel zu eigen macht, das ein Instrument erfordert, dessen Töne gleichstark weiter klingen, solange man die Tasten berührt. Gerät ein Klavierspieler zum ersten Male auf eine Orgel oder ein Harmonium, so erschrickt er über die Unerbittlichkeit, mit welcher das Instrument jegliche Unakkuratesse im Ablösen der Finger schreiend verrät. Endlich handelt es sich darum, die Füße zu schulen, denn auch diese müssen ein Klavier bearbeiten und zu einer ganz erheblichen Fertigkeit gebracht werden. Diese Einführung in die Kunst des Orgelspiels geht uns hier nichts an; vielmehr nehmen wir an, daß der Organist als technisch und ästhetisch fertig gebildeter Spieler nun dazu übergeht, den Bau des Instrumentes zu studieren, nicht nur um dasselbe in seiner Sonderart ausbeuten zu können, sondern auch um der verantwortlichen Aufgabe zu genügen, dasselbe rationell zu behandeln und zu konservieren. Denn jede Orgel ist ein Individuum mit zahlreichen Eigentümlichkeiten, die gekannt und erkannt sein wollen; es genügt nicht, daß man ungefähr weiß, wie Orgeln gebaut werden, man muß sich speziell überzeugen, wie die Orgel, die einem anvertraut ist, gebaut ist, das kann man aber wiederum nur, wenn man im allgemeinen mit der Konstruktion der Orgeln Bescheid weiß. Wer

1*

unvorbereitet an ein großes Orgelwerk herantritt, dem werden die Sinne verwirrt werden beim Anblick der vielen Pfeifen, Drähte, Hebel, Winkel, Wippen, Ventile u. s. w. Nicht nur für eine korrekte Behandlung der Orgel, sondern schon fürs auch nur einmalige Spiel ist erforderlich, daß der Spieler die Register des Instrumentes nach ihren Namen unterscheiden und benutzen lerne. Wir werden daher nach Erklärung der Klaviaturen und Registerzüge mit der Beschreibung der klingenden Stimmen nach ihrem Klangcharakter, ihrer Mensur ꝛc. fortfahren; erst wenn diese, dem Spieler unerläßlichen Kenntnisse absolviert sind, werden wir unsere Aufmerksamkeit dem Regierwerk und Gebläse zuwenden, um dem Konservator des Instruments die nötigen Winke zu geben.

I. Die Klaviaturen und Registerzüge.

4. Was fällt an der Orgel dem Beschauer zunächst ins Auge?

Die von Brettern und Balken gefertigte Umkleidung der Orgel, das Orgelgehäuse, welches entweder einen farbigen Anstrich erhält oder in seiner Naturfarbe (z. B. bei Eichenholz) gefirnißt wird. Man findet das Gehäuse außerdem an der Vorderseite mit Laubwerk, Säulen, Engelsköpfen, Sonnen, Sternen, ganzen Figuren und dergl. verziert; von dieser Geschmacksrichtung ist die Neuzeit aber mehr zurückgekommen, und man ist jetzt auf eine gefällige Einfachheit bedacht. Den Hauptschmuck der Fassade (des Prospektes) bilden die blankpolierten zinnernen (Prospekt=) Pfeifen, welche in mehrfachen Gruppen symmetrisch aufgestellt sind, nämlich teils als Türme (wenn sie einen nach außen hervortretenden, konvexen Halbkreis bilden), teils als Nischen (wenn sie konkave Halbkreise bilden), als Spitztürme (wenn sie im Winkel vorspringen), als Flachfelder (wenn sie in gerader Linie stehen) und als Brüstung (wenn sie in sanfter Rundung zusammengestellt sind). In dem Gehäuse befinden sich eine oder mehrere verschließbare Thüren und außerdem noch mehrere Füllungen, welche nicht wie jene durch Schlösser oder Riegel, sondern durch Haken nach innen festgehalten werden, die man mit den Händen löst, so daß man die Füllung herausnehmen kann. Auch oberhalb der Manual= und Pedalklaviatur sind solche Füllungen, die sich herausnehmen lassen, damit man vorkommenden Falls kleine Reparaturen an den Abstrakten, Wellen u. s. w. vornehmen kann.

5. Wodurch unterscheiden sich die drei, vier oder fünf Klaviaturen der Orgel?

Die in Sitzhöhe vor dem Spieler übereinanderliegenden Klaviaturen mit schmalen Tasten sind fürs Spiel der Hände bestimmt und heißen

Manuale, die unter dem Sitz liegende in größeren Dimensionen angelegte gehört den Füßen und heißt **Pedal**.

Größere Orgeln haben 3, 4, selten 5 Manuale. Eins heißt das **Hauptmanual** oder **Hauptwerk** (Grand Manuel, Clavier du grand orgue oder du grand choeur, Great Organ), welches die meisten und kräftigsten Stimmen bekommt; ein zweites wird **Nebenmanual** oder **Oberwerk** genannt; von dreien liegt gewöhnlich das Hauptwerk in der Mitte, das zweite ist das **Unterwerk** und das dritte das **Oberwerk** oder **Positiv** (französisch: Clavier du positif, Clavier des bombardes, englisch: Choir Organ oder Swell Organ). Das vierte oder fünfte heißt **Solo, Soloklavier, Echo, Echowerk, Fernwerk** (Solo organ, Cl. de récit). Diese Ordnung ist nicht immer inne gehalten, immer aber ist das höchste Klavier das mit den schwächsten Stimmen, so daß bei drei Manualen das dritte oft ebenso besetzt ist, wie bei fünfen das fünfte, d. h. als Echowerk. Das Clavier des bombardes der Franzosen hat meist zarte Stimmen, aber außerdem sehr starke Zungenstimmen (Posaune oder Trompete), von denen es seinen Namen hat (Bombarde=Posaune). Das Echowerk steht häufig in einem Kasten mit Jalousieläden (Schweller), welche durch einen Pedaltritt geöffnet und geschlossen werden können (crescendo und decrescendo).

Manche dritte oder überhaupt höchste (schwächste) Manuale haben teine eigenen Stimmen, sondern regieren durch besondere Vorrichtung einige sanfte Stimmen aus anderen Manualen. So z. B. in der Orgel zu Geisleben bei Heiligenstadt. Solche Manuale nennt man **Gregorianische**. Das Pfeifwerk des dritten Manuals setzte man früherhin vor die Mitte der Orgel, im Rücken des Spielers, sodaß derselbe vom Kirchenraume aus nicht gesehen werden konnte, und nannte es darum **Rückpositiv**. Diese keineswegs zweckmäßige Einrichtung ist schon seit längerer Zeit gänzlich außer Gebrauch gekommen.

Das Soloklavier ist lediglich zur Ausführung einer Hauptmelodie bestimmt und hat deshalb auch nur den Umfang des Distant mit $2^{1}/_{2}$, höchstens 3 Oktaven, so daß die tiefste entweder ganz fehlt oder in das Choir (3. Manual) übergeleitet ist. Das Soloorgan (4. Manual) einer Orgel zu Liverpool hat nur eine Stimme, „Tuba mirabilis". 5 Manuale fanden sich früher u. a. zu St. Sulpice (Paris), im Dom zu Halberstadt, dieselben wurden aber später auf 4 reduziert; dagegen sollen noch jetzt 5 haben die Kathedralen zu Rouen, Tours, Beauvais und einigen anderen Städten Frankreichs.

Der Umfang der Manuale in den ältesten noch vorhandenen Orgeln Deutschlands, Frankreichs, Hollands, Belgiens, der Schweiz ꝛc. erstreckt sich vom großen bis zum dreigestrichenen c (C—c'''), in späteren aber bis zum dreigestrichenen f oder g. Die englischen und italienischen Orgeln dagegen beginnen mindestens um eine Quarte oder Quinte tiefer, also mit Kontra=G oder Kontra=F, ja sogar manchmal mit Kontra=C, also um eine ganze Oktave tiefer, so z. B. im Dom zu Como, weshalb dort auch alle Stimmen in der Fußgröße nach diesem ‚C angegeben sind, d. h. Prinzipal 16' bedeutet die Pfeifenlänge von 16' für ‚C (nicht für C), entspricht also dem sonst sogenannten 8' Tone. In der Höhe reichen die alten italienischen Orgeln gewöhnlich ebenfalls bis f^3, aber auch bis g^3, a^3 und selbst c^4. So hat das Hauptmanual der Orgel in der Alessandrokirche zu Mailand einen Umfang vom Kontra-C bis zum viergestrichenen c, mithin volle 6 Oktaven, eine alte Orgel zu Birmingham: Manual von Kontra-C bis f^3, also $5^1/_2$ Oktaven. Solche, sowie alle alten Orgeln haben aber die sogenannte kurze Oktave, d. h. es fehlen in der ersten Oktave die Töne Cis, Dis, Fis und Gis ganz und gar und die übrigen sind auf die wunderliche Art geordnet, daß die erste Untertaste C, die zweite F, die dritte G, die vierte A ist; der Ton D war als Obertaste zwischen F und G und der Ton E als zweite Obertaste zwischen G und A eingeschaltet, sodaß also die Klaviatur der tiefsten Oktave scheinbar mit E begann:

```
  D E B
C F G A H C
```

Sowohl die Manuale als das Pedal, wiewohl erstere nicht so allgemein, bekamen die kurze Oktave (so hatte nach Prätorius „Syntagma" II. 187 die im Jahre 1614 erbaute Orgel der Schloßkirche zu Dresden sowohl im Pedal als den Manualen die kurze Oktave): diese Einrichtung erhielt sich bis in die Mitte des 18. Jahrhunderts. Man findet sie noch jetzt an vielen älteren Orgeln namentlich in Österreich, Böhmen und Italien. Als sie endlich abgeschafft wurde, ließ man gleichwohl noch lange nachher fast durchweg das Cis fehlen, ohne Zweifel dieses wie jenes aus Rücksichten der Sparsamkeit. Es scheint, daß man der Ansicht war, die Organisten könnten sich auch ohne diese Töne behelfen. In vielen englischen Orgeln haben das zweite und dritte Manual nicht gleichen Umfang mit dem Hauptmanual, sondern fangen erst mit dem großen C, F oder G an.

Es sind auch früherhin Versuche gemacht worden, noch zwei und selbst fünf Obertasten hinzuzufügen und zwar zu gunsten der akustisch reinen Stimmung, nämlich entweder nur zwischen d und dis und g und gis, oder neben allen fünf Obertasten. Obgleich man längst davon zurückgekommen, findet man dies doch noch in manchen älteren Orgeln, z. B. in Temple-Church zu London in der von Smith 1687 erbauten Orgel, welche für dis und es, sowie für gis und as besondere Obertasten hat, ebenso in der von Prätorius beschriebenen Orgel in der Schloßkirche zu Dresden.

Die Pedalklaviatur hat gleich den Manualen und in der nämlichen Folge ihre Ober- und Untertasten; dieselben unterscheiden sich aber sehr von jenen durch ihre Zahl, Größe, Gestalt, Material ꝛc. Was zuerst den Umfang, d. h. die Tastenzahl der Pedale betrifft, so soll es sich ohne Lücke vom großen C bis zum eingestrichenen d [e oder höchstens f] erstrecken, weil nur dann die Werke unserer größten

Orgelkomponisten darauf ausführbar sind. Es versteht sich, daß in Orgeln, bei denen das Manual tiefer als groß C geht, auch das Pedal eine gleiche Ausdehnung nach der Tiefe hin hat. Bloß zwei Oktaven ohne das eingestrichene cis und d ist nicht zu billigen, weil diese Töne dann und wann nötig sind. Von c—f¹ reicht z. B. das Pedal der von Robson 1847 gebauten Orgel der Michaeliskirche zu London; von ‚F bis klein f gehen die Pedale in den Kathedralen zu St. Denis (1841 von Cavaillé=Coll gebaut), Beauvais, Antwerpen. Den abnormen Umfang von C—f² (3½ Oktaven) im Pedal und C—c⁴ im Manual hat die Orgel zu Headdersfield. Ein Pedal, welches eigene Pfeifen und Stimmen hat, nennt man ein freies im Gegensatze zu einem nur angehängten (Koppelpedal, franz. tirasse), welches nur durch Anhängung seiner Tasten an die Manualtasten Pfeifen zum Erklingen bringt. Die Versuche, das Pedalspiel zu erleichtern durch bogenförmige (konkave) oder strahlenförmige Stellung der Pedaltasten, haben zu keinem Resultate geführt. Die Orgel zu St. James in London hat an der Seite eine besondere Klaviatur, vermittelst deren ein zweiter Spieler das Pedal spielen kann. Die Hinzufügung eines zweiten Pedals ist neueren Datums, 1838 von Walcker in Ludwigsburg zuerst eingeführt (St. Paul zu Frankfurt a. M., Domorgel zu Ulm, Stiftskirche zu Stuttgart, Petrikirche zu Petersburg u. a.). Das zweite Pedal liegt unmittelbar hinter dem ersten etwas höher.

Die Klaviaturen befinden sich entweder unter der Mitte der Front oder aber an einer der beiden Seiten und so, daß die verschiedenen Manuale terrassenförmig übereinander liegen, selten und jedenfalls nur notgedrungen hinter der Orgel (London in der Christ-Chapel u. a.) Im ersteren Falle sitzt der Spieler mit dem Gesicht nach der Orgel und wendet dem Kirchenraume den Rücken zu und zwar gewöhnlich frei und allen sichtbar, aber auch manchmal von einem hölzernen Verschlag umgeben (Berliner Dom, Augustinerkirche zu Erfurt). In der Marienkirche zu Lübeck ist es ein kleines Stübchen, dessen eine der Kirche zugewandte Seite zum Teil offen ist. Besser ist unzweifelhaft der in neuerer Zeit besonders an größeren Orgeln eingeführte Spieltisch oder Klaviertisch, welcher ebenfalls vor der Fronte, aber abgesondert von der Orgel steht und an welchem der Spieler so sitzt, daß er die ganze Kirche übersehen kann. Der Mechanismus des Regierwerkes geht dann unter dem Boden weg in die Orgel. Der Tisch selbst ist entweder viereckig oder, was noch besser, er windet sich in einem Halbkreis um den Spieler herum, so daß dieser die daran befestigten Registerzüge alle bequem erreichen kann (Ulm, Heilbronn, St. Sulpice 2c.). Bei den Konzertorgeln in England sitzt der Spieler vor dem Orchester oder zwischen den ersten und zweiten Violinen, während die Orgel hinter dem Orchester aufgebaut ist. Es wird dies durch die sogenannte lange Traktur ermöglicht. Aber auch in Kirchen findet man zuweilen die lange Traktur. So sind in der Allerheiligenkirche zu Manchester die Klaviaturen 27 m von den Spiel=

ventilen entfernt, und in der Kirche S. Alessandro in Colonna zu Bergamo, wo zwei große Orgeln einander gegenüber stehen, kann das dritte Manual der einen von der anderen aus mittels einer 35 m langen Traktur gespielt werden.

6. **Was versteht man unter Kombinationspedalen und Kollektivtritten?**

Dieselben sind entweder vom Orgelbauer vorausbestimmte oder vom Organisten bestimmbare Zusammenstellungen verschiedener Register, welche nicht wie sonst durch Anziehen oder Abstoßen einer Registerstange mit der Hand in oder außer Funktion gesetzt werden, sondern durch Herabtreten oder Emporschieben oder auch seitliche Bewegung eines aus der Orgel herausstehenden Hebels mit dem Fuße. Kollektivtritte, Kollektivregister (oder Kollektivzüge, wenn sie mit der Hand regiert werden) heißen sie dann, wenn sie entweder alle Stimmen eines Manuals oder der ganzen Orgel oder nur die Labialstimmen oder Zungenstimmen eines Manuals oder der ganzen Orgel zugleich regieren; Kombinationspedale (Kombinationsregister) heißen sie dagegen, wenn der Organist sie vor Beginn des Spiels auf beliebige Register stellen, dieselben also selbst kombinieren kann. Wenn diese Unterscheidung nicht allgemein gebräuchlich ist, so sollte sie es wenigstens werden. So hat die 1885 von Walcker und Komp. erbaute neue Orgel der Petrikirche in Hamburg 3 Kollektivtritte, deren erster alle 16′, 8′ und 4′ Labialstimmen der Manuale und sämtliche Labialstimmen des Pedals zum Ansprechen bringt, der zweite dieselben und dazu noch die 2′ Labialstimmen, Quinten und Mixturen (alle Labialstimmen des Werkes) und der dritte das volle Werk. Die weiteren Tritte aber sind Kombinationspedale, d. h. der Organist kann auf jeden derselben eine bestimmte Registrierung für jedes Manual und das Pedal einstellen, die zur Geltung kommt, sobald er den Tritt bewegt. Keine Kombination des einen Tritts stört oder hebt die des andern auf, vielmehr sind alle noch weiter miteinander kombinierbar, wodurch eine große Zahl möglicher Mischungen entsteht; ja der Organist kann durch einen weiteren Tritt das sogenannte Kombinations-Prolongement, jede beliebige Registerkombination, die sich während des Spiels ergiebt, konservieren, während er doch schon die Registerknöpfe abgestoßen hat: dadurch wird es ihm möglich, während des Spieles in einer Kombination eine andere fix und fertig vorzubereiten, indem er allmählich die Register derselben hinzunimmt und durch Abstoßen des Prolongementes mit einem Male die vorige Registrierung aufhebt. Auch die sogenannte Crescendo- und Descrescendo-Walze wird in der genannten Orgel durch Druckknopf oder Pedaltritt in oder außer Funktion gesetzt; ihre Wirkung ist ein selbstthätiges successives Anziehen sämtlicher Stimmen von den zartesten anfangend bis zum stärksten Fortissimo des vollen Werkes, sowie umgekehrt das successive Abstoßen derselben. An einem Zifferblatt im Klavierschranke sieht man jederzeit, wie weit das crescendo oder descrescendo gediehen ist. Der Fehler der selbstthätigen Crescendo-

Walze ist der, daß sie das Tempo der Stimmenvermehrung oder -verminderung dem Willen des Spielers entzieht. Vorzuziehen sind Crescendo-Walzen mit Wagebalken, die dem Spieler ermöglichen, das crescendo zu beschleunigen oder zu verlangsamen. Die Idee der Kombinationspedale ist eine Erfindung des genialen französischen Orgelbauers Aristide Cavaillé-Coll.

7. Was versteht man unter Koppeln?

Unter Koppel (v. lat. copula „Verbindung") versteht man die mechanische Einrichtung, vermöge deren 1) alles, was auf der einen Klaviatur gespielt wird, die Wirkung bekommt, als würde es auch zugleich auf der oder den anderen gespielt, oder 2) vermöge deren mit jedem gespielten Tone auch zugleich aus der nämlichen oder einer anderen Klaviatur seine höhere oder tiefere Oktave oder auch beide mitregiert werden. Die ersteren Einrichtungen nennt man Manual- und Pedalkoppeln, die letzteren Oktavkoppeln.

Durch die Manualkoppel werden zwei (oder drei) Manuale, durch die Pedalkoppel wird das Pedal mit einem der Manuale, und zwar stets dem Hauptmanual verbunden. Bei nur einer Manualkoppel verbindet diese immer das Hauptmanual mit einem der Nebenmanuale und zwar so, daß wenn auf jenem gespielt wird, auf diesem die gleichnamigen Tasten gleichzeitig durch den Mechanismus niedergezogen werden. Bei mehr als zwei Manualen kann außerdem auch das dritte mit dem ersten oder zweiten, sowie das zweite mit dem dritten verbunden werden. Hinsichtlich der Art, wie die Koppeln in Wirksamkeit gesetzt werden, unterscheidet man 1) Manubrienkoppeln, wenn dies mittels eines mit der Hand zu ergreifenden Registerzuges geschieht, 2) Fußtrittkoppeln, wenn es durch einen mittels des Fußes zu verschiebenden Haken geschieht, 3) Schiebekoppeln, wenn durch zwei an den Seiten oder in der Mitte der Klaviaturen angebrachte Knöpfe die Klaviatur verschoben wird, wozu aber beide Hände notwendig sind, während es zum Anziehen des Registerzuges nur einer Hand bedarf; auch hat das Verschieben noch andere Nachteile, daher diese Einrichtung sich nur noch in alten Orgeln findet, und nicht mehr neu gemacht wird.

Bezüglich der Richtung der wirkenden Kraft giebt es Druckkoppeln, wenn die obere Klaviatur die untere mit niederdrückt, und Zugkoppeln, wenn umgekehrt die untere die obere mit niederzieht. Von ersterer Art ist die Frosch- oder Klötzchenkoppel: an die Unterseite der Tasten der oberen der beiden zu koppelnden Klaviaturen und auf die Oberseite der unteren werden Klötzchen (Frösche) dergestalt aufgeleimt, daß sie bei der Nichtkoppelung nicht, wohl aber bei der Koppelung grade übereinander liegen, sodaß beim Niederdrücken der höher liegenden Manualtaste die tiefer liegende mit niedergedrückt wird. Diese nur noch in alten Orgeln anzutreffende Koppel ist schon aus dem Grunde nicht zu empfehlen, weil die Klötzchen beim Verschieben der Klaviatur leicht abbrechen. Auch kann nicht während des Spiels an- und abgekoppelt werden, wie dies bei den nachbenannten der Fall ist.

Die jetzt gebräuchlichste Zugkoppel ist die Gabelkoppel: auf der unteren Taste ist eine messingene Schraube angebracht, welche durch die obere Taste hindurchgeht und oben mit einem Ledermütterchen versehen ist; auf der oberen Taste befindet sich ein Klötzchen mit einem gabelförmigen Ausschnitt, Gabel genannt, in welchen, wenn die Koppel gezogen wird, die Schraube eingreift, sodaß sie die obere Taste mit niederzieht. Diese Koppel wird meistens bei nur zwei Manualen angewendet.

Bei der Wippenkoppel (Winkelhakenkoppel und Winkelhebelkoppel) erfolgt die Verkoppelung nicht an der Klaviatur, sondern mehr im Innern der Orgel an der Traktur, d. h. den Verbindungsgliedern der Tasten und Spielventile. Ihre Ausführung ist auf verschiedene Weise möglich.

Bei der Windladenkoppel wird nur der Wind aus den Kanzellen des Klaviers in die Kanzellen des anderen geführt, sie ist aber nur anwendbar, wenn die Stimmen beider Manuale auf derselben Windlade stehen.

Die Pedalkoppel verbindet das Hauptmanual mit dem Pedal: sie ist in allen den Orgeln unentbehrlich, in welchen das Pedal nicht ganz vollständig mit allen Arten von Stimmen versehen ist. Sie ist entweder bloß Anhängekoppel, d. h. die Pedaltasten werden an die Manualtasten angehängt und ziehen diese mit nieder, oder wenn die Pedaltasten mit den Manualtasten in keiner Verbindung stehen und direkt auf die Pfeifen des Manuals wirken, sind in der Manualwindlade an den Baßkanzellen, soweit das Pedal reicht, doppelte hintereinander liegende Ventile oder auch doppelte Kanzellen angebracht, wovon die einen für das Manual, die anderen für das Pedal bestimmt sind, letztere mit eigenem besonderen Windkasten und mit besonderem eigenen Regierwerk, so daß die Manualtasten nicht mit niedergezogen werden (Windkoppel). Es können auch unter jeden Pfeifenchor des Manuals zwei Schleifen gelegt werden, von denen die eine zu einem Manual-, die andere zu einem Pedalregisterzug gehört, was den Vorteil gewährt, daß nicht alle im Manual gezogenen Register mittönen, sondern es vom Spieler abhängt, welche von den Manualstimmen er will mittönen lassen. Auch der pneumatische Hebel kann zu mehrfachen Ankoppelungen verwendet werden, wie es z. B. M. Barker in der Orgel zu St. Sulpice in Paris gethan hat.

Durch die Oktavkoppel kann mit jedem Tone die höhere oder die tiefere Oktave entweder aus dem nämlichen oder aus einem anderen Klaviere verbunden werden und sie wird demgemäß in Beziehung auf erstere Eigenschaft entweder Ober- oder Unteroktavkoppel (jene auch bloß Oktav-, diese Suboktavkoppel) genannt, oder, wenn beides der Fall ist, Doppeloktavkoppel. Dadurch wird in einer (Pedal- oder Manual-) Klaviatur die Anzahl der Stimmen geradezu verdoppelt oder verdreifacht, jenachdem nur eine oder beide Oktavkoppeln zur Geltung kommen. Es wird nämlich jede achtfüßige Stimme zugleich zu einer 16- oder 4 füßigen, jede 16füßige zu einer 8= oder 32füßigen u. s. w. Weil aber mit dem tiefsten Tone einer Stimme die Pfeifen nach unten und mit ihrem höchsten die Pfeifen noch oben aufhören, so muß, um bei der Unteroktavkoppel auch die tiefste Oktave und bei der Oberoktavkoppel auch die höchste Oktave koppeln zu können, den sämtlichen Stimmen unten oder oben noch eine ganze Oktave von Pfeifen beigefügt werden. In Italien heißt die Oktavkoppel terzo mano (dritte Hand).

8. Wie sind die Registerzüge äußerlich angebracht und von einander unterschieden?

Rechts und links von den Manualklaviaturen oder aber über denselben, bei großen Werken neben und über denselben ragen aus dem Orgelgehäuse eine Anzahl Handgriffe (Manubrien), runde Knöpfe mit Inschriften, nämlich kleine Porzellanschilder, auf welchen der Name der Stimme, zu welcher ein Zug gehört, nebst dem Fuß= tone und bei gemischten Stimmen auch noch der Anzahl ihrer Chöre (durch den Zusatz =fach oder =chörig) angeschrieben (eingebrannt) ist, z. B. Prinzipal 8'; Mixtur 4fach 2'. Zweckmäßig ist es, wenn die Plättchen für jede Klaviatur eine besondere Farbe haben. Sitzt der Organist an einem Spieltische, so kann dieser ihn im Halbkreise umgeben und die Züge, wären es ihrer auch noch so viele, können ihm ganz nahe placiert werden. In neueren Orgeln findet man sie wohl auch im Innern mit Federn versehen, infolgedessen sie zum Abstoßen nur der Berührung mit dem Finger bedürfen; dasselbe bewirkt ein neuerer Mechanismus, mittels dessen die Register durch Hilfe des Windes (Pneumatik) angezogen werden.

Manche Registerzüge, die eine besonders schwerbewegliche Schiebe= stange haben, wie namentlich die für die Koppeln, bekommen hinter dem Griff zwei Kerben, welche in das Registerfenster (die Öffnung im Gehäuse, durch die sie ins Innere gehn) eingreifen, die vordere bei abgestoßenem, die hintere bei angezogenem Register, damit sie nicht von selbst herausweichen oder, wenn herausgezogen, nicht von selbst wieder zurückweichen können. Es muß dann die Schiebestange beim Anziehen und Abstoßen erst etwas gehoben und in die betreffende Kerbe eingehakt werden.

In älteren Orgeln finden sich mancherlei von vorgenannten abweichende Einrichtungen, z. B. daß die Registerzüge nicht angezogen und abgestoßen, sondern seitwärts geschoben werden.

In vielen Orgeln sind die Registerzüge für die klingenden Stimmen dadurch bedeutend vermehrt, daß ein Teil der letzteren halbiert, das heißt in Baß und Diskant geteilt ist, sowie auch, daß manche Stimmen für zwei Klaviaturen benutzt werden können, wobei dann in beiden Fällen auf eine Stimme zwei Registerzüge kommen. So hat z. B. die Orgel der Hedwigskirche in Berlin 64 Registerzüge bei nur 19 klingenden Stimmen.

Nicht alle Registerzüge stehen nämlich mit einer klingenden Stimme in Verbindung, sondern manche derselben dienen ganz anderen Zwecken. Es gehören dahin: die Züge für die **Sperr= ventile**, die **Tremulanten**, die **Koppeln**, die **Evakuanten**, die Kalkantenklingel, den Balgverschluß, Transposition, Spiegel, sowie allerhand Spielereien, wie Zimbelstern, Vogelsang, bewegliche Figuren, ferner als Pedaltritte: Schweller, Kombinationstritte (Kollektivzüge), u. s. w.

Den Zweck und die Konstruktion der Sperrventile und der Tremulanten werden wir weiterhin kennen lernen. Der Evatuant oder Windablasser soll nach beendigtem Spiel die Entleerung der Bälge beschleunigen und eröffnet oder verschließt eine zu dem Ende am Kanal angebrachte, über einer Öffnung desselben liegende Klappe, damit der Wind durch dieselbe entweiche. Er verdankt seine Einführung der Besorgnis, es möge, wenn kein Verbrauch des Windes durch die Pfeifen stattfindet, dieser sich durch die Fugen der Windbehältnisse gewaltsam hindurchdrängen und diese undicht machen oder (wie Vogler meinte) wohl gar zersprengen. Das ist aber ein Irrtum. Denn die Kraft des Orgelwindes ist nicht nur an und für sich unbedeutend, sondern dieselbe bleibt sich auch gleich, ob gespielt wird oder nicht. Wohl aber wirkt der Evakuant insofern nachteilig, als das Ausströmen des Windes 1) ein störendes Geräusch vernehmen läßt und 2) den Staub in der Orgel aufwühlt, wodurch die Pfeifen leicht verunreinigt und verstopft werden. Gottfried Weber (Cäcilia XII. 288) und Wilke (Allgem. mus. Ztg. 1837 S. 646) haben dieses ausführlicher nachgewiesen und den Evakuanten mit Recht für eine gänzlich überflüssige Sache erklärt.

Die Kalkantenklingel (Vocator, Wecker, Campanula) giebt dem Kalkanten das Zeichen zum Füllen der Bälge und ist besonders da nicht unnötig, wo die Bälge im Nebenbau oder doch von dem Sitz des Organisten ziemlich entfernt liegen.

Durch das Balgregister können die Bälge verschlossen und wieder geöffnet, d. h. das Füllen derselben möglich oder unmöglich gemacht werden. Es geschieht das, um etwaigen unbefugten Gebrauch der Orgel zu verhindern.

Die Transposition war in manchen alten Orgeln ein Zug, mittels dessen ein ganzes Manual um einen ganzen oder halben Ton höher oder tiefer gestimmt wurde (Verschiebung). Früher, als die Orgel noch zur Ergänzung des Orchesters diente und doch eine andere höhere Stimmung hatte als dieses, war ein solcher Zug von Nutzen; jetzt aber, wo ersteres zu den Seltenheiten gehört und überdies die Orgeln meist die richtige Orchesterstimmung haben (wenigstens die neueren) und wo dies nicht der Fall sein sollte, durch unmittelbares Transponieren seitens des Spielers abgeholfen werden kann, ist eine solche Einrichtung zu entbehren.

Speculum (Spiegel) hatte den Zweck, einen für den Organisten angebrachten Spiegel, vermöge dessen er Altar und Kanzel sehen kann, zu enthüllen und nach beendigtem Gottesdienste wieder zu verhüllen, ist also nur da an seinem Ort, wo der Sitz des Organisten demselben die Ansicht von Altar und Kanzel nicht gestattet.

Auch allerlei Kuriositäten und Spielereien, die im Pro

spielt angebracht und besonders im vorigen Jahrhundert sehr beliebt waren, wurden durch besondere Registerzüge vertreten. Dahin gehören Sonnen oder Sterne mit kleinen Glöckchen, die sich drehten (Zimbelstern), Nachahmungen von Vogelstimmen (Vogelsang), wie der Nachtigall, des Hümmelchens, des Kuckucks ꝛc., Adler, die mit Flügeln schlugen, Figuren, die allerlei Bewegungen machten, wie z. B. mit dem Kopfe nickten u. s. w. Durch das Anziehen des betreffenden Registerzuges wurde ein Windstrom darauf hingeleitet, der dann die beschriebene Wirkung hatte. Endlich findet man auch Registerzüge, welche entweder nur der Symmetrie oder Spaßes halber da sind und die entweder gar nicht angezogen werden können oder die beim Herausziehen irgend eine Schalkheit, z. B. einen Fuchsschwanz zu Tage fördern. Die Aufschriften für solche Züge sind u. a. Vacat, Exaudire (gut hören!), Nihil, Manum de tabula (Finger davon!), Noli me tangere, Ductus inutilis etc.

Während die erwähnten mechanischen Einrichtungen durch Manubrien mit der Hand regiert werden, nehmen andere die Füße vermittelst besonderer Pedaltritte in Anspruch. Dahin gehören außer den früher erwähnten Koppeln und Kollektivzügen noch der Schweller (Jalousieschweller).

II. Allgemeines über die Pfeifen (Labialpfeifen und Zungenpfeifen).

9. Welche sind die Hauptunterschiede, nach denen man die vielen zu einer Orgel gehörigen Pfeifen unterscheidet und zu Gruppen zusammenordnet?

Die Hauptunterschiede der Pfeifen bestehen in:
1) der Verschiedenartigkeit des Materials, aus welchem sie gefertigt werden, wonach sie hölzerne oder metallene sind;
2) in der Verschiedenartigkeit der Klangerzeugung, wonach sie in Labial= (Lippen=) Pfeifen und Zungen= (Lingual=) Pfeifen zerfallen;
3) in der Verschiedenartigkeit der Schwingungsform der Luftsäule bei offenen und gedeckten Pfeifen;
4) in der Verschiedenartigkeit ihrer Gestalt, wonach sie cylindrisch (rund, überall gleich weit), prismatisch (vierkantig und überall gleich weit), kegelförmig (rund, nach oben enger), pyramidal (vierkantig, nach oben enger) oder becherförmig (nach oben breiter, rund oder vierkantig) sind;

5) in der Verschiedenartigkeit ihrer relativen Länge, resp. der Tonhöhe ihres Klanges im Verhältnis zu der sie regierenden Taste, wonach sie 32, 16, 8, 4, 2füßig 2c. heißen;
6) in der Verschiedenartigkeit ihrer relativen Weite im Verhältnis zur Länge (Mensur);
7) in der Verschiedenartigkeit der Höhe und Breite des Aufschnittes;
8) in der Verschiedenartigkeit der Masse des Windzuflusses;
9) in der Verschiedenartigkeit ihrer Klangfarbe und Klangstärke.

10. **Was ist über das Material der Orgelpfeifen mehr zu bemerken?**

Neben Holz und Orgelmetall (Zinn) kommt ausnahmsweise (der Wohlfeilheit wegen) für gewisse Stimmen Zink und Blech zur Verwendung (in einer Orgel zu Hohen-Ofen bei Neustadt a. d. Donau sind alle Pfeifen von Zink). Zink ist leicht dem Oxydieren unterworfen, Blech dröhnt und prasselt, rostet auch leicht; beide sind daher wenig zu empfehlen. Es hat zwar nicht an Versuchen gefehlt, auch mancherlei anderes Material zu den Pfeifen zu verwenden, wie namentlich Glas, Thon, Messing, Kupfer, Silber und selbst Gold, Elfenbein, Pappe, Papier, Pergament und zwar ohne oder doch nur mit geringer Beeinträchtigung des Klanges; allein alle diese Stoffe haben ihr Bedenkliches, indem sie entweder zu kostbar, oder zu zerbrechlich sind, oder den Schwingungen der Luftsäule nicht den nötigen Widerstand leisten können oder in anderer Hinsicht mangelhaft sind, so daß allgemein nur die erstgenannten Stoffe von den Orgelbauern verwendet werden.

Was zuerst Holz betrifft, so sind es wieder nur gewisse Arten, die vorzugsweise gebraucht werden. Dahin gehört in erster Reihe das Tannen-, Fichten- und Kiefernholz; demnächst und besonders zu einzelnen Teilen der Pfeifen das Eichenholz; dann zu einigen Stimmen Buchs- und Birnbaum, Ahorn und Elsebeeren (Sorbus, Atlasholz), letzteres namentlich wegen seiner Härte zu den kleinsten Pfeifen von 2' an. Cedern- und Cypressenholz sind zwar auch sehr geeignet aber zu rar, andere wieder sind entweder zu kostspielig, wie z. B. Mahagoni und Ebenholz, oder aus sonstigen Gründen nicht recht brauchbar. Mahagoni ist gleichwohl für die Tropenländer eine Notwendigkeit, weil ihm die dort so verderblichen Insekten (der Wurm) nichts anhaben können.

Das pure Zinn findet in der Regel nur eine beschränktere Anwendung, teils wegen seiner Kostspieligkeit, teils aber auch, weil es sich nicht zu allen Stimmen gleich gut eignet (in der Orgel zu Kloster Weingarten findet sich kein Metall, sondern nur Zinn). Es wird deshalb mit Blei gemischt und hat dann in der Orgelsprache den Namen Metall, Orgelmetall. Diese Mischung muß so sein, daß wenigstens halb Zinn und halb Blei genommen wird (bei schlechteren

Werten findet man häufig mehr Blei als Zinn), besser aber ist es, wenn jenes überwiegend ist, etwa ⅔ Zinn und ⅓ Blei, oder noch besser ¾ Zinn und ¼ Blei. Die letztgenannte Mischung nennen die Orgelbauer Probezinn oder 12 lötiges Metall, indem das pure Zinn wie das Silber als 16 lötig bezeichnet wird. Cavaillé-Coll nimmt 9/10 Zinn und 1/10 Blei, also etwas über 14 lötig; Schulze ¾ Zinn und ¼ Blei, und als ordinäres Metall halb und halb. Das 12 lötige Metall soll am geeignetsten sein, dem Tone zugleich Klarheit und Fülle zu geben, dagegen macht ihn pures Zinn mehr scharf. Bei zuviel oder gar purem Blei werden die Pfeifen zu weich, so daß sie nicht haltbar sind. Antimonium als Zusatz, was wohl auch von manchen Orgelbauern verwendet wird, macht das Metall zwar härter aber auch zerbrechlicher.

Pures Zinn, Probezinn oder doch möglichst gutes Metall wird vor allem zu den Prospektpfeifen genommen wegen des schönen weißen Aussehens und der an ihm am besten herzustellenden Glanzpolitur. Sodann wird Zinn und gutes Metall im allgemeinen vorzugsweise zu solchen Stimmen genommen, welche einen hellen, kräftigen, scharfen und durchdringenden Klang haben sollen, Eigenschaften, die am meisten durch das pure Zinn erreicht und durch den größeren oder geringeren Zusatz von Blei mehr oder minder abgeschwächt werden. Soll der Ton Klarheit und Fülle vereinigen, so ist dazu Probezinn geeigneter als pures Zinn.

Holz wird dagegen zu solchen Stimmen genommen, die einen weichen, dunkeln, milden Klang haben sollen, wozu wieder weiches Holz geeigneter ist als hartes.

Die größten Orgelpfeifen müssen von Holz gemacht werden, weil Metallplatten sich nicht so stark verarbeiten lassen, daß sie den Schwingungen der großen Luftsäulen gehörig widerstehen und einen prompten kräftigen Klang erzeugen könnten. 32 füßige offene Metallpfeifen lassen in den tiefsten Tönen nur ein kaum hörbares Summen vernehmen, so z. B. im Breslauer Dom, in der Petriorgel zu Görlitz und sonst überall, wo sich dergleichen finden. Ebenso werden manche Stimmen, damit sie den ihnen bestimmten Toncharakter erhalten, wie z. B. Subbaß, Bourdon, Flauto traverso, nur von Holz gefertigt. Manche neuere Orgelbauer (z. B. Schulze u. S.) gehen sogar soweit, daß sie alle mehr als 4′ großen, im Innern der Orgel stehenden Pfeifen von Holz, und nur die im Prospekt stehenden, sowie die weniger als 4′ großen Pfeifen (letzteres schon weil sich diese, wenn sie von Holz sind, sehr leicht verstimmen) von Metall und Zinn arbeiten.

Es giebt auch alte Orgeln, in welchen alle Stimmen von Metall und Zinn sind, z. B. die zu Harlem, die erst in neuerer Zeit einen Subbaß von Holz erhielt. Überhaupt wurden ursprünglich die hölzernen Pfeifen weniger angewendet als die metallenen. Das ist indes auch abgesehen von der bedeutenden Vermehrung der Kosten, keineswegs als ein Vorzug anzusehen, da ja dadurch die sanften und dunkleren Klangfarben ausgeschlossen werden und somit einem solchen

Werke die größere Mannigfaltigkeit der Klangfarben abgeht. Ebensowenig kann es zweckdienlich sein, alle Stimmen von Holz zu fertigen, wie dies schon Esajas Compenius im Jahre 1616 versucht hat (Prätorius Syntagma musicum II. S. 189).

Die Platten zu den Metallpfeifen werden auf einer Gießbank gegossen, dann gehobelt, zum Teil auch noch mit einem hölzernen Hammer gehärtet, auf einer Patrone (einem hölzernen Cylinder resp. Kegel) rundiert und der Länge nach zusammengelötet, welche Lötung man die Naht nennt, und zuletzt poliert.*) Je größer die Pfeifen sind, desto dicker müssen die Platten sein.

11. Wie sind die Labialpfeifen genauer beschaffen?

Dieselben werden, wie erwähnt, entweder von Metall gefertigt und sind dann von runder Gestalt, oder aber sie sind von Holz und dann viereckig; von wenigen Ausnahmen wird weiterhin die Rede sein.

Die wesentlichste Eigenschaft aller Labialpfeifen ist die, daß der eigentliche klanggebende Körper eine umschlossene Luftsäule ist, welche durch einen verdichteten Luftstrom (Luftblatt) in Schwingungen versetzt wird.

An einer metallenen Labialpfeife sind folgende Teile zu unterscheiden:

1) Der Körper oder Aufsatz, d. i. die ganze obere Röhre, von deren Länge die Tonhöhe des zu erzeugenden Klanges abhängt.
2) Die unterhalb desselben anstoßende, sich nach unten verengende Röhre, der Pfeifenfuß.
3) Der Kern, eine zwischen Körper und Fuß horizontal liegende Platte, mittels deren der Fuß soweit verschlossen wird, daß nur
4) Die Kernlücke (Luft- oder Lichtspalte, Luftmündung), eine zwischen Kern und Unterlabium (6) offene schmale Spalte bleibt, durch welche die Luft aus dem Fuße ausströmt.
5) Der Aufschnitt oder Mund, die auf der Vorderseite zwischen Körper und Fuß befindliche Öffnung.
6) Das Ober- und Unterlabium, die beiden unmittelbar über und unter dem Aufschnitt befindlichen, etwas eingedrückten Teile des Körpers und des Fußes.

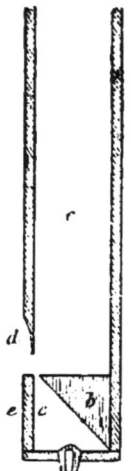

Hölzerne Labialpfeife.
a) Pfeifenfuß.
b) Kern.
c) Kernspalte.
d) Oberlabium.
e) Unterlabium.
f) Pfeifenkörper.

Der Körper oder Aufsatz ist hinsichtlich seiner Form entweder a) überall gleich weit (cylindrisch), oder b) nach oben enger (konisch), und c) nach oben weiter (trichterförmig). Auch giebt es d) Pfeifen, die unten cylindrisch, oben konisch sind, und noch einige andere derartige Abweichungen.

---

*) Den Nachweis, daß das alles schon vor 900 Jahren ebenso gemacht wurde, s. i. d. Allg. mus. Ztg. 1879 Nr. 4—6.

Der Pfeifenfuß hat unten ein Loch, durch welches der Wind in denselben einströmt. Die Größe dieser Öffnung muß genau be-

Offene Labialpfeifen.
a) weite Mensur, b) enge Mensur, c) mittlere Mensur, f)—g) Spitzgambe.

rechnet werden, weil die Quantität des durch dieselbe einströmenden Windes auf Klangfarbe und Klangstärke des Tones von Einfluß ist. Bei den höheren und höchsten Pfeifen ist, wenn diese in Pfeifen=

bänken stehen (das gewöhnliche), der Fuß meistens länger als der Körper, weil er sonst nicht bis zum Pfeifenstock hinabreichen würde. Die Länge des Fußes ist in Beziehung auf die Eigenschaften des Tones gleichgültig. Der Kern, welcher die Scheidewand von Fuß und Körper, und durch einen an der Vorderseite angebrachten kleinen Ausschnitt mit dem Unterlabium die Kernlücke bildet, ist nach dem Aufschnitt zu schräg abgeschnitten. Bei einigen [neuen] Stimmen ist er tiefer gelegt als der Aufschnitt. Zu den Kernen und Füßen werden dickere Platten genommen als zu den Körpern, weil sie sonst mit der Zeit einsinken. Der auf der Vorderseite des Körpers unmittelbar über der Kernlücke angebrachte Auf=schnitt ist höher oder tiefer, je nachdem die zu erzielende Klang=farbe es erfordert, doch nie so hoch als breit. Ist er zu tief, so spricht die Pfeife nicht an, ist er zu hoch, so schlägt sie über. Seine Breite beträgt gewöhnlich $1/4$ der Peripherie der Pfeife; je höher der Aufschnitt, desto stumpfer, je tiefer, desto schärfer wird der Ton. Bei gedeckten Pfeifen ist im allgemeinen der Aufschnitt höher als bei offenen, desgleichen bei engeren höher als bei weiteren. Die beiden Labien, Lippen, haben ihren Namen davon, weil sie, wenn man einen Aufschnitt mit einem offenen Munde vergleicht, zu diesem die beiden Lippen vorstellen. Das Oberlabium kann oben spitzig oder rund geformt sein, das Unterlabium aber bildet stets einen Halbkreis. Bei den Pfeifen, die im Prospekt stehen, sind der Zierde wegen beide Labien auch wohl oben oder unten geschweift, und von einem erhabenen Rande, dem Schild (Lefzen=schild), umgeben, was man aufgeworfene Lippen nennt.

Eine hölzerne Labialpfeife hat den Körper, den Auf=schnitt, das Oberlabium, den Kern, die Kernlücke mit der me=tallenen gemein, nur daß ihre Form mit wenigen Ausnahmen die viereckige ist. Selten sind cylindrische Holzpfeifen und werden nur für einzelne Stimmen gefertigt, besonders die sogenannte Quer=flöte, welche den Stimmklang des Orchesterinstrumentes genau nachahmt, um so mehr, als sie auch auf eine andere Weise ange=blasen wird, als die anderen Labialpfeifen (mit Frosch). Außerdem weicht die hölzerne Pfeife von der metallenen noch darin ab, daß 1) das Oberlabium nicht eingedrückt, sondern auf der äußeren oder inneren Seite nach dem Aufschnitt zu abgeschrägt ist, und 2) daß unter dem Kern nicht gleich der Fuß, sondern ein viereckiger Kasten, die Luftkammer (so sagt man wohl mit Helmholtz besser statt des zweideutigen Windkasten), kommt, in deren Boden eine runde hölzerne Röhre, das Windrohr, als eigentlicher, im Pfeifenloche des Pfeifenstockes stehender Fuß eingesetzt ist, und daß 3) statt des Unterlabiums eine Verspundung, Vorschlag genannt, entweder auf=geleimt, oder besser mit einigen Schrauben aufgeschraubt ist, so daß sie nötigenfalls weggenommen werden kann.

Die Form des Körpers der Holzpfeifen ist entweder die prismatische oder die pyramidale resp. umgekehrt pyrami=dale. Bei der prismatischen Form sind die vier Seiten entweder

alle gleich breit (Querdurchschnitt quadratisch) oder zwei einander
gegenüberliegende sind breiter als die beiden anderen (Querdurchschnitt
ein Rechteck). Meistens ist in letzterem Falle die Tiefe größer
als die Breite (Breite heißt die Entfernung der Seitenwände,
Tiefe die Entfernung der vorderen von der hinteren Wand; vorn
ist die Seite, an welcher der Aufschnitt ist). Das Verhältnis der
Breite zur Tiefe differiert nach der Verschiedenheit der bezweckten
Tonqualität, wie z. B. 5 cm Tiefe bei 4³/₄ cm bis zu 3³/₈ cm
Breite. Manchmal übertrifft auch die Breite die Tiefe, z. B. bei
der Hohlflöte.

Bei manchen Orgelstimmen (insbesondere gedackten und eng
mensurierten) bekommen die Pfeifen auch noch sogenannte Bärte
(oreilles), d. h. kleine viereckige oder halb ovale Blättchen von
Metall oder Holz, welche an beiden Seiten des Aufschnitts oder auch
noch unter dem Aufschnitt angesetzt sind. Man nennt sie hiernach
entweder Seitenbärte, Quer- und Winkelbärte, oder Kasten- oder
Unterleistenbärte. Sie haben den Zweck, den aus der Kernlücke
strömenden Wind möglichst zusammenzuhalten, damit er nicht nach
allen Richtungen sich zersplittere und verdünne, sondern mit voller
Kraft die Kante des Oberlabiums treffe, was die Promptheit der
Ansprache befördert. Bei gedeckten Pfeifen sind die Bärte größer,
bei offenen mehr zierlich. Letzteres ist besonders auch bei den
Prospektpfeifen der Fall, die meistens mit Bärten versehen sind.
Manche Orgelbauer bedienen sich der Bärte gar nicht und wissen
doch eine präzise Ansprache zu erzielen.

12. **Was versteht man unter Gedackten?**

Bei den meisten Labialstimmen sind die Pfeifen oben ganz offen,
bei einigen dagegen sind sie ganz oder teilweise (man sagt:
halb-) gedeckt. Die ganze Deckung geschieht bei hölzernen Pfeifen
durch einen beweglichen Stöpsel, der oben in die Pfeife eingesetzt
wird und beledert sein muß, damit er winddicht anschließt. Derselbe
ist entweder mit einem Handgriffe versehen oder er hat (bei sehr
großen Pfeifen) ein oben in der Mitte eingelassenes aber nicht durch-
gehendes, mit Schraubenwindung versehenes Loch, in welches eine
eiserne Schraube eingesetzt wird, um den Stöpsel bewegen zu können.
Bei Metallpfeifen wird die volle Deckung durch die Kapsel, den
sogenannten Hut (calotte), bewirkt, welche gerade so weit ist,
daß sie den oberen Rand der Pfeife, auf welchen sie gesetzt wird,
winddicht umschließt, zu welchem Ende auch sie mit Leder ausge-
füttert wird.

Halb- oder besser gesagt, teilweise gedeckt, nennt man die
Pfeifen, wenn a) bei den Metallpfeifen in den Deckel des Hutes ein
enges offenes Röhrchen (wie bei der deutschen Rohrflöte) einge-
lassen ist, durch welches ein Teil der schwingenden Luft oberwärts
seinen Ausgang findet (bei hölzernen Pfeifen ist wohl auch nur ein
Loch durch den Stöpsel gebohrt; so bei der Clarionet-Flute);
b) wenn die Mündung zwar ganz gedeckt ist, an der Seite des
Körpers aber zu gleichem Zwecke kleine Löcher angebracht sind (wie

2*

20 II. Allgemeines über die Pfeifen (Labialpfeifen und Zungenpfeifen).

bei dem engl. Keraulophon und der engl. Hohlflöte). Manche (auch Töpfer I. 73) rechnen auch die kegelförmigen, d. h. sich nach oben verengenden Pfeifen zu den halbgedeckten.

Durch die ganze Deckung tritt — vorausgesetzt, daß die Röhre (der Körper) nicht verkürzt wird, eine Vertiefung um beinahe eine Oktave (etwa um $1/4 — 1/2$ Ton weniger) bei merklich dumpferem Klange ein; dieselbe würde eine volle Oktave betragen,

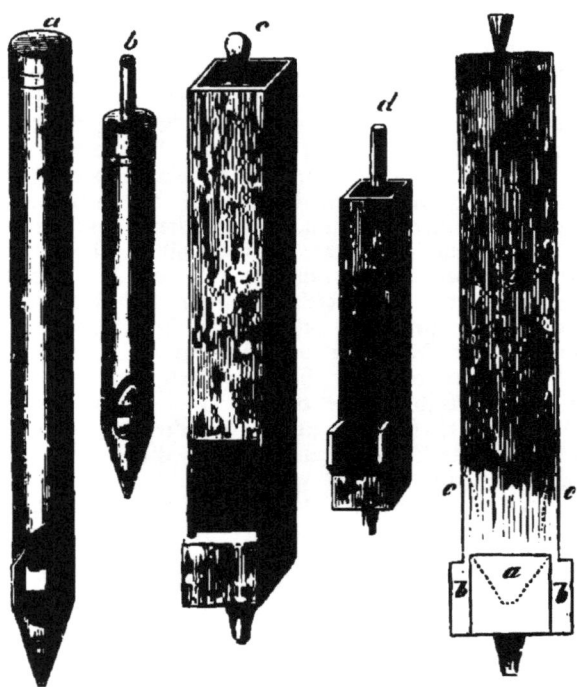

Gedeckte Labialpfeifen.
a) Quintatön, b) Rohrflöte, e) Doppelflöte (a zweiseitiger Kern, b Verspundungen, c Aufschnitte).

wenn nicht die in der offenen Pfeife schwingende Luftsäule nach beiden Ausgängen hin (an der oberen Mündung und am Aufschnitt) noch eine Strecke über diese Grenzen hinausreichte, so daß sie eigentlich etwas länger ist als der Körper. Wenn nun dieser oben geschlossen ist, so reicht die Luftsäule nur noch genau bis an den Pfeifenrand und ihre Länge beträgt etwas weniger als die der gleichlangen offenen Pfeife. Hopkins schreibt das Dumpfere des Klanges gedeckter Pfeifen dem Umstande zu, daß bei der durch Deckung bewirkten Ver=

tiefung nicht auch gleichzeitig eine Erweiterung der Mensur erfolgt, wie solche der tiefere Klang verlangt (§ 475).

Wird die obere Mündung einer Pfeife allmählich gedeckt, so wird der Ton auch allmählich tiefer, verschwindet aber kurz vor der gänzlichen Deckung ganz und kommt erst nach der gänzlichen Deckung wieder zum Vorschein und zwar, wie gesagt, um fast eine Oktave tiefer. Auch die halbgedeckten Pfeifen haben nur die halbe Länge wie offene Pfeifen mit gleicher Tonhöhe; sie haben aber einen etwas helleren Klang als die ganz gedeckten.

Die Erscheinung, daß gedeckte Pfeifen eine Oktave tiefer klingen als offene von gleicher Länge, hat ihre Ursache in der verschiedenen Länge des Weges, den die Verdichtungswelle in den Pfeifen zurückzulegen hat; während bei der offenen Pfeife das Maximum der Verdichtung in der Mitte der Pfeife liegt, liegt es bei der gedeckten an dem geschlossenen Ende derselben (vgl. Katechismus der Musikinstrumente 19).

Bisher findet man die Deckung nur bei cylindrischen und prismatischen Pfeifen; gleichwohl wäre sie auch bei konischen und trichterförmigen (pyramidalen und umgekehrt pyramidalen) möglich, nur müßte dann das Stimmen mittels der Bärte geschehen. Letzteres geschah in der That auch schon früher bei solchen Pfeifen, die oben zugelötet waren.

Die ganze Länge der Pfeifen bildet eine gerade Linie, nur ausnahmsweise, wenn nämlich beschränkte Höhe des Raumes die senkrechte Aufstellung der größten Pfeifen nicht zuläßt, werden sie, namentlich die hölzernen, gekröpft, d. h. am oberen Teile des Körpers wird ein Stück abgenommen und seitwärts im Winkel angesetzt. Gedeckte und Zungenpfeifen verlieren dadurch gar nicht, offene nur wenig an prompter Ansprache, namentlich wenn die Winkel stumpf sind und die Pfeifen nicht die enge Mensur haben.

Alle Teile der Pfeifen mit alleiniger Ausnahme des Fußes oder Stiefels, wenn sie in Pfeifenbrettern stehen, nehmen materiell, d. h. an Länge, Breite, Dicke nach der Höhe zu verhältnismäßig ab, nach der Tiefe hin ebenso zu, mit anderen Worten, nach der Höhe hin folgen sich die Pfeifen in stets verjüngtem, nach der Tiefe hin in stets vergrößertem Maßstabe, während die Form (die Proportionen der Länge, Breite und Dicke) aller zu einer Stimme gehörigen Pfeifen sich gleich bleibt.

Was zuerst die Länge betrifft, so kommt dabei nur der obere Teil der Pfeife, der sogenannte Körper oder Aufsatz in Betracht und es stellt sich dabei das Verhältnis so, daß bei einer gegebenen Länge mit bestimmter Tonhöhe die höhere Oktave die halbe, die tiefere Oktave die doppelte Länge haben muß; es verhält sich also der gegebene Ton bezüglich der Länge der Pfeife zu seiner höheren Oktave wie 2:1, zu seiner tieferen wie 1:2, also gerade umgekehrt wie hinsichtlich der Schwingungszahlen. In ebenso bestimmtem Verhältnis stehen die Pfeifenlängen der übrigen Intervalle zu der Länge eines als Prime gegebenen Tones. Danach hat namentlich die Pfeife

der reinen Quinte $^2/_3$
der reinen Quarte $^3/_4$
der großen Terz $^4/_5$
der kleinen Terz $^5/_6$
der Länge ihrer Prime.

Eine offene Labialpfeife, welche das große C hören läßt, hat ungefähr eine Länge von 8 Fuß, bei Pfeifen der nämlichen Konstruktion hat sonach das kleine c 4', das $c^1 = 2'$, das $c^2 = 1'$, $c^3 = 1/2'$, das $_1C = 16'$, und $_2C = 32'$ Länge. Hat C 8' Länge, so hat G = $5^1/_3'$, F = 6', E = $6^2/_5'$, Es = $6^2/_3'$ u. s. f.

13. Was versteht man unter der Mensur der Orgelpfeifen?

Mensur nennt man das Verhältnis der Weite (des Querschnitts) zur Länge der Pfeife. Sie kommt in zweierlei Hinsicht in Betracht, einmal hinsichtlich der sämtlichen zu der nämlichen Stimme gehörigen und dann hinsichtlich der Pfeifen von gleicher Tonhöhe in verschiedenen Stimmen.

Sowie nämlich die Pfeifen nach der Höhe hin nach bestimmten Gesetzen immer kürzer werden, so werden sie auch in der nämlichen Richtung immer enger, aber nicht in der nämlichen Proportion wie bei der Länge, wo die Hälfte auf die Oktave fällt, sondern die Abnahme der Weite erfolgt in der Weise, daß die Hälfte erst auf die (gr.) Dezime fällt.

Eine andere Bedeutung hat die Mensur, insofern bei zu verschiedenen Stimmen gehörigen Pfeifen von gleicher Höhe die Weite verschieden ist. Hiernach unterscheidet man eine enge und weite Mensur, oder eine weite, sehr weite, mittlere, enge und sehr enge. Sehr weit nennt man die Mensur einer Stimme, wenn der Durchmesser ihrer Pfeifen (wir nehmen immer die cylindrische Form an) etwa $^1/_{10}-^1/_{12}$, weit, wenn er etwa $^1/_{13}-^1/_{14}$, mittlere, wenn er $^1/_{15}-^1/_{16}$, enge, wenn er $^1/_{17}-^1/_{19}$ und sehr enge, wenn er $^1/_{20}-^1/_{24}$ der Länge beträgt.

Es ist zu bemerken, daß die engere Mensur eine verhältnismäßige Zugabe an der Länge verlangt und umgekehrt. Mit der konischen Gestalt der Pfeife muß ebenfalls in etwas ihre Länge zunehmen. Wenn z. B. die Prinzipalpfeife c^1 im Umfange 16,5 cm und 53,5 cm in der Länge hat, so hat dasselbe c^1 Gambe nur 11 cm im Umfange, dagegen 57 cm in der Länge, ist also 3,5 cm länger als die Prinzipalpfeife desselben Tones. Desgleichen hat c^1 bei der konisch geformten Gemshornpfeife 15,5 cm Umfang am Aufschnitt und nur 5,25 cm an der oberen Mündung und eine Länge von 56,5 cm, ist also um 3 cm länger als das Prinzipal-c^1. Oder c^1 vom Prinzipal hat denselben Durchmesser (4,5 cm) wie (klein) g vom Geigenprinzipal oder wie dis von der Gambe, oder cis vom Salicional, woraus folgt, daß von drei oder vier gleich langen Pfeifen, die aber eine nicht unbedeutend verschiedene Mensur haben, jede eine andere Tonhöhe haben wird.

Engmensurierte Pfeifen geben einen streichenden und scharfen,

Pfeifen von mittlerer Mensur einen singenden und kräftigen, Pfeifen von weiter Mensur einen vollen und dicken Klang.

Man hat in großen Orgeln Pfeifen vom 32—40 Fuß bis zu 2 cm Länge, jene gehören den tiefsten, diese den höchsten Tönen der Orgel an; es versteht sich, daß dabei nur vom Körper (Aufsatz) die Rede ist, ohne den Fuß.

Der Länge und Weite der Pfeifen muß auch die Dicke ihrer Körperwände entsprechen. Bei Holzpfeifen differiert diese von 4—5 cm für $_2$C (32') bis 0,75 cm für c^5; bei Metallpfeifen von 3,25 mm für $_2$C (32') und 0,25 mm für c^6. Der Umfang eines metallenen $_2$C 32' wird ungefähr 1,33 cm und sein Durchmesser 42 cm, bei $_1$C 16' jener 90 cm, dieser etwa 30 cm betragen (Töpfer). Das $_2$C 32' in der Michaeliskirche zu Hamburg (von Zinn) hat 53 cm im Durchmesser, das zu Ulm 64 cm. Gleichmäßig mit dem Querschnitt wächst auch die Größe des Aufschnitts (Töpfer II. 176). Als Regel gilt der Grundsatz, daß die Breite des Aufschnitts $^1/_4$ der Peripherie und seine Fläche $^1/_4$ der Durchschnittsfläche beträgt (ib. 179), bei den Prinzipal= und Mixturstimmen auch wohl $^2/_9$ und $^1/_5$, für engmensurierte Stimmen $^1/_5$ und $^1/_6$, für Flöten und Gedackte $^1/_3$, für Quinten=, Terzen= und Kornettstimmen $^1/_5$ und $^1/_6$. Für hölzerne Pfeifen wird die Höhe des Aufschnitts stets nach der Tiefe der Pfeifen bestimmt (ib. 181.). Ein weiter Aufschnitt giebt einen stumpfen, ein enger einen schneidenden Ton (Schlimbach § 117).

Die großen Metallpfeifen werden am Labium dicker als am oberen Ende gemacht, und der Fuß kann die doppelte Dicke der Körperwände bekommen.

Desgleichen muß auch der Zufall des Windes oder, wie andere sagen, der Luftzufluß, die einer jeden Pfeife nötige Windmasse, d. h. also (bei gleicher Windkraft) die Größe der Öffnung im Pfeifenfuß mit der Größe der Pfeife im richtigen Verhältnis stehen, und es müssen danach die Breite der betreffenden Kanzelle nebst ihrer nach dem Windkasten gehenden, mit dem Spielventile bedeckten Öffnung, die Größe der Löcher in der Decke der Windlade, den Schleifen und Pfeifenstöcken, sowie endlich die Weite der Luftspalte berechnet werden. Die höheren Töne erhalten verhältnismäßig mehr Wind als die tieferen (Töpfer 60).

14. **Geben Orgelpfeifen stets ihren tiefsten Eigenton oder auch, wie alle Blasinstrumente des Orchesters, höhere (überblasene) Töne?**

In der Regel nicht; doch hat man in neuerer Zeit von der Möglichkeit des Überblasens Gebrauch gemacht. Der geniale Aristide Cavaillé=Coll hat Stimmen konstruiert, deren Pfeifen in ihren 2 ersten Oktaven den Grundton, in der dritten den 2. Partialton (die Oktave), in der vierten den 3. Partialton (die Duodezime) angeben. Demnach haben die Pfeifen der zweiten und dritten Oktave einerlei Länge und ebenso die der zweiten und vierten, nur überblasen die dritte und vierte Oktave. Zu dem Ende erhalten die höheren Oktaven einen um so stärkeren Wind, je höher sie überblasen sollen.

24 II. Allgemeines über die Pfeifen (Labialpfeifen und Zungenpfeifen).

15. Wie sind die Zungenpfeifen (Lingualpfeifen) der Orgel konstruiert?

Die Konstruktion derselben weicht ganz bedeutend von der der Labialpfeifen ab:

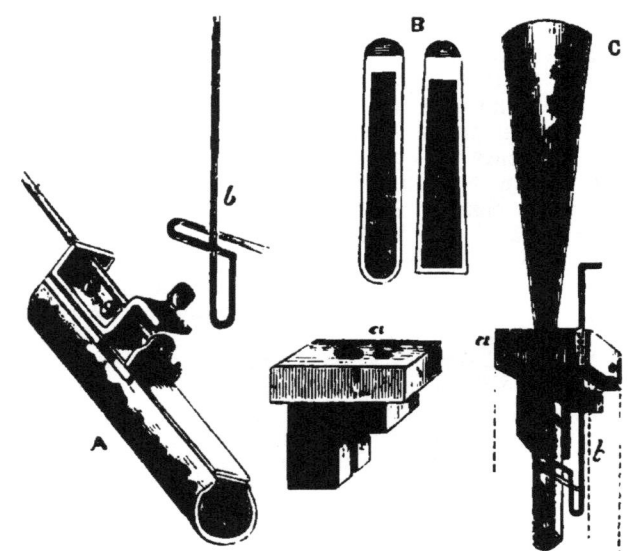

Zungenpfeifen.
A. Schnabel mit Zunge und Stellschraube, B. Schnäbel, C. Kopf (a) mit Schnabel, Stimmkrücke (b) und Aufsatz.

1) In ein rundes oder viereckiges durchbohrtes Stück Holz oder Metall (den Kopf, noyau) ist eine halbcylindrische, ungefähr wie ein Gänseschnabel gestaltete Rinne von Messing, Zinn, Holz, der sogenannte Schnabel (anche, échalotte) [Rinne, Kelle, Kehle, Krippe, Mundstück], deren vordere Ränder mit Leder belegt sind, eingesetzt und mit einem hölzernen Keilchen befestigt.
2) Auf die obere offene Seite wird ein platter Streifen von Messing, die Zunge (languette) oder das Blatt, so aufgelegt, daß die Rinne ganz bedeckt und das Innere derselben unsichtbar wird. Nur am unteren freien Ende ist sie ein wenig von der Rinne abgebogen, damit die einströmende Luft unter ihr her in die Rinne eindringen kann.
3) Die Zunge wird auf der Rinne durch die Krücke (rasette, Stimmkrücke), einen mehrmals gebogenen Draht, der oben in gerader Linie durch den Kopf geht, festgehalten. Dieser Draht kann auf und abgeschoben werden und dient

dazu, den freien, der Schwingung fähigen Teil der Zunge zu verlängern oder zu verkürzen, wodurch der Ton tiefer oder höher wird. Zu dem Ende hat derselbe an dem oben herausragenden Teile entweder eine eingefeilte Kerbe (hoche) oder er ist rechtwinklig umgebogen (échancrure), damit man ihn bequem auf und ab ziehen kann.

Dieses ganze, der Kopf mit Schnabel, Zunge und Krücke, steht winddicht entweder in einer metallenen cylindrischen, unten offenen Röhre, dem Stiefel, oder in einem hölzernen, viereckigen, unten ebenfalls offenen Kästchen, dem Stiefelklotz, durch dessen untere Öffnung in beiden Fällen der Wind einströmt, um die Zunge in Schwingung zu versetzen. Auch haben wohl mehrere kleinere Pfeifen einen gemeinschaftlichen Stiefelklotz. Die Rinne darf nicht flach sein, sondern muß ihre gehörige Tiefe haben (Heinrich) § 116). Eine neuere vom Orgelbauer Haas erfundene Konstruktion der Köpfe und Mundstücke besteht im wesentlichen darin, daß beide aus einem, aus Messing oder auch Eisen gegossenen Stück bestehen und die Zunge von einem besonderen aufgeschraubten Zungenhalter festgehalten wird. Auf den zinnernen Fuß wird eine Schraubenmutter (Zwinge) gelötet und in diese der Kopf eingeschraubt (Töpfer II. 482).

Auf der oberen Öffnung des Kopfes steht der Schallbecher (Schallröhre, Aufsatz), eine einfache meistens nach oben sich erweiternde Röhre, oder auch eine cylindrische oder auf verschiedene andere Weise geformte. Der Schallbecher ist entweder von Holz oder von Metall, in letzterem Falle entweder an den Kopf angelötet oder in einer an den Kopf angelöteten sogenannten Büchse stehend. Der Aufsatz (Schallbecher) ist zur Erzeugung des Tones nicht notwendig, wie man an Harmoniums, Akkordions ꝛc. sieht, er giebt aber dem Tone der Zungenpfeifen eine Kraft und Fülle, die ohne ihn nicht zu erreichen wäre. Die Klangfarbe und Klangstärke der Zungenstimmen ohne Aufsätze ist (vgl. Töpfer) fast ganz gleich: die Verschiedenheit in dieser Beziehung wird erst durch die Form und Größe der Aufsätze (Schallbecher) erzielt. Je mehr sich diese nach oben erweitern, desto stärker, glänzender und durchdringender, je mehr sie sich verengern, desto schwächer, dunkler und ruhiger wird der Klang. Der Ton der Zungenpfeife nimmt an Stärke und Präzision zu, wenn der Aufsatz von 0 bis zur $^1/_2$ Länge einer denselben Ton gebenden engen offenen Pfeife wächst: er nimmt an Fülle weiter zu, an Stärke aber ab, und verschwindet endlich ganz, wenn der Schallbecher bis zur $^1/_1$ Länge einer engen offenen Pfeife gleicher Tonhöhe anwächst. Wird der Aufsatz noch weiter verlängert, so wiederholen sich dieselben Erscheinungen mit vermehrter Klangstärke. Nach Zamminer kann der Ton der Zungenpfeifen durch die Aufsätze um $^1/_2$ Ton — 1 Quinte vertieft werden. Im Widerspruch hierzu stehen aber in der Schulzeschen Orgel in der Düsseldorfer Tonhalle (39 St.) 7 aufschlagende Zungenstimmen mit Aufsätzen von der vollen Länge offener Labialpfeifen. Je mehr die Schallröhren sich oben erweitern, desto weniger verändern sie die Tonhöhe der Zungenpfeifen. Cylindrische Rohre verstärken nur die ungeradzahligen Obertöne, nach oben erweiterte aber — umgekehrt kegelförmige, trichterförmige — alle Töne der Reihe (Helmholtz, S. 161).

Die tiefsten Pfeifen $_2$C—As stehen in Büchsen, die mittleren B—c^1 haben einen Ring, die höheren sind ohne Büchsen oder Ringe angelötet. Bei metallenen Aufsätzen ist der untere Teil dicker als der obere. Hölzerne Aufsätze stehen immer in Büchsen.

Hinsichtlich des zu den Zungenpfeifen benutzten und zu benutzenden Materials ist noch zu bemerken, daß die Aufsätze der großen 32- und 16füßigen Stimmen (d. h. der Töne der ersten und zweiten Kontraoktave) am besten von Holz (Tannen- und Fichtenholz), die der kleineren aber von Metall, auch von Zink gemacht werden.

Die Zunge ist entweder **aufschlagend**, wenn sie beim Vibrieren auf die mit Leder gefütterten Ränder der Rinne aufschlägt, oder **durchschlagend, einschlagend, freischwingend**, wenn sie, ohne anzustoßen, in die Rinne hineingedrückt werden kann, so daß sie beim Vibrieren sich abwechselnd außerhalb und innerhalb der Rinne befindet. Einschlagende Zungen sprechen prompter an als aufschlagende (Heinrich § 126). Auch hat man Zungen, die nur zum Teil durchschlagen, während der nach dem befestigten Ende reichende schwingende Teil nur aufschlägt. Die durchschlagenden Zungen sind eine neuere Erfindung (Harmonium). Es giebt schmale und breite, dünne und dicke Zungen, alles Verschiedenheiten, welche auf Klangfarbe und Klangstärke Einfluß haben (das. 96.). Aufschlagende Zungen geben einen ungleich härteren Klang als durchschlagende. Durch eine größere Breite der Zunge wird der Ton voller, durch eine schmalere Zunge wird er schärfer und feiner. Eine Zungenpfeife ohne Aufsatzrohr tönt tiefer, wenn sie heftig angeblasen wird.

Wie die Teile der Labialpfeife mit alleiniger Ausnahme des Fußes nach der Höhe hin von Pfeife zu Pfeife in stets verjüngtem Maßstabe erscheinen, so ist dasselbe auch bei den Zungenpfeifen der Fall, also mit Stiefel, Kopf, Rinne, Zunge, Krücke und Aufsatz, jedoch mit dem Unterschiede, daß

1) hinsichtlich der Rinnen und Köpfe die Abnahme nicht von Pfeife zu Pfeife fortschreitet, sondern bei mehreren einander folgenden Tönen diese Teile von einerlei Größe gemacht werden und zwar in der Tiefe je zwei und zwei, weiter herauf drei und drei, bis in der Höhe zu sieben und sieben.

2) Die Hälfte der Länge der Zungen fällt bei Posaune und Trompete nicht auf die Oktave, sondern auf die große Decime (Töpfer II. S. 694), die Hälfte ihrer Breite fällt auf die Doppeloktave, ebenso die halbe Dicke.

3) Die Hälfte der Länge der Schallröhre fällt auf die Oktave, bei Fagott und Klarinette auf die große Decime, die Hälfte ihres oberen Umfangs aber erst auf die

Quarte der vierten Oktave, im Pedal auf die Terz der dritten Oktave (Töpfer II. S. 703 u. 709).

Die **Pfeifenlöcher** müssen größer sein als bei Labialpfeifen, weil die Pfeifen sonst schwer oder gar nicht ansprechen, auch nicht verführt werden können. (Über Länge und Weite der Füße siehe Töpfer II. 756.)

Statt der **Krücken**, welche in mehrfacher Hinsicht nur ein mangelhaftes Mittel zum Stimmen sind und überdies durch ein zufälliges Verschieben sogar leicht zur Ursache der Verstimmung werden, macht man jetzt **Stellschrauben**, mittels deren dauernd reine Stimmung ermöglicht wird. Auch werden jetzt die durchschlagenden Zungenpfeifen so gemacht, daß die Krücken feststehen, dagegen die Rahmen nebst den Zungen sich verschieben lassen (Urania 1853 S. 132).

Zungenpfeifen können niemals **ganz gedeckt** sein, weil sonst der Luftstrom keinen Ausweg haben würde und deshalb auch die Zunge nicht in Schwingungen bringen könnte. Eine **teilweise Deckung** aber findet bei manchen Stimmen statt, entweder so, daß ein Teil der Pfeifenmündung durch eine Platte bedeckt ist, oder daß in den Deckel ein Röhrchen eingesetzt ist, oder daß sich im Deckel resp. an der Seite der Pfeife ein oder mehrere Löcher befinden. Je höher die Pfeifen werden, desto mehr nimmt die Deckung ab und hört auch wohl bei den höheren Tönen ganz auf. Diese teilweise Deckung dämpft den Ton, welche Wirkung aber auch cylindrische Aufsätze haben. Die gebräuchlichste Form der Aufsätze ist die umgekehrt konische (trichterförmige), weil diese den vollsten und stärksten Klang giebt und den Zungenton nur wenig oder gar nicht vertieft. Für Stimmen aber, die einen schwächeren und zarten Klang haben sollen, wird auch die Cylinderform gebraucht sowie noch andere Formen, z. B. zwei mit ihren weiten Teilen auf einander gelötete Kegel. Andere, z. B. das Endigen der Röhre in eine durchlöcherte Kugel, sind veraltet und werden nicht mehr gemacht.

III. Die klingenden Stimmen.

16. Wie unterscheidet man die Stimmen (Register) der Orgel nun weiter im speziellen je nach ihrer Fußgröße, Mensur u. s. f.?

Der effektive Tonumfang der Orgel übertrifft den jedes anderen Instrumentes, er reicht vom Doppelkontra-C bis zum sechsgestrichenen c. Dagegen geht der Umfang der Tastatur und der Notierung gewöhnlich nicht über C—g³ hinaus, wenigstens in neueren Werken. Daß die Orgel höhere und tiefere Töne als die der Notierung enthält, kommt daher, daß sie für die einzelnen Tasten nicht immer Töne von einerlei Höhe hat, sondern einerseits höhere, welche den Obertönen des betreffenden Tones entsprechen, andererseits aber auch tiefere und zwar die Unteroktave und Unterdoppeloktave.*)

Eine offene Labialpfeife mittlerer Mensur (Prinzipal), die auf den Ton (groß) C abgestimmt ist, hat ungefähr eine Höhe von 8 Fuß. Es heißen daher alle diejenigen Orgelstimmen, welche auf die Taste C den Ton (groß) C bringen, achtfüßig (die eigentlichen Normalstimmen, Kernstimmen der Orgel); dagegen heißt eine Stimme 4 füßig (sie steht im 4 Fuß-Ton), wenn sie auf Taste C einen Ton giebt, wie ihn eine offene Labialpfeife von 4 Fuß Höhe hervorbringt, d. h. (klein) c und ebenso auf allen anderen Stufen eine Oktave höher klingt als der Name der Tasten und die Noten erfordern, und 16-füßig, wenn statt C das (Kontra-) $_1$C auf die Taste C kommt, also die ganze Stimme eine Oktave tiefer klingt. Ebenso giebt es 32füßige, 2- und 1füßige Stimmen, die zwei Oktaven tiefer, resp. zwei und drei Oktaven höher klingen.**)

Die meisten Stimmen (Register) erstrecken sich über die ganze

---

*) Lange schon beschäftigt mich das Problem, ob es nicht möglich wäre, auch Unterquintstimmen zu konstruieren, die ebenso wie die Oberquintstimmen im Hauptklange untergingen, nur seine Klangfarbe sättigend. Ich will wenigstens nicht unterlassen, die Orgelbauer darauf hinzuweisen, daß der Gedanke absolut nichts Ungereimtes hat. Selbstverständlich müßten die kleinsten Unterquintstimmen als Unterduodecimen zur 8′ Kernstimme gedacht gebaut werden, d. h. als 24′ (= 8.3); die Unterquintstimme dürfte selbstverständlich nicht temperiert sein und müßte viel schwächer intoniert sein als die Kernstimme. Eine sanft intonierte Unterquintstimme mit entsprechend intonierten 16′ und 32′ würde ganz gewiß sogut wie alle anderen Hilfsstimmen im vollen Werte nur die Fülle vergrößern, selbst aber nicht gehört werden. Daß das Mollprinzip und die Untertonreihe die Idee solcher Hilfsstimmen nach unten nahe legen, als welche 16′ und 32′ gewiß schon lange funktionieren, bedarf nicht des besonderen Hinweises.

**) Die Umrechnung der übrigens noch allgemein üblichen alten Fußtonbestimmungen in Metermaß ist ziemlich einfach. Nimmt man die Geschwindigkeit des Schalles auf 340 m in der Sekunde an, so muß man für C 34 statt 33 Schwingungen als Norm annehmen, um die Schallwellenlänge von 5 m $\left(\frac{340}{34 \cdot 2}\right)$ zu gewinnen. Es ist also Prinzipal 16′ = 5 m, 32′ = 10 m, 8′ = $^5/_2$ m, 4′ = $^5/_4$ m, 2′ = $^5/_8$ m; Quinte $10^2/_3$ = $^{10}/_3$ m, $5^1/_3$ = $^5/_3$ m, $2^2/_3$ = $^5/_6$ m, $1^1/_3$ = $^5/_{12}$ m, $^2/_3$ = $^5/_{24}$ m; Terz $6^2/_5$ = $^{10}/_5$ m, $3^1/_5$ = $^5/_5$ m, $1^3/_5$ = $^5/_{10}$ m, $^4/_5$ = $^5/_{20}$ m ꝛc. Durchaus unpraktisch ist die Substituierung der Dezimalbrüche, da sie das Obertonverhältnis unkenntlich macht.

Klaviatur: es giebt aber auch Stimmen, die nur aus der größeren oder kleineren Hälfte derselben bestehen, d. h. entweder von groß C bis klein h oder von c' bis zum höchsten Tone der Orgel reichen. Im letzteren Falle beginnen sie auch mitunter schon bei g oder f oder auch noch um einige Stufen tiefer, in englischen Orgeln meist mit klein c (wo sie dann Tenoroon heißen). Auf dem Registerknopf wird der Umstand, daß eine Stimme nur die tiefen oder nur die höheren Töne hat, durch den Zusatz Baß oder Diskant angezeigt. Man kann in Beziehung auf ihren Umfang die Stimmen einteilen in 1) **ganze Stimmen**, welche für alle Tasten einer Klaviatur je eine Pfeife haben, 2) **unvollkommene** und zwar a) **halbe Stimmen**, die vom c' anfangend nach der Höhe gehen, b) $^2/_3$ oder $^3/_4$ **Stimmen**, die von f, g oder c anfangen, oder c) $^1/_4$ **Stimmen**, die nur die untere Oktave haben, 3) **repetierende Stimmen**, die an gewisser Stelle der Klaviatur wieder mit tieferen Tönen einsetzen, anstatt ununterbrochen nach der Höhe fortzuschreiten (durchzugehen), 4) **geteilte Stimmen** mit zwei Registerzügen, wovon der eine den Baß, der andere den Diskant regiert, 5) **doppelte Stimmen**, deren Töne mit doppelten und mehrfachen Pfeifen besetzt sind, entweder durchweg oder nur im Diskant, 6) in **über- oder zusammengeführte Stimmen**, die für die tiefste Oktave keine eigenen Pfeifen haben, sondern in eine der anderen ähnlichen Stimmen übergehen.

Je nachdem eine Stimme durch die Tasten eines der Manuale oder die des Pedals regiert wird, ist sie eine Manualstimme oder eine Pedalstimme; die Stimmen des Hauptmanuals können durch Anziehen der Pedalkoppel zu Pedalstimmen werden.

Nach der Konstruktion der Pfeifen unterscheidet man Labial- und Zungenstimmen; doch kommt es auch vor, daß bei Zungenstimmen die höchsten Töne durch Labialpfeifen hervorgebracht werden, weil sehr kleine Zungen einen außerordentlich schwachen Ton geben.

Die Tonhöhe der gedeckten Flötenpfeifen, sowie auch der Zungenpfeifen wird ebenso wie die der offenen nach dem Klange als 8füßig, 4füßig rc. bezeichnet, obgleich bei ersteren, wenn sie auf Taste groß C wirklich groß C hören lassen, die Länge der Pfeife nur 4 Fuß ist; bei Zungenpfeifen aber ist die Höhe des Aufsatzes für die Tonhöhe gar nicht maßgebend.

Alle bisher genannten Stimmen (die 32, 16, 8, 4, 2 und 1 füßigen) haben das miteinander gemein, daß zu jeder Taste ein Klang gehört, der wenigstens im Hauptnamen mit ihr übereinstimmt, wenn auch in einer der höheren oder tieferen Oktaven gelegen ist (d. h. jede dieser Stimmen giebt auf ein c der Klaviatur immer ein c an, wenn auch eins, das eine oder mehrere Oktaven höher oder tiefer klingt). Nun giebt es aber auch Stimmen, welche weder Töne von der Normaltonhöhe der Tasten (8füßig), noch auch höhere oder tiefere Oktavtöne derselben hören lassen, sondern ganz andere Töne, die jedoch ein konsonantes Intervall gegen den Normalton und seine Oktaven bilden, nämlich die Quinte oder Terz; ja es giebt endlich Stimmen, die mehrere Töne der Obertonreihe

gleichzeitig hören lassen. In Rücksicht hierauf teilt man die Orgelstimmen ein in:
1) **Grund- oder Hauptstimmen** und
2) **Hilfsstimmen**.

Die Hauptstimmen sind entweder
a) **Kernstimmen (Normalstimmen)**, d. h. 8füßige, welche die den Tasten entsprechenden Töne angeben, oder
b) **Oktav- oder Seitenstimmen**, worunter man alle nicht 8füßigen Grundstimmen versteht, d. h. solche, die für alle Tasten der Klaviatur Töne geben, die eine oder mehrere Oktaven höher oder tiefer sind als die der Normalstimmen. Die 16' und 32' Stimmen sind also ebensogut Seitenstimmen, wie die 4', 2', 1' Stimmen.

Die Hilfsstimmen, welche niemals allein, sondern nur in Verbindung mit Grundstimmen gebraucht werden können, zerfallen wieder in:
a) **einfache**, bei denen jede Taste nur eine Pfeife regiert und dadurch entweder die **reinen Quinte (Duodecime)** oder die **reinen Terze (Septdecime)** (und zwar in akustisch reiner, nicht temperierter Stimmung) der Normaltöne oder ihrer höheren Oktaven hervorbringt;
b) **in mehrfache oder sogenannte gemischte Stimmen**, bei denen jede Taste mehrere (2 bis 12 und noch mehr Töne der Obertonreihe) hören läßt. Die Anzahl der bei einer solchen Stimme auf jeder Taste gleichzeitig erklingenden Töne wird durch den Beisatz =fach oder =chörig ausgedrückt und relativ die Höhe durch Fußgröße des tiefsten der auf der Taste C zusammen erklingenden Töne. Wenn es also z. B. heißt Mixtur 4fach (4chörig) 2' (Fuß), so heißt das, da zu dieser Stimme nur höhere Oktaven und Quinten gehören, soviel als: jede Taste hat statt ihres Normaltones zwei ihrer höheren Oktaven und zwei ihrer höheren Quinten, und zwar ist der tiefste dieser vier Töne um zwei Oktaven höher als der Normalton der Taste, nämlich 2füßig statt 8füßig, und man wird sonach auf der genannten Taste hören $c' : g' : c'' : g''$. Wäre die Mixtur fünffach, so würde noch c''', bei sechsfacher noch g''' hinzukommen u. s. f. Bei einfachen Hilfsstimmen, also Quint- und Terzstimmen, wird immer nur der Fußton nach dem Klange der Taste C angegeben, d. h. man sagt z. B. Quinte $10^{2}/_{3}'$, wenn die Stimme auf der Taste groß C das Kontra G („G) hören läßt, $5^{1}/_{3}'$ wenn sie groß G, $2^{2}/_{3}'$ wenn sie klein g, $1^{1}/_{3}'$ wenn sie g^{1} hören läßt. Desgleichen hat man die Terzenstimmen zu $6^{2}/_{5}'$, $3^{1}/_{5}'$, $1^{3}/_{5}'$. In italienischen Orgeln findet man einzelne noch viel kleinere Stimmen, wie Oktaven von $^{1}/_{2}'$, $^{1}/_{4}'$, $^{1}/_{8}'$, Quinten von $^{1}/_{3}'$, $^{1}/_{6}'$ und Terzen von $^{2}/_{5}'$, z. B. in der Domorgel zu Mailand. Dieses Verhältnis wird auf allen übrigen Tasten bis zur letzten der Klaviatur fortgesetzt, so daß also z. B. das f^3 bei Quint $2^{2}/_{3}'$ den Ton c^5, bei Quint $1^{1}/_{3}'$ den Ton c^{4} haben wird. In älteren Orgeln findet man auch den Fußton der einfachen Hilfsstimmen so bezeichnet, daß nur die nächst

tiefere Oktave genannt wird, z. B. Terz aus 2′ heißt soviel als die Terz, welche auf das zweifüßige c (= c¹) folgt, mithin Terz 1³/₅′. Quinta ex octava ist die Quinte der nächsten Oktave (4′) also Quinte 2²/₃′.

Anders verhält es sich mit den mehrtönigen oder sogenannten gemischten Stimmen. Da hier die höheren und höchsten Töne der auf der Taste C zusammenklingenden Töne schon ziemlich hoch liegen, so würden, wollte man in derselben Weise gleichmäßig fortfahren, zuletzt so hohe Töne erfordert werden, daß sie gar nicht, wenigstens nicht durch Orgelpfeifen herstellbar wären. Um nun nicht in den höheren Oktaven der Klaviatur die einmal angefangenen gemischten Stimmen unvollkommen fortsetzen, oder gar ganz abbrechen zu müssen, so hat man sich genötigt gesehen, Wiederholungen zu Hilfe zu nehmen, d. h. man führt die gemischte Stimme in gleichmäßiger Fortschreitung nur eine Strecke weit, wie etwa bis zur nächsten oder zweitnächsten Quarte, Quinte oder Oktave fort und kehrt dann wieder halbwegs oder ganz um, indem man die nächste Reihe eine halbe oder ganze Oktave tiefer anfängt, als sie bei ununterbrochen gleichmäßiger Fortsetzung sich gestalten würde und wiederholt dieses Verfahren bei jeder weiteren Oktave. Bei vorgedachter Mixtur wird also die Reihe sich gestalten wie folgt:

auf C = c¹ g¹ c² g²; diese Reihe gleichmäßig fortgeführt würde auf c ergeben: c² g² c³ g³, statt dessen nehmen wir:
auf c = g¹ c² g² c³ (anfangend mit g¹ statt c²)
auf c¹ = c² g² c³ g³ statt c³ g³ c⁴ g⁴
auf c² = g² c³ g³ c⁴ statt c⁴ g⁴ c⁵ g⁵ ꝛc.

In diesem Falle sagt man von der Stimme: sie repetiert. Wäre die Repetition nicht vorgenommen, sondern die erste Mixturreihe in gleicher Weise fortgeführt worden, so hätte man auf dem f³ erhalten: f³ c⁶ f⁶ c⁷, welche Töne musikalisch unbrauchbar sind. Bei obiger Art der Repetition fangen die Reihen abwechselnd mit der Oktave oder Quinte an; bei vierfacher Mixtur ist dies von guter Wirkung, ist aber die Mixtur nur dreifach, so ist es besser nur auf c zu repetieren (d. h. die Reihe immer mit dem Oktavtone beginnen zu lassen), damit nicht bald zwei Oktaven auf eine Quinte und dann wieder zwei Quinten auf eine Oktave kommen.

Die Repetition kann auch statt auf allen c oder cis auf allen f, fis oder g eintreten, entweder durchgängig oder auch nur in den höchsten Oktaven, desgleichen kann bei anderen solchen gemischten Stimmen der Rückschritt um eine ganze Oktave auch erst bei der zweiten oder dritten Oktave geschehen.

Die Orgelbauer binden sich hierin an keine bestimmte Regel. Auch kann eine Stimme unregelmäßig bald an der einen, bald an der anderen Stelle repetieren, z. B. zuerst bei g oder gis, später aber bei c² oder cis². Hat eine Orgel mehrere gemischte Stimmen, die repetieren, so ist es gut, sie auf verschiedenen Tönen repetieren zu lassen, damit nicht auffallende Klangfarbenunterschiede auf einzelnen Tönen bemerklich werden.

Der Zweck der Hilfsstimmen ist zunächst, die Obertöne zu verstärken und dadurch einen schärferen und bestimmteren Klang zu geben. Jede Hilfsstimme ist daher auf eine Labialgrundstimme, zu welcher sie Obertöne giebt, berechnet und kann nur in Verbindung mit dieser gebraucht werden, z. B. zu einem Prinzipal 8' kann die Quinte $2^2/_3$ oder auch $1^1/_3$, nicht aber $5^1/_3$ genommen werden, weil die letztere nicht in der Obertonreihe des 8füßigen Grundtones zu finden ist:

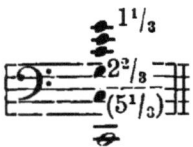

Zu welcher Grundstimme eine Hilfsstimme gehört und welchen Oberton sie verstärkt, sieht man sofort, wenn man den ihre Fußgröße anzeigenden gemischten Bruch in einen gemeinen Bruch verwandelt, z. B. Quint $10^2/_3 = {}^{32}/_3$ d. h. die dritten Obertöne der 32' Stimmen verstärkend, Terz $1^3/_5 = {}^8/_5 =$ Septdezimen zu 8' ɾc.

Die Quinte $5^1/_3$ kann daher nur zur Unterstützung einer 16füßigen Stimme, Quint $10^2/_3$ gar nur zur Unterstützung einer 32' Stimme dienen, wo sie dem 3. Partialtone entspricht.

Ebenso können die mehrtönigen Hilfsstimmen nur aus Obertönen des Grundtones gebildet werden, jedoch nicht nur in der dem Grundtone nächsten Lage, sondern auch um eine oder mehrere Oktaven erhöht. Diese Benutzung der Obertonreihe erleidet indes in der Praxis insofern eine Beschränkung, als nur die Oktaven, Quinten und Terzen des Grundtones (in einzelnen Fällen auch die Septimen), nicht aber die None, Undecime und Terzdecime oder mit anderen Worten nicht die bezüglich der relativen Schwingungszahlen der 9, 11, 13 ɾc. entsprechenden Obertöne zur Bildung der Hilfsstimmen gebraucht werden.

Den Versuch, auch den Ton 7 (die natürliche Septime) zu gemischten Stimmen zu benutzen, hat zuerst Vogler in einer Berliner Orgel angestellt, der aber, wie man behauptet, nichts weniger als Beifall gefunden hat (Cäcilia IX. 175). Doch findet sich in der neuen Orgel der Nikolaikirche zu Leipzig Septime $2^2/_7'$, desgl. zu Schneeberg (erb. v. Jahn in Dresden) Septime aus 4' im Manual, aus 8' im Pedal. Die 1877 von W. Sauer erbaute Orgel im Dom zu Fulda hat Cymbel 3fach: $1^3/_5'$, $1^1/_3'$, $1^1/_7'$.

Ob überhaupt und im allgemeinen die Anwendung der Hilfsstimmen von wirklichem Nutzen und die Schönheit des Orgeltones fördernd, mithin zu billigen sei, oder ob sie den Orgelton verschlechtere und daher verworfen werden müsse, darüber sind die Meinungen geteilt, jedoch so, daß mehr Stimmen dafür als dagegen sind. Wenn man freilich sich vergegenwärtigt, welche harmonisch ganz und gar unvereinbaren Töne durch die Hilfsstimmen gleichzeitig ertönen, so sollte man vermeinen, daß es für musikalisch gebildete Ohren eine wahre Marter sein müsse, sie zu hören. Denken wir uns z. B. einen einfachen Akkord, wie C : E : G durch eine dreifache und 2füßige Mixtur angeschlagen, so werden drei nebeneinanderliegende Sekunden zum Vorschein kommen, die, wollte man sie auf einem anderen Instrumente, z. B. dem Klaviere, gleichzeitig anschlagen, jedenfalls, auch abgesehen von der üblen Wirkung auf das Gehör, auf den Namen einer musikalischen harmonischen Tonverbindung keinen Anspruch haben würden:

oder gar mit Septime (C : E : G : B):

also b′ h′ c″ d″ e″ f″ g″ zusammen (6 Sekunden).

So schlimm dies aussieht, so gestaltet sich die Sache in der Ausführung doch ganz anders. Freilich allein, ohne Verbindung mit Grundstimmen sind diese Stimmen nicht zu gebrauchen und sollen es auch nicht sein; wenn sie aber mit Grundstimmen in der Art vereinigt werden, daß diese das Übergewicht behaupten und die Grundtöne vorzugsweise vom Ohre vernommen werden (die Hilfsstimmen werden auch schwächer intoniert als die Grundstimmen), so erscheinen die Mixturtöne wirklich nur als Verstärkungen der Aliquottöne, zugleich aber auch als Erzeuger der Kombinationstöne, welche zumeist mit dem Grundtone identisch sind, daher diese verstärken. Die Hilfstöne werden dann für gewöhnlich ebensowenig vernommen als die Aliquot= und Kombinationstöne, obgleich sie, wenn man absichtlich auf sie achtet, sehr wohl vernehmbar sind. Wenn daher eine Orgel der Stimmen solcher Art nicht zu viele und in nicht gar zu kleinen Dimensionen hat, damit sie nicht zu sehr schreien, wenn dieselben nicht zu eng mensuriert, wenn sie gut intoniert sind, zweckmäßig repetieren, hinsichtlich ihrer Anzahl und der Größe ihrer Chöre mit den übrigen Stimmen in einem richtigen Verhältnis stehen, so leisten sie unbestreitbar gute Dienste und lassen sich ganz wohl rechtfertigen. „Ist dieses gelungen," bemerkt Töpfer (M.=Z. 1831), „so darf man mit Recht die Mixtur die Krone der Orgel nennen, weil sie dem Orgeltone die größte Stärke, schnelle Ansprache und Deutlichkeit, besonders in den tieferen Oktaven, ja den festlichen Glanz giebt, mit welchem wohlgeratene Werke an Feiertagen in den andächtig frohen Gesang der Gemeinden einstimmen." Oder, wie Wilke sagt, sie sind das „Salz des Orgeltones" (Cäcilia XII. 205).

Da die Anfechtungen der gemischten Stimmen erst aus dem jetzigen Jahrhundert datieren, so sind Versuche, sie ganz aus den Orgeln zu verbannen, auch erst in neuerer Zeit gemacht worden. Zu ihren hauptsächlichsten Gegnern gehörten Chladni und Gottfried Weber.

Im allgemeinen ist noch über die Namen der Orgelstimmen zu bemerken, daß

1) die teils deutschen, teils lateinischen (resp. französischen, holländischen und englischen) Namen der Stimmen sich entweder auf ihre wirkliche oder doch beabsichtigte Klangähnlichkeit mit allerlei teils noch gebräuchlichen, teils schon veralteten, oder gar nicht mehr existierenden Musikinstrumenten beziehen, oder auf besondere Eigenschaften, Form, Einrichtung, Stellung, auf ihr Verhältnis zu einer anderen Stimme der nämlichen Art, oder daß ihnen barocke Einfälle der Orgelbauer zu Grunde liegen.

2) Der Ausdruck „Baß" bedeutet meistens, daß die Stimme zum Pedal gehört, wie Subbaß, Baßflöte, Violonbaß (dasselbe ist Grand- in England und Frankreich, in letzteren auch Gros-, Grosse-), dann aber auch, daß die Stimme nur die untere Hälfte der Klaviatur umfaßt, z. B. Flauto-Baß, wie man im anderen Fall, wenn die Stimme nur den (größeren) oberen Teil der Klaviatur umfaßt, das Wort Diskant hinzufügt, z. B. Flauto-Diskant. Bei manchen Stimmen versteht sich das eine oder das andere auch ohne diese Zusätze, wie z. B. bei Fagott, das immer nur den Baß, und Oboe, das meist nur den Diskant giebt. Mittel- ist = 8', Grob- = 16' (nicht ausnahmslos).

3) Der Zusatz Kammer- (in älteren Werken) wurde früher solchen Stimmen gegeben, die nicht im Chor-, sondern im Kammertone, d. h. um einen Ton höher als die übrigen Stimmen gestimmt waren, z. B. Kammergedackt. Sie dienten hauptsächlich dazu, bei Aufführungen mit Orchesterbegleitung (welche stets den Kammerton hatte), resp. zur Begleitung eines Instrumentalsolo mitgespielt zu werden.

4) Der Zusatz Offen- wird zu Stimmen gebracht, die auch und zwar in der Regel, als gedeckte vorkommen, z. B. Offenflöte, zum Unterschied von Flöte schlechtweg, die meist gedackt ist.

5) Der Zusatz Doppelt sagt, daß für jeden Ton zwei Pfeifen von einerlei Art und Größe gebraucht sind, oder aber, daß die (Labial-) Pfeifen doppelte Aufschnitte und Labien (auf zwei gegenüberliegenden Seiten) haben.

6) Die Zusätze Eng, Weit beziehen sich auf die Mensur.
7) Manche ganz verschiedene Stimmen führen denselben Namen, z. B. ist Kornett eine Zungen=, aber auch eine gemischte Stimme.
8) Nimmt eine gemischte Stimme nach der Höhe an Zahl ihrer Chöre allmählich zu, wird sie z. B. aus einer 3fachen allmählich zur 6fachen, so bezeichnet man dies als 3 bis 6fach.
9) Wenn bei einer Orgel ein Fußton angegeben ist, der auf C nicht anwendbar ist, so bezieht sich dies auf einen anderen Ton, mit welchem die Stimme anfängt, z. B. in Mailand Prinzipal 24′ bezeichnet das ,F mit dem die Manuale und Pedale anfangen.
10) Die Zusätze Major und Minor beziehen sich immer auf zwei Stimmen derselben Art von verschiedenem Fußton, z. B. 8′ und 4′.

17. **Wie teilt man zweckmäßigerweise die offenen Labial=stimmen weiter ein?**

In solche von Normalmensur (Prinzipale), von enger und engster Mensur (Gamben, Flöten) und von weiter Mensur (Hohl=flöten) und solche mit abweichend geformtem Pfeifenkörper (Spitzflöten und Pyramidflöten).*)

18. **Was ist über die Prinzipale zu sagen?**

Die Prinzipale, die Hauptstimmen der Orgel, sind von kräftigem hervortretenden Tone. Sie werden sowohl im Manual als im Pedal und zwar meistens in mehrfachen Dimensionen, ja auch in derselben Fußgröße doppelt (mit verschiedener Mensur) angewendet. Man baut die Prinzipale gern von Zinn oder gutem Metall, weil dieses den hellsten Ton giebt, doch werden die allergrößten Pfeifen wegen ihres Gewichtes und der bedeutenden Kosten in der Regel aus Holz gearbeitet. Die für den Prospekt bestimmten Pfeifen, welche fast immer nur Prinzipalpfeifen sind, werden womöglich von

---

*) Dom Bedos (S. 43) nennt nur 18 Labialstimmen (jeux à bouches) als in Frankreich üblich; alle anderen seien nichts anderes als eine „répétition de ceux ci, auxquels on donne différents noms selon leur fonction et le lieu qu'ils occupent." Diese 18 sind:
1. Le 32 pieds ouvert (32′ offen).
2. Le Bourdon de 32 pieds (32′ gedeckt).
3. Le 16 pieds ouvert (16′ offen).
4. Le Bourdon de 16 pieds (16′ gedeckt).
5. Le 8 pieds ouvert (8′ offen).
6. Le Bourdon de 8 pieds (8′ gedeckt).
7. Le gros Nasard (Quinte $5\frac{1}{3}$).
8. Le Préstant (4′ Prinzipal).
9. La grosse Tierce ($3\frac{1}{5}$).
10. Le Nasard (Quinte $2\frac{2}{3}$).

reinem Zinn angefertigt und durch aufgeworfene Labien, sowie auch durch Übermalung, Vergoldung verziert, jedenfalls aber sauber poliert. Je nach der größten Dimension, in welcher das Prinzipal im Hauptmanual vorkommt, heißt die Orgel eine 16=, 8= oder 4füßige; letztere nennt man auch wohl „halbe Orgeln" und mit Recht, denn einer auf eine gewisse Vollkommenheit Anspruch machenden Orgel sollten die Hauptkernstimmen, Prinzipal 8', nie fehlen. Prinzipal 32' im Manual ist sehr selten (St. Denis und Tours).

Das Prinzipal wird verschieden mensuriert, immer aber innerhalb der Grenzen der weiteren und engeren Mensur, nicht besonders weit und nicht besonders eng. Mit anderen Worten: **Prinzipalmensur** ist die eigentliche Normalmensur, die mittlere Mensur, und die weitesten sowohl wie die engsten Mensuren sind Abweichungen davon. Im Interesse der Verschiedenartigkeit der Klangfarben aber mensuriert man die Prinzipalstimmen gleicher Fußgröße für verschiedene Klaviaturen ein wenig verschieden, und auch wenn dasselbe Manual zweimal Prinzipal 8' hat, ist es verschieden mensuriert.

In der Regel hat jedes Manual mehrere Prinzipalstimmen verschiedener Fußgröße, von denen aber nur 8' und, wo es vorhanden ist, 16' als Prinzipal bezeichnet werden, während 4' und die kleineren Oktave genannt werden, 2' auch wohl Superoktav und 1' Superoktävlein; nennt man aber 4' Quinta decima (15ma) fälschlich 16ma (Dom zu Breslau, Sedecima, Sedez), 2' Vicesima secunda (22da), 1' Vicesima nona (29na), so ist das dasselbe als wenn 16' als Prinzipal bezeichnet wird und 8' als Oktave, 4' als Superoktave erscheint — ein entschiedener Fehler, da die Bezeichnung dabei nicht von der Kernstimme ausgeht. Die einzelnen Dimensionen der Prinzipale und ihre Namen sind:

a) **Prinzipal 8'**, in alten Orgeln auch Äqualprinzipal oder Koppelflöte, in 16' Orgeln auch Oktave, lateinisch: Regula primaria (fundamentalis); englisch: Open Diapason oder Unison Open Diapason; französisch: Montre 8' oder Préstant 8'; spanisch: Baxoncello de 13, die wichtigste aller Orgelstimmen, wie ihre Namen besagen, kommt sehr häufig im nämlichen Klavier zweimal (mit verschiedener Mensur) vor und in der großen Liverpooler Orgel im

---

11. La Doublette (Oktave 2').
12. La quarte de Nasard (2' Register mit Mensur der Hilfsstimmen, mit diesen zusammen gebraucht).
13. La tierce (1$^{3}/_{5}$).
14. Le Larigot (Quinte 1$^{1}/_{3}$).
15. La Fourniture (Mixtur).
16. Le Cymbale.
17. Le Cornet.
18. La basse de Viole.

Letztere Stimme ist eine überblasende, d. h. ist der Größe nach 8 füßig, klingt aber wie 4'. Wie man sieht, gab es also schon längst vor Cavaillé Flûtes octaviantes!

Hauptmanual sogar noch ein drittes Mal halb, (im Distant), steht in größeren Orgeln in allen Klavieren mit Ausnahme des Echowerkes und bildet die Grundlage für den Gebrauch der Hilfsstimmen. Im Pedal heißt es auch Oktavbaß 8'. Material womöglich nur Zinn oder Metall.

b) **Prinzipal 16'**, auch Großprinzipal oder Subprinzipal, im Pedal Prinzipalbaß, lateinisch: Regula primaria major; englisch im Manual: Double Open Diapason, im Pedal einfach Op. Diap.; französisch: Montre 16'; holländisch: Prestant 16'; italienisch: Principale doppio oder gewöhnlich Contrabasso; spanisch: Baxoncello oder Flautada de 26, die Hauptkernstimme fürs Pedal, denn die Pedalstimmen sind regulär im 16' Ton gedacht. Doch haben sehr viele große Orgeln im Hauptmanual Prinz. 16', zu St. Sulpice in Paris steht sogar im Hauptmanual 2mal Prinzipal 16', davon das eine überblasend ist (harmonique), d. h. die Pfeifen haben doppelte Länge (C = 32') und geben den ersten Oberton an. In Deutschland hat Prinzipal 16' auf C 20—25 cm Weite und 25—30 cm Tiefe, in England aber 44 cm Weite und 48—58 cm Tiefe: natürlich sind dann die Pfeifen erheblich kürzer. Material meist Holz, oder die höheren Oktaven Zinn oder Metall.

c) **Prinzipal 32'**, ebenfalls auch Großprinzipal, Subprinzipal oder aber Kontraprinzipal genannt, lateinisch: Regula primaria maxima; englisch: Double double Open Diapason oder Kontrabass Open; französisch: Montre 32'; holländisch: Prestant 32' oder Prinzipal 32'; italienisch: Contrabasso doppio; spanisch: Flautada de 52), die tiefste aller Orgelstimmen, mit Ausnahme weniger sehr großen Orgeln nur im Pedal zu finden, meistens ganz von Holz, oder die obere Hälfte von Metall. Beispiele von durchweg Metall sind sehr selten und sehr kostspielig. In manchen Fällen sind die tiefsten Töne gedackt, in vielen Fällen gekröpft, weil der Raum zur Aufstellung von bis zu 40' langen Pfeifen rar ist. Die Ansprache ist schwer und der Klang in den tiefen Tönen nur schwach und mehr eine Art Brummen (C 32' macht $16^1/_2$ Schwingung in der Sekunde), daher die Alten die Stimme wohl scherzweise die Prahlsachte nannten. Durch Hinzutritt von 16' und 8' kommt es mehr zur Geltung. Doch soll es durch vermehrte Dicke der Wände und die von Walcker erfundene Kernschraube eine bedeutende Verbesserung erhalten haben. Walcker sandte der Industrieausstellung zu München 1854 eine 40' lange, aus Holzdauben zusammengesetzte und mit Zinnplatten überkleidete Pfeife ein, welche den Ton „C in noch nicht gehörter Fülle und Reinheit ertönen ließ und noch $1^1/_2$ Sekunden nach Unterbrechung des Luftstromes forttönte: desgleichen sandte er eine Pfeife von $^1/_{16}$ Fuß (c⁶) ein (Urania 1855 S. 73). Prinzipal 32' kommt schon in Orgeln zu Anfang des 17. Jahrhunderts vor (Prätorius S. m. II. 165. 186: Orgel zu Lübeck [St. Peter] und Bückeburg v. Esajas Compenius).

d) **Prinzipal 4'**, gewöhnlich Oktave 4', Kleinprinzipal, in 16 Orgeln Quintdecime, sonst auch wohl Koppeldom genannt (Schilling)

—Prinzipal 8' heißt auch Copel — (lateinisch: Regula primaria minor; englisch Principale oder Octave; französisch: Préstant 4'; holländisch: Octaaf 4'; italienisch: Ottava; spanisch: Octava), richtet sich in der Mensur nach dem Prinzipal 8' derselben Klaviatur; kommt auch im Pedal vor. Material: Zinn, Metall oder Holz.

e) Prinzipal 2', gewöhnlich Oktav 2' oder Superoktav, Disdiapason, lateinisch: Regula primaria minima oder Quinta decima, fälschlich Sedecima; italienisch: Decima quinta; spanisch: Quincena; englisch: Fifteenth; französisch: Doublette, Octavin und Quarte de Nasard; holländisch: Octaaf 2', unterscheidet sich nur in der Größe vom vorigen. Ebenso:

f) Prinzipal 1', Superoktävlein, Subsuperoktav (Mühlhausen), Vicesima secunda, fälschlich Superfedecime; italienisch: Vigesima seconda; spanisch: Flauto en 22; englisch: Twenty second oder Octav fifteenth; französisch: Fifre, Piccolo. Selten, in Frankfurt a. M. Paulskirche durchgehend, sonst nur Diskant.

Zwischen den Prinzipalstimmen und den sogleich zu besprechenden Gamben- und Geigenstimmen mitten innestehend, sowohl was Mensur als was dem entsprechend die Klangfarben betrifft, ist

g) Geigenprinzipal (engl. Violin Diapason, auch Crisptoned Diapason), welches zu 8' und 4' vorkommt. Die Mensur ist enger als bei den Prinzipalen, aber weiter als bei den Gamben. Ton ähnlich der Gambe, d. h. etwas streichend, aber leichter ansprechend; Material Zinn.

19. Was ist über die Gambenstimmen zu bemerken?

Dieselben haben enge Mensur, daher einen streichenden, d. h. von ziemlich starkem Blasegeräusch begleiteten, dem der Streichinstrumente ähnlichen Ton. Sie sprechen etwas schwer an und überblasen sich leicht.

a) Gambe, Viol(a) da Gamba, Gamba. Gewöhnlich in 8' Ton. Wird innerhalb der Grenzen seiner Klangfarbe etwas weiter oder enger mensuriert, wodurch die Intonation stärker oder schwächer wird.. (In einer Orgel zu Heilbronn steht im 1. Klavier eine Viola di Gamba mit weiter Mensur, die wohl mehr der Hohlflöte ähnlich klingt.) Der Aufschnitt der Gambe ist niedrig und hat Seiten- und Querbärte. Die Pfeifen sind wegen der engeren Mensur länger als die des Prinzipals. Im 4' Ton heißt sie auch Gambette. Die Gambe kommt auch nach oben sich etwas verengend vor (Spitzgambe); letztere Form hat sie namentlich in England häufig, und ist dann oft noch mit einem Aufsatz von umgekehrter Kegelform versehen, in welchem Falle sie auch Bell-Gamba (Glockengambe) heißt. Die so geformte Gambe spricht schneller an als die deutsche, hat aber einen nicht so starken und minder schneidenden Ton. Im Pedal zu 16' als Viol' di Gamben-Baß. Das Material der Gamben ist womöglich Zinn, oder doch gutes Metall, höchstens nimmt man für die tiefsten Töne, besonders bei 16', Holz. Mehr oder weniger mit der Gambe identisch sind die anderen Stimmen, deren Namen denen der Streichinstrumente entlehnt sind, nämlich:

b) **Viola** 8′, **Violet** 4′, Viola major 16′, Basse de Viole, auch Viola d'amore (z. B. zu Lübeck 4′, Liegnitz 8′, Töpfer II. 557). Töpfer giebt der Viola konische Form. Auch eine Quintstimme mit Violamensur kommt vor: Quintviola.

c) **Violino** 8′, 4′, 2′ nur im Manual. Violinbaß 16′, 32′ nur im Pedal.

d) **Violoncello** 8′ im Pedal, Violoncello alto 16′ nur im Manual, völlig identisch mit dem Viol' di Gamben=Baß des Pedals. Material Holz.

e) **Violon**, Violone (profondo), Contraviolon, Contrabasso, Contrebasse) 8′, 16′, 32′ nur im Pedal. Material: gewöhnlich Holz.

20. Giebt es Labialstimmen noch engerer Mensur als die Gamben?

Jawohl, nämlich:

a) **Fugara** (Vogar) 8′ und 4′. Sehr enge Mensur und enger Aufschnitt. Zinn. Doch kommt Fugara auch weiter als Gambe mensuriert vor, und sogar von Holz.

b) **Schweizerflöte** (Schweizerpfeife), 8′ und 4′, ganz von Metall; Mensur enger als bei den Gamben, meist mit Bärten; in Verbindung mit einer andern 8′ Stimme vorzüglich zum Vortrag des Cantus firmus bei Trios geeignet wegen ihres durch= dringenden Tones, allein aber nicht, weil sie leicht überschlägt. Im Pedal als Schweizerflötenbaß.

c) **Salicional** (Salcional, Salicet, Weidenpfeife) 8′, 4′ und 2′, auch zu 16′ im Pedal, enge Mensur, Zinn. Oft mit Bärten. Schwach intoniert, oft als Echostimme der Gambe im 3. Manual.

d) **Dulciana** (zu Wien, Freiburg, besonders aber in England gebräuchlich) fängt entweder erst mit c an oder ist in der tiefsten Oktave in ein Gedackt übergeführt. Erfunden vom Engländer Svetzler. Wie Salicional schwach intoniert.

Noch schwächer intoniert und daher meist nur auf dem 3. Manual zu finden sind folgende gleichfalls eng mensurierte Stimmen:

e) **Harmonika** 8′. Von hartem Holz oder Metall. Sanft singender Ton; mit feiner Kernspalte und wenig Windzufluß. Harmonika kommt auch mit nach oben sich erweiternden Pfeifen vor. Bekommt wie die gleich folgende Querflöte statt des Unter= labiums (Vorschlags) einen Frosch zum Anblasen und Kastenbärte. Zu 16′ im Pedal als Harmonikabaß. Harmonica aetherea 3fach in der Nikolaikirche zu Leipzig ist eine gemischte Stimme (Euterpe 1863. 3).

f) **Triuna** 8′ und 4′, äußerst schwache Intonation (Breslau Vincenzk., Berlin Petrik.).

g) **Vox angelica** 4′ und 2′ (zu Kronstadt und Manchester 8′). In der Panopticumorgel zu London steht eine Zungenstimme gleiches Namens.

h) **Zartflöte** 4′ (Lübeck und Leipzig Nikolaikirche) und 8′ (Wismar), erfunden von Turley; die Pfeifen haben keine Kerne.

i) **Fernflöte** 8′, **Harfpfeife** 8′, **Stillflöte** 8′ und 4′, sind nur verschiedene Namen für dieselbe Stimme. Auch **Echo** 8′ gehört hierher; dasselbe ist in einem Kasten eingeschlossen (meist mit Schweller) oder steht ganz hinter der Orgel, so daß es entfernt klingt. Auch unter den sanften Flötenstimmen, die wir sogleich kennen lernen, befinden sich verschiedene, deren individuelle Eigentümlichkeiten anzugeben schwer sein dürfte und die ebensogut hier wie dort namhaft gemacht werden könnten.

21. Was versteht man unter offenen Flötenstimmen?

Dieselben haben alle mehr oder weniger Ähnlichkeit mit der Flöte unseres Orchesters, besonders soweit sie überblasend (harmoniques, octaviantes) sind. Unter diese Kategorie gehören:

a) **Flauto traverso**, **Querflöte**, **Kammerflöte** (wenn sie abweichend von den anderen Stimmen im Kammerton steht), Flûte allemande oder traversière. German flute, in Surrey Chapel als Concertflute, zu Liverpool Flute orchestral, umfaßt nur den Diskant (die tieferen Töne sind meist mit Gedackt ausgefüllt), steht im 8′ Ton. Material: Holz und zwar Birnbaum, Ahorn oder Eichen. Enge Mensur. Scharfer Flötenton. In den höheren Oktaven erhalten die Pfeifen doppelte Länge und einen so niedrigen Aufschnitt, daß sie in die höhere Oktave überschlagen (sich überblasen), wodurch die Ähnlichkeit des Tones mit dem unserer Orchesterflöte bis zur Täuschung erreicht wird. Manche neuere Orgelbauer geben den Pfeifen auch einen runden gebohrten Körper und an Stelle des Aufschnitts ein rundes Loch, durch das sie von der Seite angeblasen werden, und statt des Vorschlages eine besondere Embouchure, Frosch genannt; auch bei dieser Art werden die beiden unteren Oktaven entweder übergeführt oder durch Gedackt ausgefüllt. Die Stimme erscheint auch im Pedal mit 16′ Ton als **Flautotraversalbaß**.

b) **Flûte harmonique** 8′ und **flûte octaviante** 4′ eine Erfindung Cavaillés*), ganz ähnlich der vorigen, aber von Metall. Das Überblasen wird durch ein kleines in der Mitte der Pfeifenlänge an jeder Seite angebrachtes Loch befördert. Viel Windzufluß. Die tiefsten Oktaven sind gedackt oder übergeführt. Die höchsten Töne sind auch wohl um zwei Oktaven überblasend.

c) **Offenflöte** (Flûte ouverte) 8′ und 4′ von sanftem Klang. Nicht überblasend. Holz oder Metall.

d) **Flauto dolce**, Fl. suabile, **Dulzflöte**, Flûte douce, **Sanftflöte**, Flauto amabile, Flûte d'amour, Flauto amoroso (Liegnitz), Tibia angusta, alle diese Namen sind ziemlich gleichbedeutend und bezeichnen offene Flötenstimmen von sanftem Ton, von enger Mensur mit wenig Windzufluß, Material: Metall, oder hartes Holz. In Görlitz steht ein Gedackt mit der Bezeichnung Flûte douce 8′. **Hellflöte** 8′ (Naumburg) und die englische Clearflute

---

*) Vgl. aber Anm. S. 36.

zeichnen sich durch einen klaren Ton aus, der durch höheren Aufschnitt und stärkeren Windzufluß bei enger Mensur erreicht wird. Gleichbedeutend ist **Hellpfeife** 8′ (Holz).

e) **Jubal, Tubal, Jubalflöte, Tubalflöte** 8′ und 4′ (zu Görlitz 8′, 4′ u. 2′) gehört gleichfalls hierher. Zu Lübeck steht eine Stimme dieses Namens mit doppelten Labien.

f) Die kleinsten Dimensionen haben unter den offenen Flötenstimmen: **Flageolet** 2′ und 1′, **Flautino** 2′, **Flauto piccolo** 1′, **Feldflöte** oder **Feldpfeife** (Fistula militaris) 2′ und 1′ und die **Panflöte** (Flauto di Pan) 1′, welche letztere nur im Pedal vorkommt und bei Trios zur Verwendung kommt, wenn man den Cantus firmus ins Pedal verlegt.

22. Welche Labialstimmen haben weite Mensur und was für eine Klangeigentümlichkeit haben dieselben?

„Bei den weiten offenen Pfeifen sind die nächstliegenden Eigentöne des Rohres alle etwas höher als die entsprechenden harmonischen Töne des Grundtones und deshalb werden die letzteren durch die Resonanz des Rohres viel weniger verstärkt. Das gilt schon von den weiter mensurierten Prinzipalen; dagegen hat schon Geigenprinzipal die Obertöne sehr deutlich. Auch gedeckte Pfeifen mit weiter Mensur geben aus dem gleichen Grunde fast nur Grundtöne, während engere (Quintatön) die Obertöne, d. h. nur die geradzahligen erheblich verstärkt." (Helmholtz, L. v. d. Tonempfindungen, 4. Aufl. S. 156). Die hieher gehörigen Stimmen sind:

a) **Hohlflöte** (Hohlpfeife, Flûte crëuse) 8′, auch 4′, seltener 16′ und 2′, gewöhnlich von Holz, meist mit Bärten. Ton weich und dunkel, aber füllend. Der Name **Koppelflöte**, Copula wird auch dieser Stimme beigelegt (wie sonst dem Prinzipal), vielleicht mit mehr Recht, da jedenfalls die Hohlflöte mehr der Verkoppelung mit einer anderen Stimme bedarf, andererseits freilich wieder weniger zur Verkoppelung mit selbständig nicht wohl brauchbaren Stimmen geeignet ist.

b) Die englischen Stimmen, **Clarabel-flute** (Clarabella) und **Keraulophon** 8′ gehören hierher wegen ihrer weiten Mensur und ihres vollen dunklen Tones; dieselben gehen aber nicht durch die ganze Klaviatur, sondern nur bis c′ oder g und Keraulophon hat ein, Clarabell 2 Löcher nahe der Mündung im Pfeifenkörper.

c) **Waldflöte** (Tibia silvestris) 8′, 4′, 2′ und 1′, gewöhnlich 2′ oder 4′, Mühlhausen 8′. Material: Metall. Abkantung des Oberlabiums auf der inneren Seite. Ihr ähnlich die englische **Suabeflute**.

d) **Sifflot, Sufflot, Sislet, Subflöte** 2′ und 1′. Metall. Ungefähr dasselbe ist die **Weckpfeife** 1′, Metall, offene Flöte mit weiter Mensur.

e) **Fluttuan** 16′, nur im Distant. Sehr weite Mensur, enger Aufschnitt, starker hornartiger Klang. Holz (z. B. Neu-Ruppin).

23. Welche Stimmen haben nach oben verengerte Pfeifenkörper?

Helmholtz findet bei konischen Pfeifen den 5. bis 7. Oberton deutlicher hervortreten, wodurch der Klang zwar leer aber eigentümlich hell wird (L. v. d. T. 4. Aufl. S. 157). Gemshorn, Goathorn (Bockflöte), sowie die ungefähr damit identischen Spitzflöte, Flachflöte, Spillflöte, Spindelflöte, Tibia cuspida 8, 4′ und 2′, Spitzflöte auch 1′, Gemshorn zu 16′ als Gemshornbaß im Pedal oder als Großgemshorn, Manual oder Pedal. Mensur am Aufschnitt von mittlerer Prinzipalweite, die sich nach oben auf 1/2 oder 1/3 verengert. Häufig mit Bärten. Der Ton des Gemshorns ist streichend, der der Spitzflöte schwächer, sanft ohne Schärfe. Auch Gemshorn erscheint unter dem Allerweltsnamen Koppelflöte, Gemshorn und Spitzflöte kommen auch als Quintstimmen vor. Gemshorn, Spitzgambe und die enger mensurierte, gleichfalls oft konische Viola sind identisch. Material: Zinn oder Metall, für 16′ Holz. Auch die Blockflöte, Blockpfeife, englische Flöte, Flaut angelica, Flûte à bec ist eine pyramidal geformte, in den Fußgrößen 16′, 8′, 4′ und 2′ vorkommend, Material: Zinn oder Metall. Sie kommt aber auch als Gedackt vor. Salicional ist ebenfalls häufig oben verengt. Eine alte Stimme dieser Bauart ist Schwiegel, Schwegel (v. altdeutschen Suegala „Pfeife") 8′, 4′, 2′ und 1′. Im Pedal als 16′ und 8′ auch Stamentienbaß. Zu 8′ in verschiedenen Dresdener Kirchen. Neu ist Pyramidflöte 8′ von Holz (Liegnitz, Peter- und Paulskirche).

24. Welche Stimmen haben die umgekehrte Kegel- resp. Pyramidenform?

a) Pyramidon 16′ und 32′, Pedalstimme. Die Pfeifen sind an der Mündung 4 mal so weit als am Aufschnitt und so kurz, daß zu C 16′ nur 80 cm Länge nötig sind bei 65 cm Weite an der Mündung und 20 cm am Aufschnitt.

b) Dolce 8′ und 4′ weich und lieblich, doch etwas hell; noch zarter ist Dolcissimo 8′, das etwas enger mensuriert ist. Auch Dolcan, Dulcan 8′ und 4′ ist hierher gehörig. Diese Stimmen haben wenig Luftzufluß.

c) Portunal, Portunalflöte 8′ und 4′, das aber auch als Gedacktstimme vorkommt. Material gewöhnlich Holz, Ton sanft, klarinettenartig. Die Pfeifen haben einen hervorstehenden nach hinten ausgeschweiften Kern. Erfindung von Müller in Breslau (steht zu Breslau, Warschau, Krakau). Eine Stimme namens Portune 4′ steht zu Luzern im Pedal, ist aber Zungenstimme. Auch die unter 20 e) besprochene Harmonika kommt als umgekehrt pyramidale Stimme vor.

25. Um einen tremolierenden Ton zu erzeugen, hat man außer dem intermittierenden Luftstrom des Tremulanten noch ein anderes Mittel angewendet, nämlich die Schwebungen, welche nahezu gleichgestimmte Pfeifen erzeugen. **Welche Stimmen sind auf diese Wirkung berechnet?**

Bifara (Piffara, Tibia bifaris = doppeltredend) 8' und 4'. Die Pfeifen haben auf zwei gegenüberliegenden Seiten Aufschnitte, von denen der eine etwas höher liegt als der andere, und daher eine doppelte Tonerzeugung, wobei der eine Ton etwas höher ist als der andere, so daß Schwebungen entstehen. In St. Petersburg in der Petrikirche, sowie in Boston in der Musikhalle (da sogar 2 mal im 3. Manual als Piffara 2fach 4', im 4. als Bifra 2fach 8' und 4') hat nicht eine Pfeife doppelten Aufschnitt, sondern es stehen auf jeder Kanzelle doppelte Pfeifen, die in der Tonhöhe ein wenig differieren, wodurch derselbe Effekt erzielt wird. Die gleiche Bewandtnis hat es mit Voix céleste, Jeu céleste (Straßburg, prot. K) Celestina, Celestiana meist 4', Vox celestis 2fach 8' Newyork. Doch trifft man auch eine sanfte Zungenstimme dieses Namens. Noch einfacher konstruiert ist Unda maris, eine Lieblingsstimme G. Silbermanns (als Meerflaut zu Oliva), meist 8', welche einfach ein wenig zu tief gestimmte Pfeifen hat, welche dann in Verbindung mit anderen richtig intonierten Stimmen den gewünschten Effekt ergeben. (Dresden: kath. Hofk., Breslau: St. Vinzenz, Leipzig: Nikolaik., Waltershausen, Hamburg: Michaelisk.).

26. Was ist über die Gedackte zu merken?

Alle gedeckten Stimmen (engl. Covered Stops, franz. Bourdons, Jeux bouchés) haben die cylindrische oder prismatische Form und sind von dunklem, ruhigem, aber vollem Klang. Die Gedackten kommen verschieden stark intoniert durch verschiedene Mensur und verschieden starken Windzufluß vor und erhalten danach Beinamen wie Startgedackt (w. M., viel Luftzufluß), Lieblichgedackt, Stillgedackt, Humangedackt, Musiziergedackt, Barem (e. M., wenig Luftzufluß), letzterer Name nach Prätorius vom altdeutschen baren = singen. Daß uns der Name Koppelflöte (Copula, Koppel) auch hier begegnet und zwar 8' und 16' Stimmen (Kl. Weingarten) kann uns schon nicht mehr wundern. Der Ausdruck Kammergedackt bedeutet die abweichende Stimmung im Kammertone, d. h. meist einen Ton höher als die übrige Orgel steht, berechnet auf Begleitung eines Orchesterinstruments, wie wir auch schon eine Kammerflöte oder Orchesterflöte kennen lernten (21). Unter dem Namen Gedackt mit oder ohne einen der gedachten Zusätze erscheinen nur gedackte Stimmen in den Fußgrößen von 16 bis 4'; die 32' Stimme erhält meist den Namen Untersatz, Sub-, Kontrabaß, Majorbaß, Großsubbaß, Infrabaß, Bourdon 32, Namen, die sie allerdings zum Teil mit 16' Gedackt gemein hat; denn dies erscheint unter dem Namen: Gedackt 16', auch Groß- oder Grobgedackt, Bourdon, Bordun, Perduna, Subbaß, Unterbaß, Infrabaß, die im Manual meist nur als Bourdon oder Gedackt. Die lateinische Benennung für das Gedackt ist Pileata und zwar unterscheidet man Pileata major = 8' (Mittelgedackt), minor = 4' (Kleingedackt), magna = 16' (Grobgedackt) und maxima = 32' (Untersatz). Die italienische Benennung ist Bordone oder auch Flauto, Flautone, französisch: Bourdon, Grand- und Sous-Bourdon, für die kleineren Dimensionen Flûte 8', Grosse flûte,

4′ auch Petit bourdon, holländisch: Bourdon, für die kleineren: Flûte, englisch: Stopped Diapason oder Unison covered = 8′ Gedackt, Double stopp. Diap. = 16′, Double double st. D. = 32′, auch Great- oder Sub-Bourdon, 4′ = Flute Recorder. Spanisch heißt Gedackt Tapada oder Tapadillo (de 13, 26 etc.).

Die größeren Gedackte sind regelmäßig aus Holz gearbeitet und fängt Gedackt (Bourdon) 32′, wo es im Manual vorkommt, erst mit c oder g an. Doch steht z. B. im Dom zu Luzern sogar eine gedeckte 32′ Gedacktstimme von Metall. Die Mensur der Gedackte ist weit. Die erste gedackte Stimme wurde 1508 in Holland versucht und wegen ihres summenden Tones Bourdon (Hummel) genannt. In Frankfurt a. M. in der Paulskirche steht aber Bordun offen und auch in Frankreich heißen die größeren offenen Labialstimmen oft Bourdon. Kleinere Gedackte als 4′ werden wenig gebaut und mit Recht, da sie schlecht Stimmung halten. Doch finden sich besonders im Pedal älterer Orgeln kleine Gedackte zu 2′ ja 1′ als Bauernflöte, Bäuerlein, Feldflöte (Tibia rurestris), Flûte champêtre. Die häufigste Gedacktstimme ist aber Gedackt 8′. Ein Gedackt 8′ mit doppelten Labien, das eigentlich Doppelflöte heißen müßte, steht in der Synagoge zu Mannheim. Die Doppelflöte wurde erfunden von Esajas Compenius um 1590; da die doppelten Aufschnitte in gleicher Höhe liegen und völlig gleich sind, so wird dadurch der Ton nicht bebend, sondern nur voller und kräftiger. Sie steht meist im 8′ Ton und heißt auch Duiflöte, Flauto doppio. Der Pfeifenquerschnitt der Doppelflöte ist ein Rechteck, dessen Tiefe das doppelte der Breite beträgt; die beiden Kernlücken dürfen nicht mehr Wind ausströmen als sonst eine. Eine besondere Art der gedackten Stimmen ist:

Quintatön (Quintadene, Quintgetön, Quintamtenens) 16′ und 8′, selten 32′ (S. Madeleine zu Paris im Pedal) oder 4′. Diese Stimme hat enge Mensur, niedrigen Aufschnitt, Seiten- und Querbärte und viel Windzufluß, daher die Duodecime laut mittönt. Doch darf die Mensur nicht so eng und der Luftzufluß nicht so stark sein, daß die Pfeife überbläst, d. h. der Grundton ganz wegbleibt. Material: Metall, für die unteren Oktaven Holz; Ton scharf und hervortretend.

Nachthorn, Nachtschall, Pastorita, 8′, 4′, 2′, 1′, ziemlich veraltet. Soll einen hornartigen Klang haben; findet sich bald eng, bald weiter mensuriert, gleicht bald der Hohlflöte, bald der Quintatön, für welche letztere es als die kleinere Dimension gilt (Harlem 2′, Amsterdam 2′, Gouda 2′, Eltleben 4′, Prag 4′, Breslau 4′). Kommt auch offen vor (Urania 1859. 8). Auch Flauto grave 8′ ist eine gedeckte Stimme.

Halbgedeckte Stimmen sind:

Die Rohrflöte (Flute à cheminée, Reed-flute) 8′, 16′, 4′, 2′, 1′ (letztere auch Rohrschelle genannt), ist gedackt, hat aber mitten auf der Decke des Hutes ein hervorstehendes (oder aber wie in Walders Orgeln, damit es nicht abbricht, vielmehr nach innen gehendes Röhrchen), durch das die innere Luft der Pfeife mit der äußeren kommuniziert. Deshalb sind die Körper nicht viel kürzer als bei offenen Pfeifen. Mensur weit. Material: Metall oder Zinn, auch hartes Holz. Der Aufschnitt hat Seitenbärte. Der Ton ist heller als bei den übrigen Gedackten. Die Stimme kommt auch mit doppelten Aufschnitten vor als Doppelflöte; letztere wird aus Holz gefertigt und hat ebenfalls Bärte. Die Röhrchen fallen in den tieferen Oktaven weg, so daß da also die Stimme ein einfaches Gedackt mit weiter Mensur ist. Ähnlich der Rohrflöte ist die englische Clarionet-Flute, nur sind bei letzterer die Löcher im Stöpsel größer. Auch sie umfaßt nur den oberen Teil der Klaviatur und wird im Baß durch Gedackt ergänzt. Auch die Rohrflöte kommt als Quintstimme vor, unter dem Namen Rohrquinte. —

27. **Wir kommen zu den Hilfsstimmen; was ist zunächst im allgemeinen über dieselben zu sagen?**

Zu Hilfsstimmen (engl. Mutation-, Filling-up-Stops, Compound Stops, Mixture Stops, franz. Jeux de mutation (simples resp. composés) werden nur Labialpfeifen genommen (Ausnahmen sind äußerst selten, so im Pedal der großen Orgel zu Sevilla Trompete Quint $5^1/_3$ und Trompete Terz $3^1/_5$, die Zungenstimmen sind); sie haben meist weite Mensur, damit sie nicht wieder ihre eigenen Aliquottöne zu stark hören lassen, und werden von Metall oder Zinn gearbeitet, nur einige tiefliegende und gedackte, besonders im Pedal, von Holz. Quinten- und Terzenstimmen, die zu offenen Grundstimmen gehören, können ebenfalls offen, aber auch ganz oder halb gedackt sein. Wenn die Quinten- und Terzenstimmen von guter Wirkung sein sollen, so müssen sie einen weichen und vollen Ton, ohne Schärfe und Stärke geben. Die Hilfsstimmen zerfallen in eintönige oder einfache (Quinten- und Terzenstimmen) und mehrtönige sogenannte gemischte Stimmen. Letztere sind immer offen, die großen Pfeifen von Holz, die kleineren von Metall.

28. **Welche Stimmen gehören zu den einfachen Hilfsstimmen?**

a) Quintstimmen. Dieselben geben statt des Tones, den die Taste zeigt, dessen Duodecime resp. je nach Fußton seine Quinte, d. h. die Duodecime seiner Unteroktav, oder aber die Oktave der Duodecime ꝛc. Es ist also festzuhalten, daß die Quintstimmen den Zweck haben, die 3. Obertöne zu verstärken und dadurch die Fülle und Schärfe des Zusammenklangs zu vermehren. Aus diesem Grunde ist eine Quinte $21^1/_3$, wie sie in der Bremer Domorgel im Pedal als Großquintenbaß steht, eine Anomalie, da sie zur Verstärkung der Duodecimen einer nicht existierenden Grundstimme von 64′ gehören würde. Die größte übliche Dimension der Quintstimmen ist daher $10^2/_3$′ (Großnasat zu Salzwedel, Berlin: Marient., Quintenbaß zu Hamburg), Hilfsstimme zu einer Grundstimme von 32′. Entsprechend ist Quinte $5^1/_3$ Hilfsstimme zu 16′, $2^2/_3$′ ist Hilfsstimme zu 8′, $1^1/_3$ endlich Hilfsstimme zu 4′. Lateinisch heißt

Quinte $5^1/_3$: Quinta, $2^2/_3$ heißt Duodecima, $1^1/_3$ Undevicesima, so daß also die Benennung auf eine Grundstimme 8′ bezogen ist, aber nicht im obenerklärten Sinne zur Verstärkung der Obertöne, sondern einfach diatonisch. Wenn also $5^1/_3$ auch die Quinte von Prinzipal 8′ ist, so darf es doch nicht nur mit diesem zusammen gebraucht werden, sondern es gehört dazu eine 16′ Stimme. Die Italiener haben dieselbe Benennung: Quinta, Duodecima, Decima nona; die Engländer entsprechend, indem sie die Quinte $5^1/_3$ entweder einfach als Fifth oder Quint, oder aber als Double Twelfth bezeichnen, $2^2/_3$′ = Twelfth, $1^1/_3$ = Nineteenth oder Octave Twelfth, auch Larigot. Die Spanier legen ausgesprochen das Duodecimenverhältnis zu Grunde und nennen die Quinte $5^1/_3$ = Docena de 26 (16′), $2^2/_3$ = Nasardo, $1^1/_3$ = Octava de Nasardo oder Diezmonovena. Die Holländer bezeichnen einfach Quint $5^1/_3$, Quint $2^2/_3$ ꝛc. Die Franzosen endlich nennen allgemein die Quinte Nasard oder auch Quinte und zwar verstehen sie unter Nasard schlechtweg die Quinte $2^2/_3$, d. h. die Duodecime der 8′ Stimme (vgl. die Spanier) und nennen $5^1/_3$′ = Gros Nasard oder Grosse Quinte und $1^1/_3$ = Petit Nasard, auch Larigot. Die deutsche Bezeichnung kennt außer Quinte noch die Namen Diapente (gr.), Duodez und die ausländischen Nasard oder Nasat, sowie veraltet: Jula, Minerici oder Nete. In alten Orgeln finden sich die Quinten häufig bezeichnet als 12′ (für $10^2/_3$′), 6′ (f. $5^1/_3$′), 3′ (f. $2^2/_3$′).

Die Idee des Abt Vogler, durch Verbindung einer 8′ mit einer $5^1/_3$′ Stimme eine 16′ Stimme zu ersetzen, weil die Verbindung des 2. und 3. Obertones den Grundton als Kombinationston erzeugt, hat sich, obgleich noch von Walcker in Ludwigsburg versucht, nicht als praktisch durchführbar bewiesen, da ein Kombinationston niemals stark genug ist, um einen unmittelbar erzeugten Ton zu ersetzen (Zamminer 359). Vgl. jedoch Wilke, Allg. M.-Z. 1831 Nr. 40 ꝛc.

Je nachdem die Pfeifen gebaut sind, unterscheidet man Gedacktquinte, Rohrquinte, Gemshornquinte, Spitzquinte, Hohlquinte, Quintflöte, Offenflötenquinte, Quint Prestant (im Prospekt). Nach dem Fußtone unterscheidet man auch Füllquinte ($5^1/_3$) und Scharfquinte ($2^2/_3$).

b) **Terzstimmen.** Wie die Quinten zur Verstärkung des 3. Partialtones, so dienen die Terzen zur Verstärkung des 5. Partialtones. Da die Hilfsstimmen aber älter sind als die Erkenntnis der Zusammensetzung der Klänge, so werden ebensowenig wie die Quinten in ihrer Eigenschaft als Duodecimen, die Terzen als Septdecimen der Grundstimmen bezeichnet, sondern einfach in ihrer Beziehung zur nächst tieferen Oktave des Grundtones als Terzen: Terz, Tertia, Ditonus, Sesquiquarta (5:4), Sesquioctava?, höchstens, da man natürlich bemerkte, daß eine Terz $3^1/_5$ nicht mit einer 4′ Stimme verbunden brauchbar war, als Decima, Decem, Decupla. Die lateinische, italienische und spanische Bezeichnung geht von C 8′ aus und nennt Terz $3^1/_5$ = Decima, $1^3/_5$ = Decima septima, die Holländer bezeichnen einfach wie wir die Terz mit

Tertie und dem beigesetzten Fußtone. Die Engländer und Franzosen nennen die Septdecime des 8' Tones einfach Terz, nämlich Tierce (Seventeenth) = 1³/₅', Terz 3¹/₅' ist bei ihnen Teenth, Double Tierce, Grosse Tierce. Die Terzen kommen in der Regel nur in den Fußgrößen 6²/₅' (zu Prinzipal 32' gehörig), 3¹/₅' (zu 16') und 1³/₅' (zu 8'). Doch kommen auch kleinere Dimensionen vor (⁴/₅' ja ²/₅') und in der Domorgel zu Schwerin (erb. v. Ladegast) steht im Pedal Terz 12⁴/₅', das Gegenstück zu der Quinte 21¹/₃' im Bremer Dom, die wie jene zu einer 64' Stimme gehören würde, die aber nicht existiert. Die Bezeichnungen: Terz aus 4', aus 2', die man in alten Orgeln trifft, geben statt der Fußgröße der Stimmen selbst die der nächst tieferen Oktave des Grundtones an, so daß Terz aus 4' = Terz 3¹/₅', Terz aus 2' = Terz 1³/₅' bedeutet. Es kommen auch gedackte Terzenstimmen vor; doch sind dieselben viel seltener als gedackte Quintenstimmen. Andere Variationen der Terzenstimmen, etwa entsprechend der Gemshornquinte, Rohrquinte 2c., kommen nicht vor.

c) Septime als Hilfsstimme ist noch ziemlich selten; sie steht z. B. in der Nikolaikirche zu Leipzig, 2mal in der Orgel zu Schneeberg im Erzgebirge. Der erste Versuch, sie einzuführen, wurde von Vogler an einer Berliner Orgel gemacht, fiel aber schlecht aus (Cäcilia IX. 175). Natürlich kann die Septime nur den Zweck haben, den 7. Partialton zu verstärken, nicht aber etwa jedem Durakkord seine kleine Septime beizugeben, die ihn zum Dominantseptimenakkord machte. Es müßte daher die zu einer 16' Stimme gehörige Septime mit 2²/₇' bezeichnet werden und die zu 32' gehörige mit 4⁴/₇'. Statt dessen hat Leipzig die Septime 2¹/₄' (also Dominantseptime 9 : 4) und Schneeberg die Septime aus 4' im Manual und die Septime aus 8' im Pedal; erstere würde wie die Leipziger = Septime 2²/₇', letztere = Septime 4⁴/₇ sein. Es wäre zu wünschen, daß diese korrektere Bezeichnung bei Neubauten regelmäßig gewählt würde. (Über das Vorkommen der Septime in gemischten Stimmen vgl. 16, S. 32).

28. Welche Hilfsstimmen sind gemischt?

Alle gemischten Stimmen (franz. Jeux composés) bestehen aus offenen Labialpfeifen, und zwar werden sie in der Regel aus Metall gefertigt, haben daher die cylindrische Form. Die gemischten Stimmen sind sehr alt, so alt, daß ihre Erfindung nicht nachweislich ist. Es gehören dahin:

a) die zweistimmigen.

α) Sesquialter, Sesquialtera 2fach*) ist in ihrer heutigen Gestalt eine Verbindung des 3. und 5. Obertones, d. h. ist die Ver-

---

*) — fach (3fach, 4fach 2c.) wird holländisch ausgedrückt durch sterk, z. B. Scherp 5 sterk = Scharf 5fach, engl. = ranks, z. B. Mixture 5 ranks, französisch = fort, z. B. Fourniture 5 fort oder umschrieben mit tuyaux, z. B. Cornet de 5 tuyaux, it. di (Artikel), z. B. Mixtura oder Ripieno di cinque.

bindung einer Quintstimme und einer Terzstimme, z. B. $5\frac{1}{3}'$ mit $3\frac{1}{5}'$ (zu 16') oder $2\frac{2}{3}'$ mit $1\frac{3}{5}$ (zu 8') — kleiner kommt sie nicht vor. Sesquialter repetiert nicht; seine Mensur ist weit. Der Name der Stimme deutet ihr Verhältnis zur Grundstimme durchaus nicht an, weist vielmehr darauf hin, daß sie früher eine Quintstimme oder vielleicht eine Quintstimme mit einer Oktave war (z. B. c : g); vgl. den Namen Sesquiquarta für die Terz (4 : 5). Der richtige Name für die Stimme wäre vielmehr der auch vorkommende Sexte; denn der 3. und 5. Oberton bilden eine große Sexte. Sesquialter kommt auch dreifach vor, wo die zwischen dem 3. und 5. Oberton liegende Oktave, d. h. der 4. Oberton, ja auch 4fach, wo außerdem noch die tiefere Oktave (der 2. Oberton) beigegeben ist, so daß sie schließlich mit Kornett identisch ist. Bei den Engländern ist Sesquialter in der Regel eine 3—5fache Mixtur, d. h. eine Verbindung von Oktaven und Quinten, was mir dem Namen der Stimme viel mehr zu entsprechen scheint.

b) Tertian 2fach (Töpfer II. 673) besteht aus dem 5. und 6. Oberton, d. h. aus einer Terzstimme, mit der eine Quintstimme der nächst kleinen Fußgröße verbunden ist, z. B. (zu 16') aus $3\frac{1}{5}'$ mit $2\frac{2}{3}'$ oder (zu 8') aus $1\frac{3}{5}'$ mit $1\frac{1}{3}'$. Die Töne bilden also eine kleine Terz. Die Stimme ist nicht eben häufig (z. B. zu Nymwegen, Harlem).

c) Rauschquinte, Rauschpfeife 2fach (Hamburg: Michaelisk., Katharinenk., Jakobik., Harlem), besteht aus Quinte und Oktave (3. und 4. Oberton), z. B. $5\frac{1}{3}'$ nebst 4' (zu 16') oder $2\frac{2}{3}'$ nebst 2' (zu 8') heißt wegen des Intervalls der beiden Töne auch wohl Quarte. Ruischquint 3 pieds zu Harlem bedeutet wohl $2\frac{2}{3}'$ nebst 2'.

Von diesen 3 Stimmen (a—c) ist Sesquialter die gebräuchlichste, die anderen sind seltener anzutreffen; durch Verdoppelung eines der beiden Töne können sie 3- oder 4fach werden, Rauschpfeife kommt sogar 8fach vor, Sesquialter und Rauschpfeife repetieren nicht, dagegen kommt dies bei Tertian vor.

Nicht eigentlich zu den Hilfsstimmen, sondern vielmehr unter die Seitenstimmen gehörig ist

d) Doublette oder Triplette (letztere selten), welche nichts als Verbindungen von zwei oder drei kleinen gleichen Stimmen verschiedener Fußgröße sind, und zwar von offenen Labialpfeifen zu 2' und 1', resp. Triplette von 2', 1' und $\frac{1}{2}'$. Doublette ist in England häufig, in Fulda steht sie als Oktave.

b) mehrstimmige.

Natürlich treffen wir auch hier wieder den Namen Koppel, der nach Adlung (480) eine kleinere 2—3fache Mixtur in alten Orgeln bezeichnet.

e) Mixtur, Miscella, Regula mixta, ital. Ripieno, Accordo, Organo forte, spanisch Lleno, holländisch Mixtuur, franz. Fourniture, Mixture, Plein jeu, engl. Sesquialtera, Mixture, Furniture, die gebräuchlichste der gemischten Stimmen, welche daher vorzugsweise diesen Namen führt (vom lat. miscere „mischen"). Sie besteht in der Regel nur aus Oktaven und Quinten des Grundtones; bisweilen ist aber auch eine Terz dabei und in einigen neuesten Orgeln sogar eine Septime (so ist in der neuen Orgel zu Kloster Oliva eine Mixtur durchaus 6fach mit Terz und Septime; auch Cymbel kommt vor mit Septime f. 86). Früher hatte man Mixturen von einer großen Anzahl von Chören. Im Hauptklavier der großen Orgel zu Kloster Weingarten stand Mixtur 8, 12, 20 und 21fach. Natürlich müssen solche Mixturen repetieren, aber jeder Ton muß dennoch doppelt und dreifach vertreten sein. Die Mixtur der 1585 erbauten Orgel der Marienkirche zu Danzig hatte für jede Taste 24 Pfeifen (Prätorius Synt. mus. II. 62). Die Marienkirche in Berlin hat Mixtura major und minor. Die große Orgel zu Harlem hat im Hauptklavier Mixtur 6, 8 bis 10fach, im 2. Mixtur 4 bis 6fach. Über die Unterscheidung von Fourniture und Mixture in Frankreich und England ist man nicht einig; Hopkins (121) nennt Fourniture kleiner als Mixtur, Adlung dagegen behauptet, in Frankreich heiße die größte Mixtur eines Klavieres fourniture. Wahrscheinlich sind beide synonym. Von den übermäßig großen Mixturen ist man längst zurückgekommen und läßt es für kleinere Werke bei einer 3fachen, für größere bei einer 5 oder 6fachen bewenden. Wilke (Cäcilia, XV. 168) ist der Meinung, daß eine Mixtur über 5fach und aus größeren Chören als 2' bestehend, Geldverschwendung sei. Da bei den gemischten Stimmen der ganze Chor immer nur ein Loch auf der Windlade hat, aus welchem alle zu dem Chore gehörigen Pfeifen einer Taste den Wind bekommen (den Laufgraben), so sind schon deshalb große Pfeifen bei ihnen nicht wohl anwendbar. Kleiner als 2' auf C die Mixtur anzufangen, ist unpraktisch, weil sonst die Grenze nach der Höhe zu schnell erreicht ist und zuviel repetiert werden muß. Überhaupt läßt sich nicht leugnen, daß das Repetieren ein notwendiges Übel ist, daß aber durch das Repetieren die höheren Oktaven ihrer Höhe verlustig gehen, daß sie nicht gleichermaßen höher erscheinen, als wenn Mixtur nicht gezogen ist. Nun zieht man ja freilich Mixtur nur bei forte-Spiel, besonders für volle Akkorde, bei denen es weniger auf die melodische Bedeutung der Tonhöhe als auf die Wirkung der Harmonie ankommt. Doch ist es immerhin von besserer Wirkung, wenn man die Mixturen so einrichtet, daß die Chöre nach der Höhe hin an Zahl wachsen, was freilich nur dann möglich ist, wenn die Mixtur zu Anfang vielleicht nur 3fach oder höchstens 4fach ist; die größere Fülle der 4, 5 und 6fachen Chöre hebt dann die Töne der höheren Oktaven auch dann besser heraus, wenn sie repetieren. Daher hat man jetzt häufig solche Mixturen, die nicht durchweg gleichchörig sind, sondern mit wenigen anfangend nach der Höhe zunehmen, oft aber bei den höchsten Tönen wieder abnehmen, weil sie sonst entweder beim repetieren so weit zurück greifen müßten, daß schließlich der tiefste Chor viel tiefer läge als die vertretenen Tasten, oder aber Töne nehmen, die so hoch liegen, daß sie nicht mehr unterscheidbar oder von unerträglicher Schärfe sind. Bei mehr als vierfachen Mixturen wird es sonst nötig, in den höheren Oktaven mit halben Oktaven abzubrechen und zu repetieren; man läßt daher lieber allmählich die höchsten Chöre weg. Wenn z. B. bei einer durchgehenden dreifachen Mixtur, die auf C mit 2' (c^1) anfängt, auf c^3 die Töne c^5, g^5, c^6 kommen, d. h. als kleinster Chor die kleinste übliche Pfeife, so wird man auf d^3 nur noch d^5, a^5 bringen und d^6 weglassen. Allerdings darf man ja nicht vergessen, daß man, wo Mixtur gezogen wird, gewöhnlich auch 16' Stimmen gezogen hat; daß also eine Repetition, die vielleicht auf c^3 die Töne $c^3 : g^3 : c^4$ bringt, darum nicht verwerflich ist, weil sie nicht Obertöne der 8' Stimme verstärkt, sie verstärkt dann eben Obertöne der 16' Stimme; dagegen ist es entschieden als fehlerhaft zu bezeichnen, wenn die Repetitionen noch weiter zurückgreifen und z. B. auf c^3 die Töne $g^2 : c^3 : g^3$ bringen, denn diese setzen dann 32' Stimmen voraus, welche nur wenige Orgeln im Manual besitzen. Es ist das ebenso zu verurteilen, als wenn man Quint $21^1/_3$ oder Terz $12^4/_5$ disponiert, wenn man auch nicht vergessen darf, daß die Nachteile derartiger Repetitionen immer nur die höchsten Oktaven treffen und daß diese bei vollgriffigen Akkorden doch meist schon Obertöne der tiefsten Akkordtöne, besonders der Pedalstimmen bringen. Man darf aber den Hauptgesichtspunkt nie außer Augen lassen, daß Hilfsstimmen und gemischte Stimmen nur den Zweck haben, die Klangfülle durch Verstärkung der Obertöne zu vermehren, nicht aber das Gefühl für Tonhöhe in Bezug auf verschiedene Oktavlagen gänzlich zu verwirren.

Man verlangt von einer gut konstruierten Mixtur:
1) daß sie weite Mensur habe,
2) daß der größte Chor auf C nicht kleiner als 2' sei,
3) daß die Pfeifen von gutem Metall seien,
4) daß die Intonation jedes Chores fest und sicher sei,
5) daß sie keine Terz, am wenigsten in enger Lage habe,
6) daß sie immer mit einem Oktavenchor anfange.

Die besten Zusammensetzungen sind die, welche mit der Doppeloktave (4. Oberton) anfangend, Quint- und Oktavtöne ohne Lücke bringen, d. h.

$$3\text{fach}: \text{auf } C = c^1\, g^1\, c^2.$$
$$4\ \ ''\ \ :\ \ ''\ \ \ ''\ \ = c^1\, g^1\, c^2\, g^2.$$
$$5\ \ ''\ \ :\ \ ''\ \ \ ''\ \ = c^1\, g^1\, c^2\, g^2\, c^3.$$

Die 4fache ist wegen der zwei Quinten, von denen eine der höchste Chor ist, weniger empfehlenswert. Bei Repetitionen soll niemals die Quinte tiefster Chor werden, sondern immer eine Oktave; mit andern Worten, es ist darauf zu sehen, daß die Oktavtöne das Übergewicht behalten, damit die Bedeutung des Hauptones nicht zweifelhaft wird.

Wo dasselbe Klavier zweimal Mixtur aufweist, hat immer die eine weniger Chöre, ist kleiner als die andere und darf nicht auf

dieselben Töne repetieren wie jene, damit nicht auf einzelnen Tönen
auffallende Unterschiede der Klangfarbe bemerklich werden. Auch sind
die beiden Mixturen dann verschieden mensuriert, wodurch sie sich
wesentlich mehr verstärken; denn „mehrere Pfeifen von gleicher Mensur
im Einklange verstärken sich nicht so sehr, als wenn sie verschiedene
Mensur haben" (Töpfer in der Allg. M.-Ztg. 1831 Nr. 52).

Eine besondere Art Mixtur ist die noch wenig verbreitete, weil
neue f) **Progressio harmonica** (von Wilke erfunden). Diese Stimme
besteht beispielsweise anfangs aus Duodezime und Doppeloktave (für
$C = g : c^1$); dann kommt späterhin die Oktave, darnach die Quinte
und endlich auch der Grundton hinzu, so daß die höheren Oktaven
mehr Chöre haben. Die Stimme steht 3—6fach 2' in der Nikolaikirche zu Hamburg, 3—5fach 2' zu Kronstadt, Elberfeld, Capellen,
Krumöls, 3—4fach 2' von 14 lötigem Zinn zu Erdmannsdorf,
2—4fach 2' zu Merseburg.

g) Die **Kompensationsmixtur** ist eine Pedalmixtur, die
nur die Unterstützung der tiefsten Pedaltöne bezweckt, um ihnen
prompte Ansprache und gleichmäßige Tonstärke zu geben. Ihr Er-
finder ist gleichfalls Wilke. Sie reicht nur von C bis A, erstreckt
sich also nur über 10 Tasten, ist für die ersten sechs 5fach (C—F),
für Fis 4fach, G 3fach, Gis 2fach und A 1fach. Die Pfeifen nehmen
nach der Höhe zu an Stärke ab. Die Stimme wurde zuerst 1838
in der Orgel zu Salzwedel angebracht, hat aber bisher sehr wenig
Verbreitung gefunden.

h) **Scharf** (Sharp, Scherp, Acuta) ist eine gemischte Stimme,
die in der Regel eine Terz hat und kleiner als Mixtur ist, d. h.
mit höheren Tönen anfängt. Sie findet sich 3—5fach zu $1^3/_5$' und
1' (Größe des tiefsten Chores auf C). Sie repetiert natürlich mehrmals. In der Orgel zu Harlem steht sogar Scherp 6—8fach, das
dann natürlich tiefer anfängt.

i) **Cymbel** (früher Schryari, Schreierpfeife) hat noch kleinere
Dimensionen als Scharf und braucht in Verbindung mit diesem und
Mixtur weder Quinten noch Terzen zu haben, sondern nur Oktaven,
hat aber bisweilen doch eine Quinte, ja die Stimme Cymbel 3fach
im Pedal der 1877 fertiggestellten Orgel im Dom zu Fulda (54
Register, 3 Manuale, 4 Koppeln, 4 Kollektivtritte, Schweller &c., erbaut von W. Sauer in Frankfurt) hat die Elemente $1^3/_5$' $1^1/_3$' $1^1/_7$'
d. h. Quinte zu 4' und Terz und Septime zu 8', also für C =
$e^1 g^1 b^1$. Sie ist die schreiendste aller gemischten Stimmen, findet
sich meistens zu 1', seltener zu 2', gewöhnlich 3fach. Beide Stimmen
Scharf und Cymbel sind jetzt nur noch für große Werke beliebt und
in der That für mittlere gut zu entbehren. Cymbel und Scharf
sind gewöhnlich enger mensuriert als Mixtur und können nicht ohn
diese, zu deren Verstärkung resp. Verschärfung sie dienen, disponiert
werden.

k) **Kornett**, eine in Frankreich erfundene und in Deutschland
seit Anfang des vorigen Jahrhunderts eingeführte gemischte Stimme

von sehr weiter Mensur im 8′ Ton, auch wohl im 4′ Ton, obwohl selten (z. B. in Ibachs Orgel in Essen). In England ist die gemischte Stimme Kornett nicht beliebt. Der Vorzug des Kornetts besteht darin, daß es leicht durchgeführt werden kann, ohne zu repetieren, besonders wenn es 8′ ist und nicht zu vielchörig. Ein repetierendes Kornett steht zu St. Sulpice im Clavier du grand choeur (Hauptmanual), nämlich ein Cornet 8′, 5 fach, dessen $1^1/_2$ obersten Oktaven 16′ sind. Kornett ist gewöhnlich 5=, 4= oder 3 fach; im ersteren Falle besteht es aus dem Grundtone und den 4 folgenden Obertönen, z. B. auf C aus $C : c : g : c' : e'$; beim vierstimmigen Kornett fällt der Grundton weg, beim dreistimmigen auch noch die Oktave (4 st. $C = c : g : c' : e'$, 3 st. $C = g : c' : e'$). Kornett giebt immer nur Töne der Obertonreihe einer 8′ resp. 4′ oder 16′ Stimme und zwar, was ein großer Vorzug gegenüber Mixtur und Rauschquinte ist, in geschlossener Folge. Das Wegfallen des Grundtones und der Oktave ist darum unbedenklich, vielleicht sogar vorteilhaft, weil dadurch weniger Chöre auf demselben Laufgraben zu stehen kommen und so die darauf stehenden mehr Wind erhalten, und weil die ausfallenden Töne (Oktave 4′ und Grundton) anderweitig genügend vertreten sind. In Kloster Weingarten steht ein Kornett 12 fach, das natürlich nicht durchgeführt ist, und zu Heilbronn eine Mixtur 6 fach (auf $C = c' : e' : g' : c'' : e'' : c'''$), die vielmehr Kornett heißen müßte; doch sind so große Kornetts Ausnahmen. Das 5 fache und 4 fache Kornett wird gewöhnlich auf eine eigene kleine Windlade 3 oder 4 Fuß über dem Hauptwerk aufgestellt (daher das englische Mounted Cornet), weil es viel Wind braucht. Das in England vorkommende Kornett 2 fach ist nichts als Mixtur 2 fach oder Rauschquinte. In Deutschland ist es neuerdings auch im 16′ Ton angewendet worden. Nach Hopkins hat bei Kornett der 4′ und $2^2/_3$′ Chor (Oktav und Duodezime) um 3 Pfeifen und der 2′ und $1^3/_5$′ Chor um 2 Pfeifen weitere Mensur als Prinzipal (259). Man pflegt wohl auch das Kornett, um seinen Eintritt weniger auffallend zu machen, in der Tiefe mit weniger Chören eintreten zu lassen, z. B. auf C nur mit der Quinte $2^2/_3$′ (Duodezime), auf c kommt die Oktave 2′ und auf g die Terz $1^3/_5$′ hinzu. Der tiefste Chor ist gewöhnlich gedackt und zwar als Rohrflöte. Weil das Kornett in den tieferen Tönen zuviel Platz und Wind erfordert, läßt man es wohl auch erst mit c′ oder doch g oder f, seltener mit c anfangen. Ein gutes Kornett giebt dem vollen Werke Deutlichkeit, Kraft und Fülle und eignet sich sehr zum Vortrag des Cantus firmus oder überhaupt zum Hervorheben einer Melodie. Das 5 fache Kornett kann allein gebraucht werden, und muß, wenn es gut intoniert ist, klingen wie eine 8 füßige Zungenstimme. In manchen neueren Orgeln findet man Kornett auch im Pedal (Dresden 8 fach). In der Ulmer Orgel und in der Paulskirche zu Frankfurt a. M. steht Kornett $10^2/_3$′, was zu einer 32′ Stimme gehört. Kornett 5 fach durchs ganze Klavier steht zu Merseburg. In Frankreich kennt man 3 Arten des Kornett:

1) Grand Cornet für das Hauptmanual, mit der weitesten Mensur und 16′ Ton.
2) Cornet de Recit, Solo=Kornett, von engerer Mensur, für ein Nebenmanual bestimmt.
3) Cornet d'Echo, Echo=Kornett, auf einer besonderen Windlade und in einen Kasten eingeschlossen.

Das Grand Cornet steht gewöhnlich nicht auf der Windlade, sondern auf einer Pfeifenbank, weil es wegen seiner weiten Mensur zuviel Platz einnehmen müßte. In der Disposition der Orgel zu St. Denis von Cavaillé=Coll findet es sich als 7fach angegeben.

29. Was ist über die Zungenstimmen*) im allgemeinen zu sagen?

Zungenstimmen (engl. Reed stops, franz. Jeux à anche) sind immer Grundstimmen, nicht aber gemischte oder Hilfsstimmen (die wenigen existierenden Ausnahmen, wie die Trompet Quint $5^1/_3$ und Trompet Terz $3^1/_5$ zu Sevilla bestätigen nur die Regel). Der 8′ Ton ist der gebräuchlichste, weniger der 16′, am wenigsten 32′, 4′ und 2′, letztere besser im Pedal als Manual, weil die Zungentöne in der Höhe zu schwach sind, daher im Manual bei 4′ die höchste Oktave schon repetieren oder durch Labialpfeifen ausgefüllt werden muß. Die Aufsätze der Zungenpfeifen sind in der Regel offen, nur selten teilweise gedeckt, haben gewöhnlich Trichterform oder Cylinder=form oder, wenn sie von Holz sind, die umgekehrt pyramidale oder prismatische, auch wohl die konische oder aus mehreren dieser Arten zusammengesetzte Form.

30. Welche Zungenstimmen haben trichterförmige Aufsätze?

Alle die, welche einen besonders starken vollen Ton haben, der an den unserer Blechblasinstrumente erinnert, nach denen sie deshalb auch benannt werden.

a) **Posaune** (Trombone, Buccina, holl. Bazuin) die kräftigste und markigste aller Orgelstimmen; sie erscheint zu 16′ und 32′ im Pedal, zu 8′ auch im Manual. Posaune kann sowohl aufschlagende als durchschlagende Zungen haben, in letzterem Falle können die Aufsätze bedeutend kürzer sein. Die Aufsätze sind sehr weit und von Holz oder wohl auch von Zink, doch ist Holz vorzuziehen, weil es

---

*) Don Bedos (S. 52) stellt folgende Haupt=Zungenstimmen auf:
1. La Bombarde 16′
2. La Trompette 8′ } trichterförmige Aufsätze.
3. Le Clairon 4′
4. Le Cromorne.
5. La Voix humaine.
   neuere:
6. Le Haut-bois.
7. La Musette.
   veraltet:
8. La Régale.

nicht mit knarrt. Die Mundstücke werden nicht selten von starkem Holz gemacht. Ähnlich, nur noch stärker im Ton ist Serpent 16' und 32', das aber nur in ganz großen Orgeln anzutreffen ist. Zu St. Vincent de Paul (erb. v. Cavaillé-Coll) steht eine freischw. 16' Zungenstimme, Basse-Contre.

Der Name Pommer, Bomhart ist korrumpiert aus dem französischen Bombarde, welches der Name für die 16' und 32' Zungenstimmen starker Intonation ist, daher sowohl Posaune 16' als Trompete 16' bezeichnet. Auch der Name Baßbrummer wird den großen 16' Zungenstimmen beigelegt. Die Marienkirchenorgel zu Wismar hat im Pedal neben Posaune 16' noch Bombarde 16'. Nach Adlung a. a. O. 76 bedeutete franz. Bombarde immer die 16' Trompete. Da der Unterschied zwischen Posaune und Trompete hauptsächlich in der Tonhöhe besteht (nämlich bei den Orchesterinstrumenten), so ist ein Streit hierüber müßig; es genügt zu wissen, daß die Franzosen die 16' Stimme gewöhnlich nicht Trompette, sondern Bombarde und die 8' Stimme gewöhnlich nicht Bombarde, sondern Trompette nennen. Derselbe Streit herrscht über die Bedeutung der Tuba, Tuba mirabilis. Nach Hopkins ist dieselbe eine 8' Manualstimme von äußerst starkem Klang, bewirkt durch sehr starken Wind, der aus besonderen Bälgen in eine besondere Windlade strömt; dagegen steht Tuba 16' in Lübeck mit sanfter Intonation, die selbst für Trompete zu sanft wäre (Hopkins 475, 123; Töpfer I. 113).

b) Trompete, Trommet, Tromba, auch als Ophicleïde oder Tuba. Fußgröße 8' und 16'. Die Trompete ist schwächer intoniert als die Posaune; doch unterscheiden die neueren Orgelbauer scharfe und sanfte Trompeten. Zu 4' heißt die Stimme Clarino, Clairon, Clarion und Octav Trumpet (Hopkins 477). In der Panopticon-Orgel zu London steht Clarion 4' und Octave Clarion 2', letzteres repetiert aber derart, daß die höchsten Oktaven 8' Ton bekommen, weil die höher als f^a gehenden Zungenstimmen zu schwach und unwirksam sind. In andern Fällen nimmt man für die höchsten Oktaven Labialpfeifen. In der Marienkirche zu Lübeck steht Clarino 4' mit Labialpfeifen von f^1 an. Trompete wie Clarino stehen sowohl im Pedal als Manual.

Die Trompette harmonique der Franzosen hat Aufsätze von doppelter Länge, wodurch der Schall wesentlich verstärkt wird. Zu St. Sulpice in Paris (von Cavaillé) steht 2mal Trompette 8', wovon eine harmonique ist. Trompette harmonique en chamade (ch. = Trompetensignal der Belagerten zur Kapitulation) steht auf einer eigenen Windlade und hat sehr starken Wind; ihre 2 tiefsten Oktaven stehen im 8' Ton, die dritte im 16' Ton, die letzte im 32' Ton. Der Zusatz harmonique bezieht sich nicht etwa auf Überblasen (das nur bei Labialpfeifen vorkommt), sondern nur auf die doppelte Länge der Aufsätze, die eine Schallverstärkung bewirkt. Zu Tours steht sogar Trompete 8' dreimal (Hopkins 331).

31. Welche Zungenstimmen haben nicht trichterförmige, sondern anders gestaltete Aufsätze?

Besonders diejenigen, deren Namen unsern Holzblasinstrumenten entlehnt sind; es gehören hierher:

a) **Fagott** (Dulcian, Basson, Bassoon) 8' und 16'. Die Schallröhren sind entweder zwei mit ihren weiten Enden aufeinander gelötete Kegel, von denen der untere länger ist als der obere, oder dieser Doppelkegel steht noch auf einem Cylinder, oder sie sind unten cylinderförmig und endigen oben in einen Trichter mit teilweiser Deckung, die bei den höheren Tönen mehr und mehr wegfällt. Die Stimme umfaßt gewöhnlich nur die untere Hälfte der Klaviatur, entsprechend etwa dem Umfang des Fagotts und wird dann durch Oboe oder Klarinette fortgeführt (geteilte Stimme). Material: Metall. Steht im Manual und Pedal. Zu 32' heißt sie Kontrafagott, Fagottone, Grand-Basson (32' Kontrafagott steht zu Halberstadt in der von Schulze erbauten Orgel).

b) **Oboe** (Hautbois, Hautboy, Hautbois d'amour) 8' seltener 4' und 16', in England als Double Hautboy 16' (Kent), s. Hopkins 123. Dünner und feiner Ton, ähnlich dem gleichnamigen Orchesterinstrument. Die Schallröhren bestehen aus einem von unten nach oben sich nur wenig erweiternden Cylinder, auf den ein kurzer aber weiter Trichter gesetzt ist mit teilweiser Deckung, die sich nach oben vermindert und bei den höchsten Tönen ganz aufhört. Oboe geht entweder durchs ganze Manual oder steht nur im Diskant zur Fortsetzung des Fagott. Die Zungen sind aufschlagend oder durchschlagend.

c) **Klarinette**, Clarionet 8' ist eine neue Stimme (Breslau, Lübeck, Kronstadt). Die Aufsätze sind konisch oder trichterförmig. Hopkins (80) giebt dem Clarionet cylindrische offene Aufsätze.

d) **Vox humana** (Anthropoglossa) ahmt die menschliche Stimme nach und ist bisweilen mit einem schwachen Tremulanten verbunden. Die Aufsätze sind sehr kurz, so daß der größte höchstens $1/2$ Fuß Länge hat. Sie werden sowohl offen als teilweise gedeckt verschieden geformt. Zuweilen hat die Stimme auch doppelte Pfeifen, eine Zungen- und eine Labialpfeife. Auch findet man sie ganz aus Labialpfeifen (Breslau, St. Elisabeth und 11000 Jungfrauen, in Italien fast immer, Dom zu Mailand, St. Peter rc.). Rechte, d. h. einigermaßen täuschende Ähnlichkeit mit der Menschenstimme scheint eine schwere Aufgabe zu sein, wenigstens ist sie nur in wenigen Orgeln erreicht. Dahin rechnet man St. Madeleine zu Paris, Dom zu Freiburg, St. Johannes zu Gouda. Sie muß, um gehörig zu wirken, mit einem weich intonierten Bordun oder Gedackt und einem schnell schwebenden aber sanften Tremulanten verbunden werden. Es scheint, daß das Gelingen dieser Stimme weniger von ihrer Struktur als von einer guten Akustik der Kirche und dem Orte ihrer Aufstellung abhängt (Töpfer I. 934), am besten steht sie möglichst zurück und dabei noch in einem Kasten. Gewöhnlich umfaßt sie nur den Diskant, manchmal aber auch die ganze Klaviatur. Zu 4' heißt sie Vox angelica, vox virginea, **Jungfernstimme**, **Jungfernregal**, die jedoch auch im 8' Ton vorkommt.

e) **Euphon** 8′ von lieblichem Ton. Aufsätze: Cylinder mit aufgesetztem Kegel. Steht als 16′ in St. Eustache zu Paris.

f) **Schalmey** (Chalumeau) hat ebenfalls einen sanften Klang. Aufsätze konisch, trichterförmig, offen und gedeckt, wonach auch die Klangfarbe verschieden ausfällt. Ihr ähnlich oder mit ihr identisch ist:

g) **Musette**, Sackpfeife 4′ und 8′ (Oldenburg Lambertk.), als 16′ Musettbaß im Pedal der Elisabethkirchenorgel zu Breslau. Musette ist oben zugespitzt.

h) **Krummhorn**, Cromorne, Cormorne, engl. Cremona, Phocinx 8′ und 4′, im Pedal 8′ und 16′. Entweder offen oder teilweise gedeckt, Aufsätze cylindrisch oder konisch, oder unten konisch, oben cylindrisch.

i) **Kornett** (vgl. S. 51, k), Zink(en), Liticen, French Horn (8′ im Pedal) Cornettino 4′ und 2′, Cincq 2′ (Harlem, Mühlhausen) zu 16′ als Grand Cornet zu Freiburg im Hauptmanual. Der Ton ist blökend, neuere Orgelbauer fertigen es nur noch fürs Pedal an in 2′ und 4′ Größe (Heilbronn).

k) **Bassethorn**, Corno di Bassetto, Englisch Horn 8′, hat kurze breite durchschlagende Zungen. Hopkins hält Bassethorn, Krummhorn und Klarinette für einerlei. In England häufig (Winchester). In Bergen op Zoom steht Bassethorn 8′ als Labialstimme im vierten Klavier.

l) **Horn**, Waldhorn, Corno di Caccia, Cor de chasse, Cor silvestre, 4′, 8′, 16′, alles ähnliche Stimmen, mit trichterförmigen Aufsätzen, die weiter sind als bei der Trompete. Horn ist in England sehr beliebt. Cornopean ist nach Hopkins nicht ganz dasselbe, hat vielmehr einen sanfteren Ton. Zu London Surrey-Chapel steht Cornopean 8′ und Waldhorn 8′ im 3. Manual unterschieden. Auch **Hornflöte** 8′ (Corno-flute) und **Oboeflöte** 4′ gehören hierher.

m) **Aeoline, Clavaeoline** 8′, 16′ (Naumburg, Lübeck, Perleberg, Wismar) erst 1830 von Bayer in Naumburg erfunden (S. Allg. M.-Ztg. 1832 S. 192 u. 341), hat entweder gar keine oder (zu 16′) nur ganz kurze Aufsätze. Ebenso ist es bei **Physharmonika** 8′ (Wismar, Leipzig, zu Lübeck als 16′), das noch neuer ist. Beide Stimmen sind häufig mit einem Crescendo verbunden (durchschlagende Zungen).

32. Welche in älteren Orgeln noch anzutreffende Stimmen sind heute veraltet?

a) **Sordun** 8′, 16′, 4′, schwach von Ton und gedeckt mit einer Röhre im Innern des Schallbechers, nebst einigen Löchern im Aufsatze. Auch **Ranket, Racket** hat diese Röhren und ist gedeckt.

b) **Bärpfeife** (Baarpijpe) 8′ 16′. Die Aufsätze hatten allerlei wunderliche Formen, von denen Prätorius einige abzeichnet. Besonders häufig in Holland (Rotterdam, Amsterdam, Haag).

c) **Theorbe** 4′ und 8′ nach dem gleichnamigen Saiteninstrument benannt (steht im Königsberger Dom, Kloster Oliva ꝛc.).

d) **Bassanelli** 8' und 4' nach einem veralteten Blasinstrument.

e) **Regal**, früher eine allgemeine Bezeichnung für Zungenstimmen, auch wohl für ganze Orgeln, die nur Zungenstimmen hatten, kommt aber auch als einfaches Register vor, z. B. Regal 8' in der zweiten Orgel der Marienkirche zu Lübeck und auch zu Prag. Meist aber erscheint der Name in Zusammensetzungen, als: Trichterregal 8' (Hamburg, Jakobikirche), Geigenregal oder Singendregal 4', Jungfernregal 8', 4' (Prag 16'), Cymbelregal 4' und 2', Gedämpftregal und Subtilregal, Harfenregal (Mühlhausen 16'), Scharfregal, Messingregal, Kälberregal, Gedacktregal. Das Apfelregal oder Knopfregal, Kopfregal, Köpflinregal hatte als Aufsätze einen runden Knauf mit Löchern.

Bibelregal, 1575 von Roll erfunden, konnte wie ein Buch oktavenweise zusammengelegt und auf Reisen mitgenommen werden.

Alle diese Namen der Regale beziehen sich teils auf die Form der Aufsätze, teils auf ihre Ähnlichkeit mit anderen Stimmen, teils auf das Material oder auf das Charakteristische ihrer Klangfarbe.

33. Außer den beiden Hauptgattungen von Orgelstimmen, Labialstimmen und Zungenstimmen giebt es noch eine dritte tiefer stehende Art, die sich etwa den Schlaginstrumenten des Orchesters vergleichen läßt und die man entsprechend Schlagstimmen nennen könnte; welche gehören dahin?

a) Das **Glockenspiel** (Carillon, Campanella), welches statt der Pfeifen abgestimmte Glocken oder Glöckchen hat, die vermittelst der Manual- oder auch Pedaltastatur geschlagen werden. Im ersteren Falle umfassen sie gewöhnlich nur den Diskant. In der Orgel zu Harlem steht Carillon 2fach wahrscheinlich in Oktaven. Zuweilen sind im Prospekte Engelfiguren angebracht, mit Hämmern in den Händen, von denen die Glocken dann scheinbar geschlagen werden. Das ist dann eine Spielerei, die unter die Kategorie der bereits S. 12—13 erwähnten Figurenregister gehört (Cymbelstern, Vogelsang, Sonne, Kuckuck, Nachtigall, Hümmelchen ꝛc.).

b) Das **Stahlspiel** unterscheidet sich vom Glockenspiel dadurch, daß statt der Glocken Stahlstäbe geschlagen werden. Ein gutes Glockenspiel ist in der Johanniskirche zu Magdeburg, ein Stahlspiel im Dom zu Merseburg.

c) **Pauke** (Berlin, Garnisonkirche und Augsburg, Barfüßerkirche), scheinbar durch Engel geschlagen, wirklich mit Fußtritt regiert.

34. Was versteht man unter Registrierung?

Den zweckmäßigen Gebrauch der Orgelstimmen sowohl einzeln als in Verbindung miteinander; durch denselben wird es möglich, die verschiedensten Arten von Klangfarben, sowie vielerlei Grade der Klangstärke vom leisesten pianissimo bis zum mächtigsten fortissimo zu gewinnen. Wenn auch die Lehre von der Registrierung nicht in einem Katechismus der Orgel Platz finden kann, vielmehr in Schulwerken des Orgelspiels successiv entwickelt werden muß, so wollen wir doch wenigstens einige allgemeine Bemerkungen darüber hier noch folgen lassen.

Was zunächst den Einzelgebrauch der Stimmen betrifft, so können alle 8 füßigen Stimmen allein gebraucht werden aus dem Grunde, weil sie die mit den übrigen Instrumenten übereinstimmende und unserer Notierung entsprechende Normaltonhöhe haben. Da sie aber, was Klangfarbe und Klangstärke betrifft, sehr verschieden sind, so richtet sich die Wahl der einen oder andern achtfüßigen Stimme beim Alleingebrauch lediglich nach der verlangten Klangfarbe und Klangstärke. Im allgemeinen sind die sogenannten Flötenstimmen, besonders die engmensurierten, die schwächsten der ganzen Orgel und unter ihnen wieder die allerschwächsten: Fernflöte, Trinuna, Zartflöte, Harmonika, Dolce, Dolcissimo, Vox angelica, Voix céleste. Lieblichgedackt, überhaupt Gedackt, Bourdon, Salicional, Stillflöte, Flûte d'amour und andere, deren Namen auf ihren sanften Ton hinweisen. Etwas stärker als die vorgenannten sind: Viola di Gamba, Viola, Flauto traverso, Rohrflöte, Offenflöte, Hohlflöte, Blockflöte, Spitzflöte, Gemshorn, Hellflöte ꝛc. Die stärkste der Labialstimmen ist Prinzipal. Unter den Zungenstimmen sind besonders zwei neuere von sehr zartem ätherischem Klange, nämlich Aoline und Physharmonika, welche beide keine oder nur ganz kurze Aufsätze haben. Man verbindet sie vorzugsweise mit dem Schweller. Stärker sind Oboe, Euphon, Krummhorn, Fagott, Vox humana, letztere meistens nur in Verbindung mit einer sanften 8' Flötenstimme gebraucht. Die stärksten Zungenstimmen sind Posaune und Trompete.

Alle nicht 8 füßigen Stimmen mit wenigen Ausnahmen (einige 4' und 16') werden nie für sich allein, sondern nur in Verbindung mit anderen, namentlich 8' Stimmen gebraucht werden. Es gehören also dahin 1) die übrigen Grundstimmen von 16', 32', 4', 2', 1', 2) alle Hilfsstimmen, sowohl die eintönigen als die mehrtönigen sogenannten gemischten Stimmen.

Für die gleichzeitige Verbindung mehrerer, vieler oder aller Stimmen kommen wieder die zwei Hauptrücksichten, die Verschiedenheit der Klangfarbe und die Abstufung der Klangstärke in Betracht. Es versteht sich, daß für beide schon um deswillen keine bestimmten Regeln aufgestellt werden können, weil die Orgeln nicht allein hinsichtlich der Zahl und Art ihrer Stimmen so überaus verschieden, sondern besonders weil Stimmen, welche denselben Namen tragen, in der einen Orgel ganz anders klingen und besser oder schlechter geraten sind als in der andern. Der Orgelspieler wird daher zwar aus dem Namen der Stimmen ihre Klanghöhe (Fußgröße) sowie ihre Eigenschaft als Flöten- oder Zungenstimmen, ob Grundstimmen oder Hilfsstimmen, ob einfach oder gemischt, erkennen können; um aber zu sehen, wie weit sie den geforderten Eigenschaften entsprechen, muß er sie einzeln probieren und die Ergebnisse seiner Untersuchung bei der Registrierung mit in Anschlag bringen. Gleichwohl lassen sich gewisse allgemeine Gesichtspunkte auffinden, die bei allen Orgeln, wenn auch bald mehr, bald minder als maßgebend und grundleglich anzunehmen sind.

Um zuerst von den Manualstimmen zu sprechen, so kann eine schwache Flötenstimme 8′ zuerst durch Hinzufügung von einer, zwei oder drei sanften Flötenstimmen und zwar ebenfalls zu 8′ allmählich verstärkt werden. Erst dann würde Prinzipal 8′, dann Oktave 4′, dann Bourdon oder Gedackt 16′ hinzutreten. Eine weitere Verstärkung bringt eine Quinte $2\frac{2}{3}$′ (zu Prinzipal 8′ gehörig), dann eine 8′ Zungenstimme, dann eine Oktave 2′, alles womöglich im Anschluß an noch weitere zwischen eingefügte 8′ und auch 4′ Flötenstimmen. Endlich kann dann eine Mixtur, dann Prinzipal 16′ und Trompete 16′ nebst den übrigen noch mehr vorrätigen Stimmen hinzutreten.

Damit hätte man dann ein fortissimo, welches durch Vereinigung mit dem zweiten Manual mittelst der Koppel noch nach Belieben gesteigert werden kann, je nachdem man von diesem zweiten Manuale wieder nur wenige oder mehrere oder alle Register gezogen hat. Vor allem ist zu beachten, daß keine Lücke im Fußtone stattfindet, so daß z. B. nicht 8′ mit 2′ ohne das vermittelnde 4′, desgleichen nicht 16′ mit 4′ oder gar 2′ ohne das vermittelnde 8′ resp. 8′ und 4′ verbunden wird, es sei denn, daß der Komponist damit im Solospiel besondere Effekte beabsichtigt (so registriert Volckmar in seiner Phantasie op. 215 Bourdon 16′ mit Flöte 4′).

Sowie im Manual der Achtfußton die Grundlage bilden muß und eine Zusammensetzung von Stimmen ohne 8′ nur ganz wunderliche Klangwirkungen erzeugen muß, so darf im Pedal der 16′ Ton niemals ganz fehlen. Er kann jedoch nicht wohl ganz allein gebraucht werden, sondern man verbindet ihn mit einem oder zwei 8′ Registern, wodurch seine Töne erst recht zur Geltung kommen. In größeren Orgeln sind dem 16′ im Pedal verhältnismäßig die meisten Stimmen gewidmet, dann dem 8′, dann dem 4′, dann dem 32′. Abstufungen der Stärke werden im Pedal nach demselben Prinzipe wie im Manual erreicht, nur daß man im Pedal nicht mit 8′, sondern mit 16′ anfängt, dann 8′ hinzufügt, dann 4′, 2′, 32′ nebst den Hilfsstimmen. Die tiefsten Stimmen 16′ und 32′ erhalten erst Konsistenz, wenn sie mit höheren Grundstimmen 8′ und 4′ verbunden werden; allein gehört sind ihre Töne nicht nur sehr schwach, sondern auch hinsichtlich ihrer Höhe nicht recht unterscheidbar. Umgekehrt aber wird die Schärfe der kleineren und Hilfsstimmen durch die tieferen größeren Stimmen gemildert. Mit Ausnahme des Subbaß werden also andere 16′ und 32′ Stimmen nur im Forte und Fortissimo zu benutzen sein. Es gehören dann aber auch dazu nicht nur achtfüßige, sondern auch 4′ und 2′ Stimmen und falls diese im Pedal nicht sein sollten, so muß noch die Pedalkoppel gezogen werden, damit diese kleineren Stimmen aus dem Manuale hinzutreten.

Was ferner die durch Vereinigung der Stimmen zu erzielenden Klangfarben betrifft, so teilt man sämtliche Stimmen ein in

1) schärfende (Prinzipale und Hilfsstimmen), 2) verdickende (Flötenstimmen), 3) glanzgebende (Zungenstimmen).

Zu einem edlen, mildernsten, würdevollen Orgelton wird sich vorzugsweise die Verbindung von 8' mit 16' Stimmen ohne 4' und 2' und ohne Hilfsstimmen eignen. Hell und scharf wird der Orgelton durch den Zutritt der 4' und 2' und der Hilfsstimmen, pomphaft und glänzend durch Zusetzung von Zungenstimmen. Sanft und lieblich sind die offenen Flötenstimmen, frisch und heiter die Prinzipale, dunkel und wehmütig die gedackten Stimmen.

Zu diesen allgemeinen Grundlagen der Registrierung noch folgende spezielle Bemerkungen:

1) Hilfsstimmen können nur in Verbindung mit einer Anzahl von Grundstimmen gebraucht werden, weil sie für sich allein eine dem Namen der Taste nicht entsprechende Tonhöhe haben (Quinten und Terzen), und insbesondere darf unter diesen Grundstimmen diejenige nicht fehlen, von welcher die Hilfsstimme die Obertöne giebt. Demnach gehört zu Quinte $5\frac{1}{3}'$ notwendig ein Register 16', womöglich Prinzipal, weil die Quinte $G = 5\frac{1}{3}'$ der 3. Oberton von $,C = 16'$ ist. Ebenso gehört zu Quinte $2\frac{2}{3}'$ eine Grundstimme von 8', zu Quinte $10\frac{2}{3}'$ eine Grundstimme 32'; desgl. zu der Terz $1\frac{3}{5}'$ eine Grundstimme von 8', zu Terz $3\frac{1}{5}'$ eine von 16', zu $6\frac{2}{5}'$ eine von 32'. Eine Terz $12\frac{4}{5}'$ und eine Quinte $21\frac{1}{3}'$ kann es nicht geben, weil es keine 64' Grundstimmen giebt, zu welchen beide allein gehören könnten; ihr Vorkommen ist daher eine Anomalie (Schwerin, Domorgel v. Ladegast). Außer der zu der Hilfsstimme notwendigen Grundstimme müssen aber auch die dazwischen gehörigen Oktaven vertreten sein, so daß immer das vertretene Stück der Obertonreihe ohne Lücke ist, so gehört z. B. zu Quinte $2\frac{2}{3}'$ zunächst die Grundstimme 8', aber auch die Oktave 4', und zu Terz $1\frac{3}{5}'$ gehört nicht nur die Grundstimme 8', sondern durchaus auch die Quinte $2\frac{2}{3}'$ und die Oktaven 4' und 2'.

2) Die Stimmen Scharf und Cymbal sind nur als Zugabe zu einer Mixtur, die größer als jene ist, zu gebrauchen.

3) Bei dem Trio, einem nur für Orgel berechneten Tonstück, welches durchweg dreistimmig ist, spielt die rechte Hand die erste Stimme auf dem einen, die linke Hand die zweite Stimme auf dem andern Manual, während die dritte Stimme vom Pedal ausgeführt wird. Die Registrierung dazu darf nicht stark, sondern soll mehr sanft sein und zugleich so, daß die drei Stimmen sich mehr durch verschiedene Klangfarbe als durch verschiedene Klangstärke voneinander abheben.

4) Ist ein Präludium oder ein Trio auf einen sog. Cantus firmus gesetzt, d. h. daß die eine der Stimmen nur die einfache Choralmelodie zu spielen hat, so wird für diese eine besonders hervortretende Stimme genommen, wozu sich am besten Kornett oder eine 8′ Zungenstimme eignet. In Ermangelung solcher Stimmen muß man auf anderem Wege die Auszeichnung des Cantus firmus, so gut sich's thun läßt zu bewerkstelligen suchen, etwa durch Viola di Gamba, Gemshorn ꝛc. oder was eben Brauchbares die Orgel darbietet.
5) Der Tremulant darf nur mit sanften und schwachen, niemals mit starken Stimmen verbunden werden.
6) Viele Zungenstimmen, insbesondere auch die Vox humana, werden an Wohlklang gewinnen, wenn sie von einer oder der andern weichen und gedackten Labialstimme begleitet sind. Die Äoline und Physharmonika jedoch bedürfen dessen, wenn sie gut sind, nicht.
7) Die Art und Weise, wie die Komponisten die Registrierung für ihre Werke vorschreiben, ist verschieden. Manche (wie z. B. Mendelssohn) bedienen sich der bekannten Abbreviaturen p, pp, f, ff, ꝛc. und überlassen es dem Spieler, welche Stimmen ihm zur Geltendmachung dieser dynamischen Schattierungen am passendsten scheinen. Andere bezeichnen ihre Intentionen mit einigen Worten in drei Abstufungen: „mit sanften Stimmen", — „mit starken Stimmen", — „mit vollem Werke". Mit der ersten Ausdrucksweise wollen sie sanfte 8′ Flötenstimmen, offene oder gedackte, unter der zweiten einen größeren Teil der Stimmen, besonders Prinzipal=, Grund= und Flötenstimmen, in Verbindung mit einigen Zungenstimmen; unter der dritten aber sämtliche Stimmen der Orgel verstanden wissen. Bei großen und sehr starken Orgeln ist indes die strikte Befolgung dieser letzten Vorschrift nicht ratsam. Denn einmal sind die schwächeren Flötenstimmen in Verbindung mit so vielen starken Stimmen ohne alle Wirkung, weder verstärken sie den Ton, noch geben sie ihm eine andere Farbe, sie nehmen nur Wind fort und schaden daher sogar der Fülle des Klanges; und dann verliert aber auch der Orgelton durch das Zusammmenklingen so vieler Register an Deutlichkeit, und es bedürfte dazu einer viel größeren Räumlichkeit, als sie unsere Kirchen meistens darbieten. Jedenfalls sollten solche ungeheure Klangmassen nur zu einzelnen kurzen Sätzen, niemals aber zur Ausführung ganzer längerer Tonstücke verwendet werden.

Wieder andere Komponisten geben speziell die Stimmen an, die sie gebraucht wissen wollen, wenn auch nicht durchweg, doch wenigstens da, wo nur wenige Stimmen erfordert werden. Das kann in vielen Fällen dem Spieler willkommen sein, und keinesfalls kann es schaden. Denn wenn auch die vorgeschriebenen Stimmen nicht alle vorhanden sind, so sind sie doch dem Spieler ein Fingerzeig, wonach er andere ihnen ähnliche wählen kann. Die älteren Orgelkomponisten bis zum Ende des vorigen Jahrhunderts haben ihren Werken gar keine Andeutungen über Registrierung weder in Zeichen noch in Worten beigefügt, daher man annehmen muß, daß sie entweder auf den Reiz der Verschiedenheit der Klangfarbe keinen Wert legten, oder es dem Gutdünken des Spielers überließen, sich die Stimmen zu wählen. Bei der früheren fast nur kontrapunktisch imitatorischen Art des Tonsatzes war der Wechsel der Klangfarbe und Stärke allerdings weniger Bedürfnis.

8) Es ist auch ein großer Unterschied, ob man die Orgel zur Unterstützung und Verschönerung des Gottesdienstes, oder ob man sie konzertmäßig und zu rein künstlerischen Zwecken verwendet. Sowie nicht jede Art von Tonstücken, nicht jede Art von Kompositionsstil sich für die Kirche eignet, so eignet sich auch nicht jede Art der Registrierung für den Gottesdienst. Ein tüchtiger Organist wird nicht allein dem Inhalte des Liedes, sondern auch der Bedeutung des Tages Rechnung tragen und wird demzufolge bei Dank-, Sieges- und Jubelfesten mit starken und hellen, dagegen an Trauer-, Buß- und Bettagen mit schwächeren und dunkleren Stimmen spielen. Desgleichen wird er den Gesang des Priesters mit schwachen und sanften, den Gesang der Gemeinde dagegen mit starken Stimmen begleiten, immer aber so, daß der Gesang nicht von der Orgel erdrückt und unhörbar gemacht wird; er wird sich also mit der Registrierung auch darnach richten müssen, ob die Gemeinde mehr oder minder zahlreich versammelt ist. Das Vorspiel zum Liede kann in der Regel mit schwächeren Stimmen, auch ohne Pedal gespielt werden. Die Zwischenspiele fallen zwar am besten ganz fort — wie dies in neuerer Zeit an vielen Orten eingeführt ist, — ist das aber nicht der Fall, so muß das Pedal, so lange als sie dauern, ganz schweigen und erst bei dem ersten Ton der folgenden Choralzeile wieder einsetzen, wodurch der Wiederbeginn des Gesanges am zweifellosesten markiert wird.

9) Wenn man bedenkt, daß drei Stimmen bereits sieben, vier Stimmen aber 15 und fünf Stimmen 28 verschiedene Klangfarben ergeben, so mag man sich leicht herausrechnen, daß bei 25 oder gar 50 oder 100 Stimmen die Kombinationen schier unerschöpflich sind. Man darf aber daraus nicht schließen, daß damit ebensoviele wirkliche, unterscheidbare und verwendbare Klangverschiedenheiten sich herstellen ließen. Die allermeisten jener Möglichkeiten würden sehr schlechte Klangwirkungen ergeben (besonders wenn man

der Kombinationen zu zwei, drei, vier Stimmen gedenkt, so ist das wohl ohne Beweis klar (z. B. eine 2' Stimme würde mit einer 16' kombiniert einen kuriosen Effekt geben); viele andere Kombinationen würden kaum voneinander zu unterscheiden sein. Es ist aber auch für so viele Unterschiede der Klangfarbe und Stärke gar kein Bedürfnis; mit einem Dutzend verschiedener Registrierungen läßt sich schon viel anfangen. Jedenfalls ersieht man aber aus den gegebenen Andeutungen die Reichhaltigkeit und Vielseitigkeit des Instruments, welche für seine Mängel weitaus Entschädigung giebt und ihm unter allen Instrumenten eine exzeptionelle Stellung anweist, da ihm höchstens das Orchester in seiner Totalität gegenübergestellt werden könnte.

IV. Das Gebläse.
(Bälge, Kanäle, Windkasten und Windladen.)

35. **Wenn wir uns nun dazu wenden, die innere Einrichtung der Orgel als mechanisches Werk kennen zu lernen, welchen Weg werden wir dann am zweckmäßigsten einschlagen?**

Wir werden bei der Erzeugung des Orgelwindes durch die Bälge beginnen und ihm auf seinem Wege bis an die Pfeifen folgen; dann aber werden wir, um die Thätigkeit des zuletzt die Spielventile öffnenden Regierwerkes zu verstehen, nochmals von den Klaviaturen auszugehen haben.

36. **Was ist über die Luft einsaugenden und zu Wind verdichtenden Bälge zu sagen?**

Es giebt gegenwärtig zwei Hauptarten von Bälgen, nämlich Faltenbälge und Kasten- oder Stöpselbälge.

Ein Faltenbalg besteht aus einer Unterplatte und Oberplatte, nebst die beide zusammenhaltenden und luftdicht verbindenden Falten. Die Unterplatte liegt fest auf untergelegten Querbalken; die Oberplatte ist derart beweglich, daß sie, soweit es die Falten gestatten, wechselweise gehoben werden und infolge ihres Gewichtes allmählich wieder niedersinken kann.

Man unterscheidet 1) den eigentlichen Faltenbalg von dem Spannbalg; 2) den Bohlenbalg von dem Rahmenbalg; 3) den Diagonalbalg (Keilbalg) von dem Parallelbalg (Laternenbalg, Horizontalbalg). Der eigentliche Faltenbalg hat zwischen den beiden Platten mehrere Falten, der Spannbalg nur eine. Beim Bohlenbalg sind die Platten aus einem Stück gearbeitet resp. gefugt, bei dem Rahmenbalg bestehen sie aus Rahmen mit eingelegten Füllungen, welche durch Querleisten vorm Verwerfen geschützt werden. Bei dem Parallelbalg (französisch: soufflet à lanterne) bleibt die Oberplatte, während sie sich hebt oder senkt, stets in paralleler Richtung mit der Unterplatte; beim Diagonalbalg dagegen (dem gewöhnlichen Schmiedebalg) gehen nur drei Seiten auf, während an der vierten die Oberplatte sich nicht von der Unterplatte entfernt, so daß der Balg in Keilform erscheint.

Die Falten werden gebildet durch schmale Bretter (die Faltenbretter), welche untereinander und mit den Platten mit Leder und

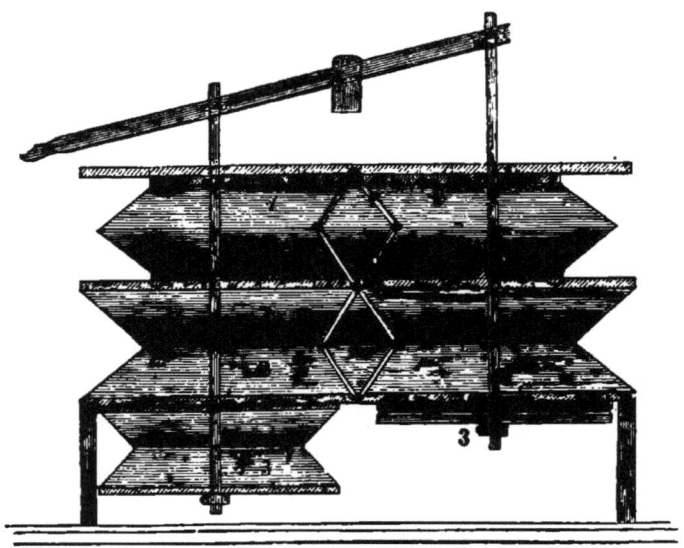

Magazinbalg.
1) auswärts, 2) einwärts gehende Falte; 3) Schopfbälge.

Roßflechsen verbunden werden. Ein Spannbalg hat sechs solcher Bretter, nämlich zwei an jeder langen und zwei an der aufgehenden kurzen Seite. Zu mehr Falten sind natürlich auch mehr Bretter erforderlich und sind diese dann allemal schmäler, als sie für einen Balg gleicher Größe mit einer Falte sein würden. Über das Leder, welches man verwendet, sei bemerkt, daß womöglich nur lohgares genommen wird, weil dieses immer trocken bleibt, während das weißgare Feuchtigkeit anzieht, wodurch der Leim erweicht wird.

In der Unterplatte befindet sich ein viereckiges Loch, welches im Innern mit einem Rahmen, der in der Mitte eine Leiste hat, umschlossen ist; dieser Rahmen ist angeschraubt und kann abgenommen werden, damit man in den Balg hineinsteigen und etwaigen Verletzungen abhelfen kann. Auf der genannten Leiste sind bewegliche sich nach innen öffnende Klappen (belederte Brettchen) angebracht, welche Vorrichtung man das Fangventil (Saugventil, Schöpfventil) nennt. Liegt die Oberplatte auf der Unterplatte auf, so ist nur wenig Luft zwischen beiden; wird aber die Oberplatte emporgezogen, so vergrößert sich der Zwischenraum zwischen beiden bedeutend und die darin befindliche Luft wird dünner und leichter als die äußere atmosphärische, die letztere drückt daher zufolge ihrer größeren Schwere und Dichtigkeit die Klappen des Ventils nach innen auf, strömt hinein und erfüllt den ganzen innern Raum mit Luft von gleicher Dichtigkeit wie die atmosphärische. Sobald nun die Oberplatte sich selbst überlassen wird, drückt sie vermöge ihrer Schwere, die noch künstlich vermehrt wird, worüber nachher, auf die eingesogene Luft und verdichtet dieselbe, d. h. verleiht ihr Kraft, andere Ventile, die zu Räumen mit weniger dichter Luft führen, zu öffnen und kräftig auszuströmen als Wind, Orgelwind. Durch das Fangventil kann sie nicht wieder austreten, da sie selbst dessen Klappen von oben her zudrückt und geschlossen hält. Das Fangventil muß die richtige Größe im Verhältnis zum Kubikgehalt des Balges haben; ist es zu klein, so kann die Luft nicht schnell genug in gehöriger Masse einströmen und das Aufziehen des Balges wird daher wesentlich erschwert (weil die umgebende Luft die Wände eines mit verdünnter Luft erfüllten Hohlraumes gegeneinander drückt; man denke nur an Guerikes Halbkugeln); ist das Ventil zu groß, so fallen leicht die Klappen zu und das Aufziehen erfolgt stoßweise. Man nimmt an, daß die Ventilöffnung so viel Quadratzoll betragen muß, als die Platte (bei Keilbälgen) Quadratfuß mißt. Es ist ratsam, die Ventile mit Marli (einer steifen Gaze) zu überziehen, oder mit einem Netz von feinem Eisendraht, damit nicht Insekten und andere Gegenstände mit eingesogen werden, welche sonst leicht vom Winde bis in die Pfeifen getrieben werden und dort die Kernlücken oder die Rinnen der Zungenpfeifen verstopfen und so die Ansprache der Pfeifen verhindern oder beeinträchtigen. Statt eines Fangventils nimmt man wohl auch deren mehrere oder man macht eine Anzahl Löcher nebeneinander und bedeckt sie mit einem beweglichen Stück Leder statt der Klappen.

Kasten- und Cylinderbälge unterscheiden sich voneinander nur durch die Form und das Material. Jene sind viereckig und von Holz, diese cylindrisch und von Metall. Die Cylinderform ist aber nicht recht in Aufnahme gekommen, schon darum, weil sie bei gleichem Raumbedürfnis weniger Wind liefert als die viereckige; außerdem hat aber auch das Metall die Eigenschaft, daß es schwitzt, beschlägt, und die dadurch entstehende Feuchtigkeit das Leder steif macht, so daß es nicht mehr schließt.

Ein Kastenbalg (vgl. Figur S. 67) besteht aus zwei ineinandergeschobenen Kästen, die gegen einander offen sind; der größere untere (a) steht fest, der kleinere obere (b) wird in die Höhe gezogen und verdichtet dann beim Zurücksinken gleich der Oberplatte der Faltenbälge die in dem Hohlraume eingeschlossene Luft vermöge seiner Schwere. Damit zwischen beiden Kasten aber keine Luft entweichen kann, ist der untere Kasten inwendig ringsum weich beledert. Die Außenwände des oberen Kastens müssen geglättet und mit Bleierz eingerieben sein, sein Boden muß, damit er nicht quelle oder schwinde, zusammengestemmt werden. Im Boden des unteren Kastens ist das Fangventil. In der Mitte der vier Innenwände des äußeren Kastens sind aufrechte, oben an einem Gestell befestigte Leisten mit Rinnen angebracht, in welchen letzteren kleine an entsprechenden Stellen der vier Außenwände des inneren Kastens befindliche Rollen laufen, damit dieser nicht zur Seite schwanken kann. Überhaupt bedürfen die Kastenbälge einer genauen und fleißigen Arbeit, das Holz darf nicht fett, der Raum zwischen beiden Kasten darf nicht zu knapp sein, weil sonst leicht störendes Knarren entsteht, das schwer zu beseitigen ist (Töpfer II. 931). Die Konstruktion der Cylinderbälge ist mit geringen Modifikationen dieselbe.

Manche Orgelbauer (Ladegast, Walcker) lassen den Kastenbalg aus nur einem Kasten bestehen, in welchem sich ein (beschwerter) Spund, Stöpsel oder Deckel auf und niederbewegt (Stöpselbalg). Zwischen Stöpsel und Kasten ist dann (nach Ladegast) nur ein Zwischenraum von etwa $1/2$ cm.

37. Wie werden die Bälge aufgezogen?

Bei den vielförmigen Falten- oder Spannbälgen (Diagonalbalg, Keilbalg) geschieht es mittels des Balgklavis (Kalkantenklavis), eines je nach der Größe des Balges verschieden starken und verschieden langen Balkens von Tannenholz, der auf einem noch stärkeren quer untergelegten Balken in eisernen Pfannen balanciert wird. Mit dem einen Ende liegt derselbe unter der aufgehenden Seite der Bälge, mit dem andern ragt er durch eine Spalte aus dem Orgelgehäuse hervor. An der Oberplatte ist eine Verlängerung mit gabelförmigem Ausschnitt (Balgschwanz), und einen ebensolchen Ausschnitt hat das darunterliegende Ende des Balgklavis; beide, Balgschwanz und Balgklavis sind durch eine starke Stange (Stößer, Stecher) verbunden, deren Enden durch die Gabelausschnitte gehen und in diesen durch eiserne Bolzen gehalten werden. Von den beiden Teilen des Balgklavis, muß der vordere, an dessen Ende sich der Kalkant befindet, bedeutend länger sein als der hintere; denn der Balgklavis ist ein zweiarmiger Hebel, der Unterstützungspunkt ist auf der Unterlage, die Last ist der aufzuziehende Balg, die Kraft der tretende Kalkant. Wenn nun das vordere Ende des Klavis herabgedrückt wird (gewöhnlich durch Treten, resp. indem sich der Kalkant auf den Klavis stellt und sein ganzes Gewicht wirken läßt), so hebt sich das hintere Ende und drückt mittels des Stechers zugleich die Oberplatte in die Höhe. Der Balgklavis kann aber auch über dem Balge liegen (je nachdem es die Raumverhältnisse erfordern); nur wird dann statt des Stechers eine Abstrakte, d. h. eine Leiste von Kiefernholz oder auch ein Lederriemen angewendet, wodurch dann die Oberplatte recht eigentlich aufgezogen, statt emporgedrückt wird.

Zum Aufziehen der Kastenbälge (s. Figur) wird genau in der Mitte einer oben quer über den inneren Kasten (b) gehenden Leiste ein Riemen oder Seil (d) in der Art befestigt, daß es nach Willkür verlängert oder verkürzt werden kann, und dann oben über 2 Rollen (e) geführt, wovon die eine über der Mitte des Kastens, die andere über dem Kopfe des Kalkanten angebracht ist. Der Riemen endigt unten in einem Trittschuh oder Steigbügel, in welchen der Kalkant zum Behufe des Niedertretens den Fuß setzt. Statt des zweiarmigen Hebels erleichtern hier die Rollen die Arbeit.

Der Kalkant hat beim Niedertreten das Bein gerade gestreckt und das Knie steif angespannt zu halten, wobei er sich mit beiden Händen an der über ihm angebrachten Querstange anhält; er soll den Fuß, noch bevor der Balgklavis den Boden berührt, abziehen, jedoch nicht plötzlich, sondern sanft und allmählich (indem er zur Seite tritt und nur noch einen Teil seiner Schwere wirken läßt), weil sonst der Balg jählings zurückfällt und dadurch einen heftigen, den Ton plötzlich verstärkenden Windstoß verursacht. Man hat wohl auch die Stangen mit den Fußtritten verbunden, um zu verhüten, daß das Gewicht des Körpers durch Anhalten an einer unbeweglichen Stange zum Teil unwirksam gemacht werde (Töpfer II. 1027).

Kastenbalg.

Mehrere Diagonal- oder Kastenbälge sinken übrigens nicht zu gleicher Zeit, sondern nacheinander in der Reihenfolge, wie sie aufgezogen sind; dadurch wird es möglich, daß ein Kalkant mehrere Bälge bedient.

In England und Frankreich ist das Aufziehen der Bälge durch Niedertreten weniger gebräuchlich; man drückt vielmehr den Balghebel, der kürzer und näher am Balge ist, mit den Händen nieder. Auch findet man, wenn die Bälge sehr hoch liegen und sehr klein sind, bloße Seile zum Niederziehen des Hebels. Beide Arten stehen aber dem Niedertreten schon deshalb nach, weil sie Kraftanwendung erfordern, während das Treten auch wohl gut von einem älteren Manne besorgt werden kann.

5*

Parallelbälge können zwar auf dieselbe Art wie Kastenbälge aufgezogen werden, allein in dieser Weise findet man dieselben nur sehr selten angewendet, wozu verschiedene Ursachen mögen beigetragen haben. Einmal kannte man die Mittel, ihnen gleichen Wind zu geben, noch nicht und dann ist der Umstand mißlich, daß ein solcher Balg während des Aufziehens keinen Wind giebt. So waren lange Zeit die Horizontalbälge fast gar nicht in Gebrauch, obgleich man sie kannte und einsehen mußte, daß sie bei gleicher Raumerforderniß die doppelte Quantität Wind liefern. Prätorius erwähnt sie schon, und Mersenne (Harmonie universelle 1636) giebt eine Abbildung und nennt sie Lateranbälge. In neuerer Zeit sind sie mit einer anderen Füllungsart allgemein zur Geltung gekommen. Es wird nämlich an der ebenfalls mit einem Fangventil versehenen Unterplatte eines horizontal aufgehenden Hauptbalges (Magazinbalg, Reservoir) ein zweiter kleinerer Balg (Schöpfer, Schöpfbalg, Arbeitsbalg, Hilfsbalg) oder auch deren zwei, meist in Keilform, doch auch als Parallelbalg (wie auf der Figur S. 64) befestigt, der in der gewöhnlichen Weise, aber nach unten aufgezogen wird, Luft saugt und dieselbe verdichtet, so daß sie das Fangventil des Hauptbalges öffnet und in diesen einströmt.

Das jedesmalige Aufziehen des Schöpfbalges schließt das Fangventil des Hauptbalges und verhindert so das Zurückströmen der Luft in den Schöpfbalg. Das Schöpfen wird so lange fortgesetzt, bis der Hauptbalg gefüllt ist. Ebenso wie die verdünnte Luft im Schöpfbalge, während dieser aufgezogen wird, verschließt die verdichtete Luft im Hauptbalge das Fangventil, wenn letzterer gefüllt ist. Um aber möglicherweise nachteiligen Folgen einer Überfülle vorzubeugen, ist an der Oberplatte des Hauptbalges eine Klappe (das Sicherheitsventil, Entladungsventil) angebracht, welche so konstruiert ist, daß sie, sobald mehr als die zur Füllung erforderliche Luft eindringt, sich öffnet und den Überfluß entweichen läßt und nachdem dies bewirkt ist, sich wieder schließt. Dies Ventil kann seine Stelle auch an der Unterplatte haben, in welchem Falle der überflüssige Wind wieder in den Schöpfer zurückkehrt. Der Schöpfer hat nur eine Falte.

Die Verminderung der im Hauptbalg enthaltenen Quantität Wind zeigt sich am Niedersinken von dessen Oberplatte und wird durch erneutes Arbeiten des Schöpfers wieder ersetzt. Während dieser Nachfüllung erleidet aber die Thätigkeit des Hauptbalges — die Versorgung der Kanäle mit Wind — keine Unterbrechung, was nämlich bei allen andern Arten von Bälgen, die ohne Schöpfer aufgezogen werden, der Fall ist. Wenn daher von andern Bälgen, selbst in der kleinsten Orgel, wenigstens zwei sein müssen, damit stets einer Wind gebe, während der andere gefüllt wird, so kann ein einziger Magazinbalg mit Schöpfer für eine Orgel bis zu 30 und 40 Stimmen hinreichen, vorausgesetzt, daß der Kalkant den Magazinbalg nicht völlig ablaufen läßt, sondern ihn vor seiner gänzlichen Entleerung durch den Schöpfer wieder voll pumpt.

Sind statt eines Schöpfers deren zwei oder drei an einem Horizontalbalg angebracht, so können dieselben mit nur **einem Hebel** regiert werden. Dies hat nicht allein den Vorzug der schnelleren Füllung, sondern auch den, daß wenn einer der Schöpfbälge schadhaft werden sollte, der zweite und dritte die ungestörte Fortbenutzung des Hauptbalges gestatten. Bei mehreren Schöpfern an einem Hauptbalge sind jene selbstverständlich kleiner als dieser; bei nur einem Schöpfer ist dieser zwar ebenfalls gewöhnlich kleiner, kann aber auch ebenso groß sein wie der Hauptbalg. Ferner kann bei nur einem Schöpfer dieser in der Mitte durch ein Brett geteilt sein, wovon stets der eine Teil Luft schöpft, während der andere solche in den Hauptbalg einbläst. So eingerichtet nennt man sie Kuckucksschöpfer, weil die Einrichtung der des so benannten Kinderspielzeugs ähnlich ist.

Der Magazinbalg hat entweder eine Falte oder ist ein **Doppelbalg** mit 2 Falten, welche durch einen zwischenliegenden Rahmen verbunden sind. Keilbälge mit Schöpfern zu versehen, hat den Nachteil geringerer Windmasse und bietet keinen Vorteil dafür. Doch hat man es auch schon versucht.

Man hat allerlei Einrichtungen ersonnen, das Geschäft des Aufziehens der Bälge zu erleichtern; die Beschreibung einer vom Orgelbauer Haas erfundenen Balgmaschine (zum Aufziehen der Schöpfbälge) findet sich bei Töpfer II. 1008. Walcker hat zuerst für den Mannheimer Organisten Ed. Kuhn eine Zimmerorgel gebaut, die mit einer Mechanik versehen war, vermöge deren man eine halbe Stunde darauf spielen konnte ohne Kalkanten (sie hatte 6 St., 2 M. und P., 2 Koppeln und einen Pedaltritt für crescendo und decrescendo der Harmonikastimmen. Näheres Rh. M.-Z. 1860, Nr. 34). In der großen Orgel der Georgshalle zu Liverpool werden die zwei großen Magazinbälge durch eine Dampfmaschine regiert. In der Orgel im Dom zu Sevilla füllen sich die Bälge dadurch, daß der Kalkant auf einer geneigten Ebene von 15 Fuß Länge, welche auf einer Achse balanciert, hin und her geht. Unter jedem Ende sind ein paar Bälge, welche wieder mit 5 andern durch eine Stange verbunden sind. Zehn Gänge genügen, um alle mit Wind zu füllen und wenn dies geschehen, so kann 15 Minuten lang mit vollem Werke gespielt werden, ehe der vorrätige Wind aufgebraucht ist. Die Markuskirche in Berlin hat 4 Bälge, von denen 3 getreten werden, der 4. aber durch die andern mit aufgezogen wird. In der neuen Orgel der Petrikirche zu Hamburg (von Walcker und Ko.) ist das aus zwei großen Kompensations-Faltenreservoirs mit je 3 großen Schöpfern bestehende Gebläse mit einem mechanischen Getriebe versehen, das sowohl durch Menschenkraft als durch einen Wassermotor bedient werden kann. Der letztere stellt bei gefülltem Balg von selbst seine Thätigkeit ein und fängt von selbst an zu arbeiten, sobald ein gewisser Teil des Windes verbraucht ist.

38. Auf welche Weise wird die Stärke des Windes reguliert?

Die Verdichtung der Luft, Herstellung des Orgelwindes,

wird durch die Schwere der Oberplatte (bei den Faltenbälgen) resp. des inneren Kastens oder Spundes (bei Kasten= und Cylinderbälgen) bewirkt; je schwerer diese sind, desto dichter wird die Luft, desto stärker der Wind. Die eigene Schwere der Oberplatte resp. des Kastens (Spundes) reicht jedoch nicht aus, um dem Winde die zur Ansprache der Pfeifen erforderliche Stärke zu geben; es findet daher eine Beschwerung mittels aufgelegter Gewichte statt, wozu gewöhnlich Ziegelsteine, besser aber Eisen= oder Bleistücke verwendet werden, weil jene bei feuchter Witterung Feuchtigkeit anziehen und ihr Gewicht ändern. Um eine richtige und für zusammengehörige Bälge gleiche Windstärke zu erhalten, wird dieselbe gemessen (Wind= probe), wozu man sich der Windwage bedient, eines vom Orgel= bauer Christian Förner zu Wettin († 1678) erfundenen Instruments, welches jetzt auf verschiedene Weise konstruiert wird:

a) Einfachste Konstruktion. Am einfachsten stellt sie sich dar als eine doppelt umgebogene, beiderseits offene Glasröhre, deren Schenkel parallel laufen. Der nach oben gehende Teil wird mit einem schmalen, die Röhre nicht umschließenden, sondern ihren In= halt sichtbar lassenden Papierstreifen beklebt, auf welchem ein Maß= stab von 4 oder 6 Zoll abgeteilt ist. Der andere, nach unten laufende Teil wird in eine nach unten etwas zugespitzte hölzerne Röhre luft= dicht befestigt, welche beim Gebrauche in ein zu dem Ende in den Kanal gebohrtes Loch oder in das einer weggenommenen Pfeife ge= stellt wird. In die obere Röhre wird dann so viel Wasser gegossen, daß es gerade bis an das untere Ende der Skala von 4 oder 6 Zoll resp. 40 oder 60 Graden reicht (jeder Zoll ist in 10 Grade geteilt), und dann der Balg, dessen Windstärke gemessen werden soll, allein in Gang gesetzt. Der am Fuße der hölzernen Röhre eindringende Wind drückt auf die Wasserfläche in der mittleren Biegung und treibt das Wasser an der Skala in die Höhe nach Maßgabe der Stärke des Windes. Die Skala zeigt dann, wie hoch das Wasser gestiegen und damit die Grade des Windes. Durch Vermehrung oder Verminderung der Gewichte auf der Oberplatte resp. dem inneren Kasten (Spund) wird er nach Verlangen stärker oder schwächer gemacht. Die Glasröhre hat gewöhnlich etwa 1,5 cm im Durchmesser.

b) Eine andere Art, die auch schon älter und von den Orgel= bauern vielfach angewandt ist, hat folgende Konstruktion. In dem Deckel eines ovalen oder viereckigen Kastens von Blech oder Metall befinden sich zwei Löcher; in dem einen ist eine gekröpfte Röhre, in dem andern eine beiderseits offene Glasröhre mit der oben be= schriebenen Skala befestigt. Das Ende der ersten Röhre (die aus beliebigem Material besteht) wird in den mit Wind gefüllten Kanal eingesetzt; dann drückt der Wind auf das Wasser, womit der Kasten bis obenan gefüllt wird, und treibt dieses in die Glasröhre, deren Skala hier natürlich auch in der Höhe des Wasserstandes vor Zu= lassung des Windes beginnen muß. Eine komplizierte Maschine be= schreibt Töpfer, „Die Orgel" S. 14.

Wieviel Gewicht aufgelegt werden muß, um die Windſtärke um eine beſtimmte Anzahl Grade zu vermehren, läßt ſich natürlich nicht allgemein ſagen, da das von der Größe des Balges reſp. der darin enthaltenen Windmaſſe abhängt. Auch iſt die Stärke des Windes an verſchiedenen Stellen der Orgel verſchieden groß, auf den Wegen in die entfernteſten Pfeifen findet eine gewiſſe Ausgleichung ſtatt, da der Verſchluß nicht überall völlig luftdicht iſt, jedenfalls aber eine Verminderung der Stärke, ſo daß es nicht gleichgültig iſt, an welcher Stelle der Orgel man die Windwage anſetzt. Da nun aber verſchiedene Pfeifen verſchieden ſtarken Wind brauchen, um gut anzuſprechen, ſo iſt dieſer Umſtand nicht ſtörend, kann im Gegenteil beſtens benutzt werden.

Die Beſchwerungsgewichte werden bei Diagonalbälgen auf die hintere (aufgehende) Seite der Oberplatte gelegt und zwar am beſten verſchloſſen in einem hölzernen auf die Platte befeſtigten Kaſten, damit ſie weder verrückt noch von unbefugter Hand weggenommen werden können. Auch kann man eine Notiz beifügen, wieviel Grade man dem Balge gegeben hat, um ſpäter die urſprüngliche Stärke konſtatieren zu können. Bei Kaſtenbälgen und Horizontalbälgen müſſen die Gewichte ſo gelegt werden, daß nach keiner Seite ein Übergewicht ſtatthat, damit nicht durch ſchiefe Bewegungen eine Seite mehr als die andere abgenutzt wird oder — bei Kaſtenbälgen — gar das Feſtklemmen die Bewegung ſtört.

Welchen Grad der Windſtärke die Bälge einer Orgel haben müſſen, hängt von verſchiedenen Umſtänden ab, vorzüglich von der Größe der anzublaſenden Pfeifen. Die 16′ und noch mehr die 32′ Stimmen brauchen zur prompten Anſprache und vollen Ausprägung des Tones einen ſtärkeren Wind als die 8′ und kleineren. Früher gab man den ſämtlichen Bälgen einer Orgel die nämliche Windſtärke; jetzt thut man das nur noch bei kleineren und mittelgroßen Werken, in größeren und ſehr großen teilt man die Bälge ſo, daß ein Teil derſelben für die Manuale, ein anderer Teil für das Pedal ausſchließlich beſtimmt iſt, und giebt den letzteren einen um mehrere Grade ſtärkeren Wind als jenen wegen der 16′ und 32′ Stimmen, die ſich in ihrer Mehrzahl und vorzugsweiſe im Pedal befinden. Aber auch den Manualen haben neuere Orgelbauer verſchiedene Windſtärken zugeteilt, um ihnen einen verſchiedenen Klangcharakter zu geben, da der ſtärkere Wind auch den Pfeifen einen ſtärkeren und ſchärferen Ton, der ſchwächere einen ſchwächeren und milderen Ton giebt. Doch hat beides ſeine Grenzen; bei zu ſtarkem Winde überblaſen ſich die Pfeifen, bei zu ſchwachem klingen ſie matt und ſprechen — zumal die größeren — ſchlecht an. Man giebt alſo dem Haupt- oder erſten Manual ſtärkeren Wind als dem zweiten und dieſem wieder ſtärkeren als dem dritten ꝛc. So hat die große Orgel in der Marienkirche zu Lübeck 12 Hauptbälge zu 10′ und 5′, von denen 4 mit 36° Orgelwind das erſte Pedal und die pneumatiſche Maſchine, die 8 andern mit 34° das zweite Pedal und die Manuale mit Wind verſorgen. Außerdem liegen zwei Magazinbälge auf den Kanälen, wovon der eine den Wind für das 3. Klavier auf 28°, der andere den für das vierte auf 32° ermäßigt; ferner 4 Ausgleichungsbälge mit Federn, wovon zwei für das Hauptmanual, die beiden andern für das 3. und 4. Manual bestimmt sind; endlich 54 kleine Bälge für die pneumatische Maschine und ein Balg zur Expression für das 4. Klavier (s. Zimmermann, Beschr. d. O. zu Lübeck 1859).

Man ist noch weiter gegangen. Die Erfahrung lehrt, daß bei gleicher Windstärke der Bälge die Labialpfeifen in der Tiefe schwächer klingen als in der Höhe, die Zungenpfeifen dagegen in der Tiefe stärker als in der Höhe. Beim Zusammengebrauch beider Arten von Stimmen gleicht sich dieser Mangel einigermaßen aus. In der neuesten Zeit hat man ihm aber dadurch abzuhelfen gesucht, daß man für die tiefen und hohen Töne Wind von verschiedener Stärke angewendet hat, nämlich den stärkeren für die tiefen Labialpfeifen und hohen Zungenpfeifen. Zu dem Ende hat zuerst Cavaillé-Coll in Paris mehrere Magazinbälge übereinander gelegt und sie durch bewegliche elastische Röhren in der Art miteinander verbunden, daß nur der unterste unmittelbar durch die Schöpfer gefüllt wird und aus ihm durch die elastischen Röhren der Wind in den oder die darüberliegenden Magazinbälge eindringt und sie ebenfalls anfüllt; der untere bekommt dann den stärksten Wind, jeder höher liegende schwächeren als sein Vorgänger (erste Anwendung Cavaillés zu St. Denis). Gewöhnlich legt man einen Balg (Regulator) auf einen Kanal, so daß der Wind durch ihn hindurchgeht, und beschwert seine Oberplatte weniger als die des Hauptbalges; dann verliert der Wind von seiner Stärke und geht in dieser verminderten Stärke in die jenseitige Fortsetzung des Kanals (derselbe ist also unterbrochen) und von da in den Windkasten. Dieser ist dann in mehrere Abteilungen geteilt, deren jede einen anderen Wind erhält und diesen den dafür bestimmten Pfeifen zuführt.

Die in den Orgeln angewendete Windstärke differiert zwischen 25° und 40° (2½—4 Zoll), ausnahmsweise aber auch bedeutend mehr. Im Dom zu Bremen hat das Pedal 38°, das Hauptmanual 34°, das zweite Manual 28°, das dritte 24°. In der Orgel zu St. Sulpice (Paris) ist Wind von 34 und 37°, die Trompete des 4. Klaviers hat sogar 69 (bei dieser Stimme hat man es sogar bis zu 120° getrieben, Sattler 92). Je stärker der Wind, desto schärfer wird der Klang der Pfeife. Zungenpfeifen können einen bedeutend stärkeren und eine größere Menge Wind vertragen als Labialpfeifen, welche zu leicht überblasen. Die Orgelpfeifen bedürfen aber überhaupt einer viel geringeren Windstärke als die einfachen Blasinstrumente, weil bei diesen die höheren Töne immer durch Überblasen hervorgebracht werden, wozu ein Wind bis zu 180° erforderlich ist.

Es ist aber nicht genug, daß jeder Balg den richtigen Grad von Windstärke erhalte, sondern dieser darf sich auch während seiner Entleerung nicht verändern, d. h. weder stärker noch schwächer werden. Dieser Anforderung entsprechen ohne weiteres nur die Kasten-(Stöpsel-) Bälge, bei den Bälgen mit Falten aber macht sich während

des Niedersinkens der Oberplatten mehr oder minder eine Ungleich=
heit des Windes bemerkbar, welche sich dem Tone der Pfeifen mit=
teilt. Die Ursache hiervon liegt in der verschiedenen Stellung der
Faltenbretter, weil nämlich beim Niedersinken der Oberplatte die
einwärtsgehenden Falten Wind noch extra herausdrängen, also ver=
stärken, während umgekehrt die auswärtsgehenden dem Winde etwas
mehr Raum gönnen, also seinem Ausströmen hinderlich sind, seine
Stärke vermindern. Eine Verbindung von auswärtsgehenden Falten
mit einwärtsgehenden an demselben Balge hebt natürlich beide Übel=
stände auf: ein gewichtiger Grund für die Bevorzugung der Falten=
bälge vor den Spannbälgen. Damit aber eine wirkliche Ausgleichung
der verschiedenartigen Einflüsse beider Faltenarten stattfindet und
nicht etwa erst die eine, dann die andere Falte sich zusammenlegt,
wendet man die sogenannte Balgschere an.

Bei den Diagonalbälgen liegt's umgekehrt. Da die aufge=
zogene Oberplatte eine schiefe Ebene bildet, so entfernen sich beim
Niedersinken die beschwerenden Gewichte immer mehr vom Unter=
stützungspunkte dieses einarmigen Hebels, ihre Wirkung wächst also
und die Platte sinkt gegen Ende schneller. Je größer der Winkel
des Aufgangs ist, desto größer wird die Veränderung sein. Man
hat daher Mittel gesucht, diesen Übelständen zu begegnen. Früher
bediente man sich sogenannter Hilfsgewichte, welche das Gewicht der
Oberplatte beim Niedergang in abnehmendem Maße vermehrten.
Man findet sie von verschiedener Art, am meisten als sogenannte
Strebefedern (Gegenfedern, Balgfedern).

Eine solche besteht aus einer hölzernen, etwa 10 cm breiten und
3 cm starken Leiste, besser jedoch aus einer Feder von Stahl, welche
unter dem Balge mit dem einen Ende an den Fußboden, mit dem
andern vermöge eines Strickes an das hintere Ende des Balgklavis
oder den Stecher, auch wohl an die Oberplatte (den Balgschwanz)
befestigt ist. Wird der Balg aufgezogen, so wird der angehängte
Teil der Feder nach oben gebogen und zieht dann vermöge der
Federkraft mit an der Oberplatte, bis diese mehr als zur Hälfte ge=
sunken ist, von wo an die Hilfe nicht mehr oder doch in sehr ge=
ringem Maße erfordert wird. Die Feder bildet dann eine gerade
Linie und kann nicht weiter wirken. Über die Unentbehrlichkeit
dieses und ähnlicher Hilfsmittel sind übrigens die Meinungen ge=
teilt, daher sie denn auch nicht in allen Orgeln angetroffen werden.
Dagegen legt man die Seite des Balges, an welcher er aufgeht,
tiefer, so daß die Oberplatte, wenn sie aufgezogen ist, horizontal
oder nur wenig geneigt liegt; daraus erwächst der Vorteil, daß
die Gewichte gleich bei Beginn des Sinkens der Platte ihre volle
Wirkung äußern.

Noch giebt es zwei andere Ursachen der Windungleichheit. Die
erste ist ein durch Unvorsichtigkeit des Kalkanten verursachter
Windstoß, die zweite zeigt sich, wenn bei vielen angezogenen Stimmen
plötzlich ein oder mehrere volle Akkorde eine größere Luftmenge
in Anspruch nehmen, so daß eine augenblickliche Verdünnung der

Luft im Windkasten und im Kanal entsteht, welche nicht allein die prompte Ansprache, sondern auch die Reinheit und Gleichheit des Tones beeinträchtigt (zu schwach angeblasene Labialpfeifen klingen etwas zu tief). Beide Übel — die momentan eintretende Verstärkung oder Schwächung des Windes — werden durch eine und dieselbe Vorrichtung beseitigt, nämlich durch den **Ausgleichungsbalg** (Konkussionsbalg). Es ist dies ein kleiner Balg, der in der Nähe des Windkastens auf eine zu dem Ende in den Kanal gemachte Öffnung gesetzt wird; auf der Oberplatte desselben liegt eine Feder, welche gerade so viel Druck auf die Platte ausübt, daß diese bei aufgezogenem Balge, ohne daß gespielt wird, zur Hälfte oder etwas höher aufgezogen erscheint. Erfolgt nun durch einen Windstoß eine plötzliche Verdichtung der Luft, so pflanzt sich dieselbe fort bis in den Ausgleichungsbalg und hebt dessen Oberplatte um so viel als die durch den Stoß bewirkte Verdichtung erfordert, wodurch diese aufhört und nicht in den Windkasten gelangt, also auch nicht auf den Ton der Pfeifen einwirken kann. Und umgekehrt, wenn durch außerordentlichen Verbrauch des Windes in dem Windkasten dieser eine plötzliche Verdünnung erleidet, so pflanzt sich auch diese durch den nahen Kanal fort bis in den Ausgleichungsbalg, dessen Oberplatte infolgedessen sinken und so viel von dem Winde herauslassen wird, als zur Wiederherstellung der normalen Windstärke erforderlich ist. Ohne diese Einrichtung würde sich die Verdünnung bis in den Hauptbalg fortpflanzen und erst von dort aus gehoben werden, was natürlich mehr Zeit in Anspruch nimmt, so daß die Verdünnung länger andauert und als Schwächung der Tones bemerklich wird. Diese Erfindung verdankt man nach Töpfer dem Orgelbauer Schulze in Paulinzelle, während sie Hopkins seinem Landsmann Bishop zuschreibt. Hopkins hält Ausgleichungsbälge übrigens nicht für absolut nötig, wenn die Kanäle weit genug sind (§ 1182).

39. Wie vieler Bälge bedarf eine Orgel?

Das hängt natürlich einerseits von der Größe der Bälge, andererseits aber von der Größe der Orgel und ihrer Stimmen ab. Maßgebend ist dabei vor allem, daß sie hinreichend Wind liefern d. h. so viel, daß ununterbrochen mit vollem Werke gespielt werden kann, ohne daß der oder die Kalkanten unausgesetzt treten müssen, vielmehr auch selbst dann kleine, wenigstens minutenlange Ruhemomente haben. Ein Kalkant kann drei, höchstens vier mäßig große Bälge bedienen. Auf die Stärke des Windes hat die Anzahl der Bälge keinen Einfluß; vier Bälge mit gleicher Windstärke geben nicht viermal so starken, sondern nur viermal soviel Wind von derselben Stärke.

Die **Diagonalbälge** sind gewöhnlich doppelt so lang als breit und demgemäß hat man sie von 3—14 Fuß Länge und 1½—7 Fuß Breite und 2—16 an der Zahl (letzteres z. B. zu Rotterdam in der Laurentiuskirche); in älterer Zeit waren die Bälge klein, darum mußten ihrer viele sein (Ablung Mus. mech. org. 47), doch sind wenige große vielen kleineren vorzuziehen, weil letztere durch das öftere Aufziehen mehr leiden und auch mehr Kalkantenarbeit erfordern. Bälge von 10 und 5 oder von 8 und 4 Fuß werden für die zweckmäßigsten gehalten; ein solcher Keilbalg wird 30—40 Kubikfuß Luft enthalten.

Kastenbälge haben stets die Quadratform (genauer: die des Prisma) und Stöpselbälge die Cylinderform und man baut sie von 5 Kubikfuß bis 25 Kubikfuß Gehalt oder noch größer. Die Orgel in der Tonhalle zu Düsseldorf (von Schulze) mit 39 Stimmen hat 3 Kastenbälge zu 40 Kubikfuß Inhalt.

Obwohl ein einziger großer Horizontalbalg für eine Orgel bis zu 20 Stimmen genügen kann, so sind zwei doch für den Fall besser, daß der eine durch irgend einen Schaden, wenn auch nur vorübergehend, unbrauchbar werden sollte. Auch ist der Wind bei zweien gleicher als bei einem, weil beim Füllen der Wind durch jeden Zug des Schöpfers etwas verstärkt wird (die Ausgleichung muß ja doch jedes einzelne Mal von frischem wieder stattfinden; das Füllen ist ein fortwährendes Ausgleichen zwischen verschieden dichten Luftmassen, also ein fortwährendes Bewegen und Verändern der Luftstärke). Die Platten der Parallelbälge können wie die der Diagonalbälge doppelt so lang als breit sein; doch ist die Annäherung an die Quadratform vorteilhafter. Man hat sie von 14—16′ in der Länge und halb soviel, aber auch darüber oder darunter in der Breite. Wenn sie kleiner, etwa 8′ und 6′ breit sein sollen, sind Kastenbälge vorzuziehen (Töpfer II. 1006).

In neueren großen Orgeln findet man auch Bälge verschiedener Art bei einander, Diagonal-, Kasten- und Magazinbälge. Die Orgel im Ulmer Dom (Walcker) hat 12 Kastenbälge und 2 große Reservoirs mit Schöpfern. Das Gebläse der Orgel zu St. Sulpice (Cavaillé-Coll) besteht aus 1) 4 großen Reservoirs mit zusammen 15,000 Liter Luftgehalt für Grand orgue, Grand choeur und die Pedale; 2) 2 anderen großen Reservoirs für Récit, Positif und Bombarde; 3) einem Balg mit sehr starkem Wind für die pneumatische Maschine der Klaviaturen und für die pneumatischen Motoren mit 5000 Liter. Sie werden gefüllt durch 5 machines soufflantes (Schöpfbälge) mit 5 Kalkanten und können in einer Sekunde 500 Liter komprimierte Luft liefern. Eine einzige 32′ Pfeife absorbiert in einer Sekunde 70 Liter Luft und ein einziger Akkord kann in einer Sekunde bis 1000 Liter brauchen. Aus den genannten Réservoirs alimentaires geht die Luft in die Réservoirs régulateurs, welche dem Winde je nach seiner Bestimmung verschiedene Dichtigkeit geben.

Bis Ende vorigen Jahrhunderts waren nur Faltenbälge in Keilform in den Orgeln zu finden und zwar in Frankreich solche mit mehreren, gewöhnlich 4 Falten, in Deutschland nur mit einer (Spannbälge). Der Spannbalg ist eine Erfindung von Lobinger in Nürnberg (1570), oder, wie andere meinen, von Hennings in Hildesheim (17. Jahrh.). Vorher scheint man sich nur der gewöhnlichen Schmiedebälge bedient zu haben. In England und Frankreich baut man seit Anfang dieses Jahrhunderts nur noch die von Samuel Green erfundenen Magazinbälge mit Schöpfer, die aber in Deutschland erst in den letzten Jahrzehnten Eingang gefunden haben und neben den Kastenbälgen und Diagonalbälgen gebaut werden. Es ist aber anzunehmen, daß die Diagonalbälge in Zukunft nur noch als Schöpfer werden gebaut werden.

Der Ort, den die Bälge einzunehmen haben, richtet sich zunächst nach der Räumlichkeit; es ist jedoch ratsam, sie nicht zu entfernt von den Pfeifen zu legen, weil lange Kanäle aus verschiedenen Gründen nachteilig sind. Finden sie keinen Raum in der Orgel selbst, sondern müssen in ein anstoßendes Gemach (Balghaus, Balgkammer), in den Turm oder auf den Boden gelegt werden, so ist darauf zu sehen, daß sie weder der Feuchtigkeit noch großer Hitze ausgesetzt sind, weil beides ihnen sehr schadet. Auch läßt man sie wohl durch eiserne Thüren von der Orgel trennen, damit bei etwaiger Feuersgefahr bei dem einen wenigstens der andere Teil verschont werde. Zur Erleichterung notwendiger Reparaturen ist es zweckmäßig, sie nicht zu enge, sondern möglichst frei zu legen, damit man bequem an sie herankommen kann. Sie können sowohl neben als übereinander liegen, im letzteren Falle können zwei Diagonalbälge mit Stricken derart verbunden werden, daß sie gleichzeitig der nämliche Kalkant aufzieht.

Das starke und unbewegliche Holzwerk, auf und an welchem die Bälge befestigt sind, nennt man **Balggerüst, Balglager, Balgstuhl.**

40. Wie sind die Kanäle beschaffen?

Die Kanäle, Windkanäle, sind viereckige, hölzerne Röhren, welche den in den Bälgen erzeugten Wind aufnehmen und zunächst nach den Windkästen führen. Man unterscheidet **Haupt- und Nebenkanäle**; der Wind tritt aus den Bälgen durch die Kröpfe zuerst in die Hauptkanäle und wird von diesen an die Nebenkanäle verteilt.

Diese Kröpfe sind geknickte hölzerne Röhren, meist ganz kurze, deren eines offenes Ende in den Hauptkanal mündet, während das andere auf das **Mundloch**, eine Öffnung in der Unterplatte des Balges, möglichst entfernt vom Fangventil, aufgesetzt ist. Liegt der Hauptkanal unter den Bälgen parallel mit der Unterplatte, so sind die Kröpfe nicht geknickt und heißen dann besser **Hälse oder Windbüchsen**. Da jede Orgel mindestens zwei Keilbälge haben muß, so führen auch nach jedem Hauptkanal mindestens zwei Kröpfe; doch giebt man wohl auch demselben Balge zwei Kröpfe, wodurch deren Zahl also größer wird. Es ist das darum ganz praktisch, daß im Falle ein Kropfventil seine Dienste versagen sollte, das andere sie leisten wird. Das Kropfventil ist eine nach dem Kanale zu bewegliche Klappe auf dem Mundloch, welche durch den im Balge befindlichen Wind geöffnet wird und so zwischen Balg und Kanal Windgleichheit herstellt. Ist der Balg ausgelaufen und wird frisch aufgezogen, so drückt der im Kanal befindliche Wind das Ventil zu, so daß der Balg nicht den Wind aus dem Kanale zurücksaugen kann.

Der Kropf darf nicht enger sein als der Hauptkanal, weil sonst leicht der Ton bei vollgriffigen Akkorden schwindsüchtig und schluchzend wird.

Der Hauptkanal liegt dicht an den Bälgen, welche ihn speisen (die natürlich einerlei Windstärke haben), und sie alle liefern zunächst ihren Wind an ihn ab, jedoch nicht gleichzeitig, sondern einer nach dem andern, weil, sobald ein Balg angefangen hat, den Hauptkanal zu füllen, dieser auf die Kropfventile der übrigen Bälge sofort seinen Druck ausübt und sie so lange zuhält, bis der windgebende Balg abgelaufen ist, worauf das Kropfventil eines anderen (des zu zweit aufgezogenen) Balges sich öffnet u. s. w. Geschieht hiervon eine Abweichung, so ist etwas nicht in Ordnung.

An den Hauptkanal resp. die Hauptkanäle sind die Nebenkanäle angesetzt, deren so viele sein müssen, als die Orgel Windkästen hat, da jedem Windkasten sein Windbedarf durch einen Nebenkanal zugeführt wird. Soll einer der Windkästen schwächeren Wind bekommen als die anderen oder besonders starken, so wird sein Nebenkanal durch einen kleinen Regulierbalg, Regulator, unterbrochen (S. 72).

Horizontalbälge mit Schöpfern bedürfen weder der Kröpfe und Kropfventile noch der Hauptkanäle, vielmehr sind die Kanäle, welche nach den verschiedenen Windkästen führen, direkt an einer der vier Seitenwände des Hauptbalges angesetzt. Die Gefahr der Rückkehr des Windes aus dem Hauptbalg in die Schöpfbälge ist ja nicht vorhanden, da das Fangventil des Hauptbalges sich beim Aufziehen des Schöpfers jedesmal schließt.

Die Weite der Kanäle hängt von der Zahl und Größe der Stimmen ab, denen sie Wind zuführen; man hat sie von nur 10 cm, aber auch von 40—50 cm. Es ist vor allem darauf zu sehen, daß sie nicht zu eng sind, weil sonst beim Spiel mit vollem Werk der Ton leicht schwächlich wird; zu weite Kanäle schaden nichts (Töpfer, „Die Orgel" S. 39), sind aber natürlich eine unnütze Material- und Raumverschwendung. Die Idee, sie nach dem Windkasten zu zu verengen, ist wertlos (die Berechnung der erforderlichen Weite siehe bei Töpfer I. § 880 ff.) Je kürzer die Kanäle sind, desto besser ist es, weil bei langen Kanälen der Unterschied zwischen starkem und geringem Windverbrauch sich unangenehm bemerklich macht und ein Schwanken und Stoßen des Orgeltones veranlaßt, worunter die präzise Ansprache der Pfeifen leidet. Gestattet aber die Lokalität keine kurzen Kanäle, indem die Arbeitsbälge etwas weit vom Werke abgelegt werden müssen, so kann man Magazinbälge in Horizontalform, welche durch die entfernt liegenden Arbeitsbälge gefüllt werden, in die Nähe der Windkästen auf den Kanal legen und sie mit den Windkästen durch kürzere Kanäle verbinden.

Daß man in älteren Orgeln vielfach zu enge Kanäle antrifft, mag weniger an einer mangelhaften Berechnung ihrer Erbauer, als an dem Umstande liegen, daß das frühere Orgelspiel ungleich dünner und einfacher war als das heutige, so daß in der Regel nur drei oder vier Tasten zugleich angeschlagen wurden und Akkorde mit mehrfach verdoppelten Intervallen nicht leicht oder nur selten vorkamen. So fehlt es denn solchen älteren Orgeln in der That an hinreichendem Wind, wenn sie auf moderne Art gespielt werden.

Obwohl die Cylinderform die zweckmäßigste Form für die Kanäle wäre, weil sie die Luft am wenigsten hindern würde, so kommt doch aus praktischen Gründen nur die quadrate (prismatische mit quadratischem Querdurchschnitt) und längsvierecking (mit rechteckigem Querdurchschnitt) zur Anwendung. Denn einmal liefern die viereckigen Kanäle mehr Wind als die gerundeten des umschlossenen Kreises oder der umschlossenen Ellipse, es wird also Raum gespart, und zweitens ist Herstellung aus Holz, welche für Röhren nicht wohl anginge, erheblich billiger.

Da die Kanäle nicht immer in gerader Linie fortgeführt werden können, so sind Winkelbiegungen unvermeidlich, doch dürfen diese niemals spitz, sondern nur stumpf, höchstens rechtwinklig sein und selbst letztere werden noch durch Abflachung des Winkels (Abkantung der Ecken) verbessert. Die Innenwände der Kanäle werden mit Leim oder Bolus ausgegossen, damit die Fugen winddicht werden.

41. Was für eine Einrichtung ist das Sperrventil?

In größeren Orgeln hat gewöhnlich jeder Kanal ein Sperrventil (Stoßventil, Epistomium), das den Zweck hat, das mitunter eintretende plötzliche Heulen (Fortklingen einzelner Töne) zu beseitigen. Ein solches Sperrventil besteht aus einer im Kanal angebrachten und ihn dem Winde völlig verschließenden Klappe, welche durch einen besonderen Registerzug geöffnet oder geschlossen werden kann. Da dieselbe sich nach der Seite hin öffnet, von welcher der Wind herkommt, so ist das Anziehen des Registers schwer, wenn bereits Wind im Kanal ist und muß deshalb mit Vorsicht geschehen, womöglich bevor gespielt wird. Jenachdem das Ventil entweder alle Kanäle zusammen oder nur einen bestimmten verschließt, heißt es Hauptsperrventil, Hauptmanualsperrventil, Nebenmanualsperrventil, Pedalsperrventil. Die Sperrventile kommen schon zu Ende des 16. Jahrhunderts vor, wie aus Prätorius (Synt. mus. II. 202) zu ersehen ist. Hat eine Klaviatur mehrere Windladen, so hat sie auch mehrere Nebenkanäle und erfordert dafür mehrere Sperrventile. In großen Orgeln hat das Pedal fast immer 2 Sperrventile, eins für die Labial- und eins für die Zungenstimmen. Das Pedal der Elisabethkirche zu Breslau hat 4 Sperrventile, 2 für die Lippenpfeifen und 2 für die Zungenpfeifen. Doch giebt es auch viele größere von renommierten Orgelbauern angefertigte Orgeln ganz ohne Sperrventile, z. B. im Dom zu Breslau (42 St.), Garnisonkirche zu Berlin (51 St.), Stiftkirche zu Stuttgart (69 St.), Hofkapelle zu Dresden (47 St.) u. a. m.

42. Was versteht man unter dem Tremulanten?

Eine in einem oder zwei Nebenkanälen vorkommende Einrichtung, mittels deren dem Orgeltone eine bebende Bewegung mitgeteilt wird.

Sie besteht aus einem beflederten Ventil, auf welches eine mit einem Bleigewicht versehene Feder drückt. Beim Anziehen des Registers legt sich das Ventil quer in der Kanalöffnung, wird aber vom Winde aufgestoßen und durch das Bleigewicht in eine schwankende Bewegung versetzt, welche sich dem Winde und damit dem Orgeltone mitteilt. Häufig besteht auch der Tremulant aus zwei Ventilen, die einander gegenüberliegen; in letzterem Falle heißt der Tremulant der starke, während die erstbeschriebene Art der schwache, auch Schwebung, Bebung heißt. Manche Orgeln haben beide, ja sogar drei (Ev. Hauptkirche zu Erfurt). Ehemals waren sie beliebter als jetzt und die Meinungen über ihren Wert sind sehr geteilt; während manche sie für eine unwürdige Spielerei halten, sehen andere darin ein Hilfsmittel, dem Orgeltone zu Zeiten seine starke Gleichmäßigkeit zu nehmen. Nachteilig sind sie darum, weil sich die zitternde Bewegung der ganzen Orgel, selbst zurück bis zu den Bälgen mitteilt. Doch ist dieser Nachteil insofern nicht bedenklich, als der Tremulant nicht häufig gebraucht wird, wenigstens nicht häufiger gebraucht werden sollte. Über neuere verbesserte Konstruktionen des Tremulanten siehe Schlimbach 175 und Töpfer I. § 356. In Frankreich kannte man den Tremulanten früher gar nicht und ist er erst in neuester Zeit durch Cavaillé-Coll zuerst zu St. Madeleine in Paris eingeführt worden.

Hat der Kanal, in welchem der Tremulant liegt, auch einen Regulator, so gehört der Tremulant vor den Regulator, d. h. näher dem Windkasten, damit nicht der Regulator seine Wirkung aufhebt.

Damit am Tremulanten wie am Sperrventil kleine Reparaturen leicht gemacht werden können, wird über ihnen ein Stück aus dem Kanal ausgeschnitten und aufgeschraubt, damit es leicht abgenommen werden kann.

43. Was versteht man unter Windkasten und Windladen?

Jeder Kanal, der sich nicht wieder teilt, mündet schließlich in einen größeren hölzernen Kasten, den Windkasten, den er mit Wind anfüllt. Die Bauart, sowie die Aufstellung der Windkasten ist verschieden, jenachdem die Windladen beschaffen sind, d. h. jenachdem dieselben Schleifladen der früher allein beliebten Art oder Kegelladen der verbesserten neueren Konstruktion sind.

44. Worin besteht das Wesen der Schleifladen?

Man denke sich einen starken hölzernen Rahmen, welcher durch querdurchschossene Brettchen (Schiede, Kanzellenschiede) in so viel Abteilungen verschiedener Größe (Kanzellen, Kammern) geteilt ist, als Tasten zu der Windlade gehören. Gewöhnlich ist dies eine ganze Klaviatur mit allen oder einem Teil ihrer Stimmen; bei großen Orgeln gehören in der Regel mehrere, zwei bis drei Windladen zu einer Klaviatur, und zwar werden dann gewöhnlich die Pfeifen einer Stimme so geteilt, daß die tieferen der einen, die höheren der andern Windlade zufallen, oder aber es erhält eine einzelne oder mehrere ganze Stimmen ihre besondere Windlade (z. B. Posaune). Die verschiedenen Windkästen erhalten dann ver-

80　　　　　　　　IV. Das Gebläse.

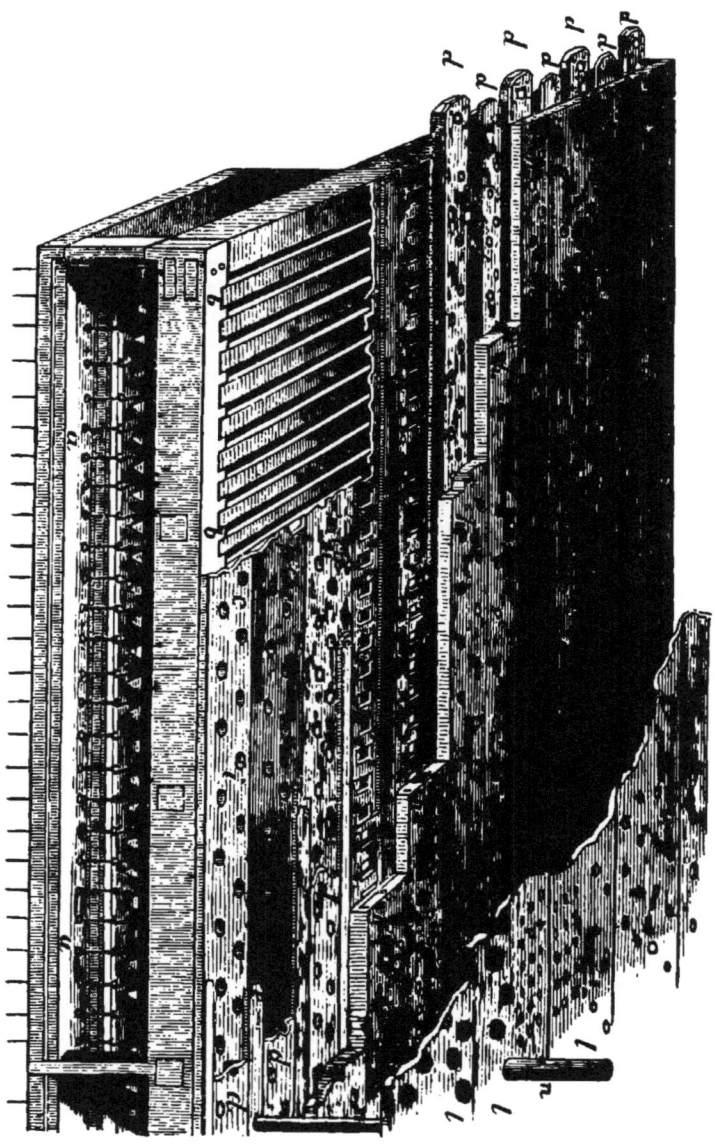

Schleiflade, darunter (a), der Windkasten mit den Spielventilen; b: Kanzellenschiede, c: Fundamentalbrett, d: Schleifen, e: Dämme, h: Pfeifenstöcke, l: Pfeifen-
bretter, m: Stütze.

schieden starken Wind zugeführt, je nachdem ihn die anzublasenden
Pfeifen erfordern. Die Kanzellen sind nach unten teilweise ver=
spundet, der freigelassene Teil wird durch die Spielventile bedeckt
(Hauptventile, Paraglossen), kleine Klötzchen, die dreikantig pris=
matische Form haben. Die Größe dieser Klötzchen variiert je nach
der Größe der zu bedeckenden Öffnung, welche vom Windbedarf der
Kanzelle, d. h. der Größe der darauf stehenden Pfeifen abhängt.
Jedes Spielventil ist am hinteren Ende mit einem Stück Leder an
der Verspundung der Kanzelle, die gleichzeitig einen Teil der Decke
des darunter liegenden Windkastens bildet, befestigt oder bewegt sich
an einem Stifte, der es durchbohrt und einigen Spielraum hat,
und wird außerdem durch eine Feder, deren Enden in kleinen aus=
gebrannten Löchern stehen, auf der Öffnung festgehalten. Zwei
Stifte, die beiden Leitstifte, zu beiden Seiten des Klötzchens,
bewirken, daß es sich nicht seitlich, sondern nur abwärts bewegen
kann; oder aber es geht durch die Spitze des Ventils ein Leitstift.
Zum Abziehen des Ventils von der Kanzellenöffnung dient der
Pulpetendraht (Ziehdraht), der rückwärts mit der Mechanik bis
zur Taste in Verbindung steht. Der Pulpetendraht hat eine Öse;
eine ebensolche Drahtöse ist in das Ventil, der befestigten Seite
gegenüber, eingeschroben und beide Ösen verbindet das sogenannte S.
Die Ventile müssen auf den Öffnungen winddicht schließen und
dürfen beim Zurückfallen nicht klappen, zu welchem Ende sie auf der
oberen Fläche doppelt oder dreifach beledert sind. Sie werden aus
gerade gewachsenem Tannenholz gefertigt und müssen länger und
breiter sein als die von ihnen bedeckten Öffnungen. Zum Andrücken
des Ventils an die Öffnung trägt außer der Feder auch die ver=
dichtete Luft im Windkasten bei. Die am bequemsten erreichbare
(vordere) Seite des Windkastens ist mit stark belederten Verspun=
dungen (querlaufenden Brettchen) versehen, die man beliebig heraus=
nehmen und wieder einsetzen kann und die entweder durch Vorsteher
festgehalten werden oder festgeschraubt sind. Es geschieht dies, um
nötigenfalls an den Ventilen kleine Reparaturen schnell machen zu
können. Im Boden des Windkastens sind kesselförmige Löcher ein=
gebrannt, durch welche die Zugdrähte hindurchgehen; zum besseren
Verschluß sind kleine Ledersäckchen (die Pulpeten) darüber mit
einem Holzring aufgeleimt; in neuerer Zeit läßt man jedoch lieber
den Ziehdraht durch durchbohrte Messingplättchen gehen, welche Ein=
richtung bei ganz unerheblichem Windverlust dauerhafter ist.

Die verschiedene Größe der Kanzellen wird berechnet nach der
Größe und Anzahl der Pfeifen, die darauf stehen, d. h. nach dem
Raume und dem Winde, den sie nötig haben. Die größten Pfeifen
stehen auf den größten Kanzellen und die kleinsten auf den kleinsten.
Eine Manualkanzelle hat in der Regel nicht mehr als 2—3 cm
Breite, da aber diese Größe nicht immer hinreicht, sehr großen Pfeifen
die nötige Quantität Wind zu geben, so werden für eine Pfeife und
Taste wohl auch zwei kleinere Kanzellen nebst Ventilen 2c. statt einer
großen genommen, die dann Doppelkanzelle, Doppelventil

heißen. Alle Kanzellen einer Windlade haben gleiche Länge, und ebenso haben alle Spielventile resp. die durch sie bedeckten Öffnungen gleiche Länge, aber bei allen dreien ist die Breite variabel, welche letztere nach dem Windbedarf der Kanzelle berechnet wird. Damit aber die Kanzellen nicht zu breit oder die Kanzellenschiebe zu dick zu sein brauchen (was bei dem Raumerfordernis der größten Pfeifen notwendig der Fall sein müßte), so werden bisweilen auch **blinde Kanzellen** gemacht, d. h. Kanzellen ohne Öffnungen und Ventile, die bloß den Zweck haben, den überflüssigen Raum in der Windlade auszufüllen.

Es ist von großer Wichtigkeit, daß nicht Wind aus einer Kanzelle in die andere bringt und die auf letzterer stehenden Pfeifen mit anbläst. Zu dem Ende ist jede Kanzelle ringsherum mit heißem Leim ausgegossen, wodurch die etwaigen kleinen Öffnungen verstopft werden. In die obere Verspundung der Kanzellen resp. das über sämtliche Kanzellen gelegte sogenannte **Fundamentalbrett** oder **Sieb**, sind so viele Löcher gebohrt, als Pfeifen zur ganzen Windlade gehören. Dieselben sind so geordnet, daß sie möglichst stimmenweise in einer Reihe liegen, damit die gleich zu besprechenden **Schleifen** nicht zu breit zu sein brauchen; höchstens liegen sie in einem kleinen Zickzack.

Quer über die Kanzellen der Windlade liegen bewegliche Leisten, die **Schleifen** oder **Parallelen**, etwa 1 cm dick und 6—8 cm breit und einige Zoll länger als die Windlade. Auch sie sind mit Löchern versehen, derart, daß diese sich mit den Löchern der Kanzellenspünde resp. des Fundamentalbretts, über denen sie liegen, genau decken und so dem Winde den Ausfluß aus den Kanzellen gestatten. Dabei lassen sie sich aber so weit verschieben, daß Spund- und Schleifenlöcher nicht mehr übereinander stehen, vielmehr über den Löchern der Spünde nicht durchbohrte Stellen der Schleife zu liegen kommen, so daß dem Winde der Austritt aus den Kanzellen verwehrt ist. Die Schleifen stehen mit den Registerzügen in Verbindung, und so werden durch Anziehen oder Abstoßen der letzteren die Schleifen derart verschoben, daß die Löcher geöffnet oder verschlossen werden. Jede Schleife öffnet oder verschließt die zu einer Stimme gehörigen Pfeifen dem Winde.

Dicht über den Schleifen liegen nämlich die **Pfeifenstöcke** oder **Windstöcke**, viereckige Holzstücke von Eichenholz, die von oben nach unten derart durchbohrt sind, daß die Ausmündungen der Bohrungen genau über den Spundlöchern stehen; die Pfeifenstöcke ruhen auf den sogenannten **Dämmen**, schmalen Leisten, die zwischen den Schleifen aufgeleimt und überdies noch mit eisernen, zuvor mit Talg bestrichenen Schrauben oder auch mit Ledernägeln befestigt sind (ein Ledernagel unterscheidet sich von einem gewöhnlichen Nagel dadurch, daß die untere Seite seines Kopfes mit sogenanntem Pfundleder gefüttert ist, was den Vorteil hat, daß er öfter ohne Schaden herausgezogen werden kann). Das Aufschrauben ist jedoch vorzuziehen. Die Pfeifenstöcke reichen gewöhnlich nicht über die ganze Windlade, sondern sind in mehrere (4—6) Stücke geteilt, damit, wenn etwas an oder unter denselben fehlerhaft wird, man nicht sämtliche Pfeifen der betreffenden Stimmen, sondern nur einen Teil derselben wegzunehmen braucht.

Die Löcher in den Pfeifenstöcken sind kesselförmig ausgebrannt und in diesen sogenannten Pfeifenkesseln stehen die Pfeifen. Steht über einem Spundloch nur eine Pfeife im Pfeifenstock, wie dies bei allen einfachen Stimmen der Fall ist, so hat der Pfeifenstock auch nur einen Kessel darüber; gehören aber zu einer Taste mehrere Pfeifen desselben Registers (wie das bei den doppelten und gemischten Stimmen der Fall ist), so hat zwar der Pfeifenstock über dem Spundloch auch nur eine Öffnung, oben aber so viele Kessel als Pfeifen kombiniert sind, und, damit diese dem Winde zugänglich werden, in der Mitte eine Höhlung oder Rinne, den sogenannten Laufgraben, in welchen die sämtlichen Löcher einmünden. Natürlich muß sowohl das Spundloch als das Schleifenloch und endlich die untere Bohrung im Pfeifenstock weit genug sein, um eine Verteilung des zugeführten Windes auf 2, 3, 4, 5 und noch mehr oft nicht eben kleine Pfeifen zuzulassen. Da die Pfeifen der gemischten Stimmen, welche zu einer Taste gehören, meist von erheblich verschiedener Größe sind, so werden die vom Laufgraben nach den Kesseln geführten Bohrungen verschiedene Weite haben müssen.

Die Zungenpfeifen stehen in Deutschland gewöhnlich nicht unmittelbar im Loch des Pfeifenstocks, sondern dieses ist mit einem hölzernen Kästchen, dem Stiefel, umgeben, das oben eine runde Öffnung hat, in welche das Mundstück eingesetzt wird. Ist aber das Mundstück, wie in Frankreich und England üblich, mit einem metallenen, unten offenen Cylinder umschlossen, so steht dieser gleich dem Fuß der Labialpfeifen unmittelbar im Kessel.

Windkasten, Windlade, Schleifen, Dämme, Pfeifenstöcke, sowie die Stiefel der Zungenpfeifen müssen von bestem, völlig trockenem und astfreiem Eichenholz gearbeitet werden; zu den Schieden kann auch Kiefernholz dienen.

Den Namen Schleiflade hat die so eingerichtete Windlade von den Schleifen, welche die Pfeifen stimmenweise dem aus den Kanzellen strömenden Winde zugänglich machen oder verschließen.

45. Wie ist die Kegellade konstruiert?

Dieselbe ist eine Verbesserung der früher üblichen Springlade. Was zuerst in aller Kürze diese betrifft (Töpfer II. 972), so hat dieselbe auch wie die Schleiflade Kanzellen und Spielventile, welche dem Winde den Eintritt aus dem darunter liegenden Windkasten in die Kanzellen gestatten. Jede Kanzelle resp. jedes Spielventil entspricht einer Taste der zugehörigen Klaviatur. Abweichend ist nur die weitere Zulassung des in die Kanzellen tretenden Windes zu resp. die Abschließung von den Pfeifen der verschiedenen Register. Die alte Springlade hat nämlich keine Kanzellenverspundungen, keine Schleifen und keine Spund- und Schleifenlöcher, vielmehr liegen die Pfeifenstöcke direkt auf den Kanzellen und bilden deren Verspundung. Jedes

6*

Loch aber, das durch den Pfeifenstock zum Pfeifenfuße gebohrt ist, hat seinen separaten Verschluß durch ein eigenes Ventil, das durch eine Feder angedrückt gehalten wird. Diese Ventile werden stimmenweise zusammen regiert durch den Registerzug; d. h. zieht man z. B. das Register Prinzipal 8' an, so werden dadurch sämtliche Ventile, welche die Pfeifenlöcher der zu Prinzipal 8' gehörigen Pfeifen verschließen, abgezogen, und der Wind kann nun zu den Pfeifen gelangen, deren Kanzellenventile durch die Tasten geöffnet werden. Über jeder Kanzelle der alten Springlade stehen also wie bei der Schleiflade alle die zu einer Taste gehörigen Pfeifen.

Anders ist es bei der neueren Springlade, die gewöhnlich Kegellade genannt wird, wegen der kegelförmigen Gestalt der Ventile. Bei der Kegellade liegt gewöhnlich der Windkasten nicht unterhalb, sondern oberhalb der Lade und jedenfalls nicht quer über

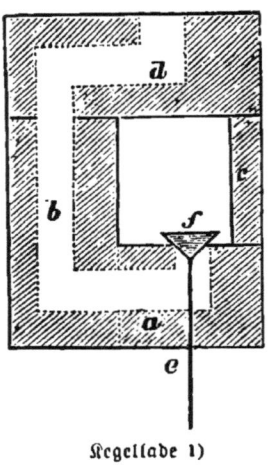

Kegellade 1)

entsprechend den Spielventilen und der Tastatur, sondern gerade aus, so daß die Pfeifen links und rechts von demselben verteilt stehen (vgl. Fig. 3 auf S. 85). Die Windlade ist zwar auch in Kanzellen geteilt, aber in Kanzellen ganz anderer Art, die man vielmehr kleine Windladen nennen muß (Fig. 2a). Eine Kanzelle der Kegellade entspricht nicht einer Taste der Klaviatur, hat nicht über sich die zu einer Taste gehörigen Pfeifen, sondern vielmehr sämtliche Pfeifen einer ganzen Stimme oder, sofern die Stimme auf zwei Laden verteilt ist, einer halben Stimme. Diese Kanzellen laufen also quer. Ihren Windbedarf erhalten sie aus dem darüber (quer) liegenden Windkasten durch ein Ventil, welches durch Anziehen des Registerzuges geöffnet resp. durch dessen Abstoßen geschlossen wird. Jede einzelne zu der Stimme gehörige Pfeife hat von dieser Kanzelle aus ihre besondere, durch ein Spielventil abgeschlossene Luftführung bis zur Pfeife. Diese Luftführung ist nicht so einfach wie bei den Schleifladen, sie besteht nicht aus einer einfachen geraden Bohrung nach oben durch den Pfeifenstock, sondern geht zunächst nach unten und um die Kanzelle herum durch die starke Schiede hinauf (vgl. Fig. 1).

Die Kanzellenschiede (b) sind also vom Pfeifenstock (d) aus zunächst senkrecht durchbohrt und dann nach der Verspundung (c) zu wagerecht, die Verspundungen zunächst anschließend daran wagerecht und dann ausmündend in die Kanzelle lotrecht nach oben.

Die Mündung dieser Bohrung in der Kanzelle ist durch das nach unten kegelförmig abgedrehte Spielventil f verschlossen, welches nicht wie bei der Schleiflade abgezogen, sondern emporgehoben wird.

Da wo die das Ventil hebenden Stifte (Stecher, e) durch den Wind=
ladenboden (a) gehen, sind entweder Pulpeten aufgeleimt oder
Messingplättchen aufgeschlagen. Die Stecher enden auf einem Win=
kelhaken (Fig. 2, d), der mit der übrigen Mechanik (e, f) bis zur

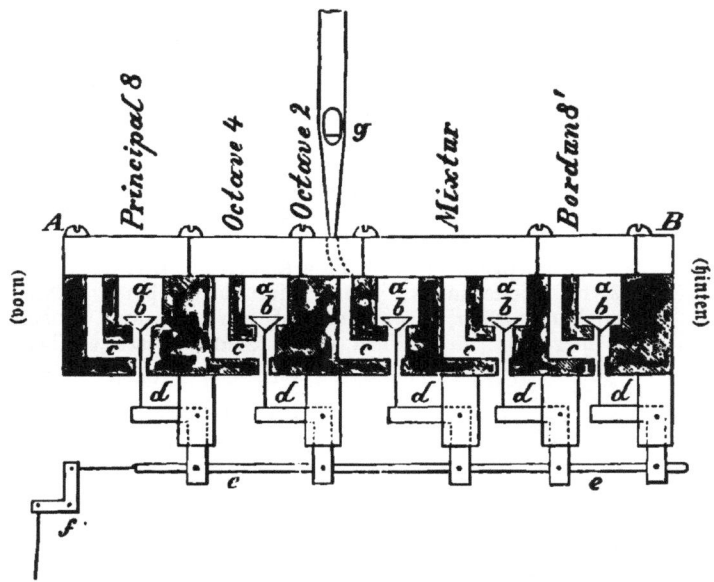

Kegellade 2) (Durchschnitt von vorn nach hinten)
a. Kanzellen, b. Spielventile, c. Windführungen.

Kegellade 3) (Frontdurchschnitt).

Tastatur zusammenhängt. Da nun die Kanzellen für die verschie=
denen Stimmen hintereinander liegen (vgl. Fig. 2), so werden
auch die für dieselbe Taste bestimmten Pfeifen hintereinander in
eine Linie gesetzt und so wird es möglich, die sämtlichen Winkel=
haken, welche die Spielventile der zusammengehörigen Töne regieren,
an einer gemeinsamen Verbindungsleiste (e) zu befestigen, welche

andererseits wieder durch einen Winkelhaken (f) mit der übrigen Mechanik in Verbindung tritt.

Es versteht sich, daß für die gemischten Stimmen nicht so viel Spielventile da sind als Pfeifen, sondern nur so viel als Chöre; es bleibt also auch hier die Einrichtung des Laufgrabens.

Die Kegellade in ihrer neuen, durch Walcker verbesserten Gestalt hat vor der Schleiflade entschiedene Vorzüge, da

1) das bei der Schleiflade fast unvermeidliche Verschleichen des Windes zwischen Schleifen und Pfeifenstöcken wegfällt;
2) ist das Durchstechen unmöglich, weil auch in dem Falle, daß Wind in eine Stimmkanzelle dränge, die nicht geöffnet sein soll, doch immer nur die Töne klingen könnten, welche für eine eben gespielte Taste bestimmt sind, da immer erst noch das Spielventil gehoben werden muß, ehe die Pfeife Wind erhalten kann;
3) ist das Anziehen und Abstoßen der Register viel leichter als bei Schleifladen; denn während es dort, wenn die Schleifen quellen, fast unmöglich werden kann, handelt es sich hier nur um Öffnen eines Ventils, welches beinahe ebenso leicht geschieht als das Öffnen eines Spielventils der Schleifladen;
4) lassen sich gerade darum sehr leicht Kollektivzüge anbringen, welche mehrere solche Registerventile zugleich öffnen;
5) richtet die Spielart sich nach der Anzahl der gezogenen Register, während sie bei Schleifladen immer gleich schwer ist. Denn bei letzteren liegt immer derselbe Druck auf dem Kanzellenventil, während bei der Kegellade nur auf den Spielventilen Winddruck lastet, deren Register gezogen sind;
6) die Ansprache der Pfeifen bleibt sich gleich, gleichviel wie viele Register man zieht, vorausgesetzt, daß der Windkasten und die Registerventile groß genug sind; bei der Schleiflade ist sehr häufig der Übelstand, daß bei vollem Werke die immerhin kleinen Kanzellen nicht genügend Wind für alle darauf stehenden Pfeifen zu liefern vermögen (Zamminer 252).

Die Kegellade ist in dieser Gestalt eine sehr geistreiche Kombination von Vorzügen der Schleiflade und Springlade, hat aber doch mit der letzteren eigentlich sehr wenig Ähnlichkeit; das einzig Gemeinsame ist eigentlich nur, daß die Windführung von der Kanzelle zur Pfeife durch ein besonderes Ventil verschlossen ist. Diese Ventile sind aber bei der Springlade stimmenweise, bei der Kegellade tastenweise zusammen zu öffnen; es ist also die alte Springlade vielmehr mit der Schleiflade in eine Kategorie zu stellen, von welcher sie sich nur dadurch unterscheidet, daß an Stelle der schwerfälligen Schleifen leicht zu regierende Winkelhakenzüge treten, welche ganz in derselben Weise durch Abziehen der Ventile die Pfeifen einer Stimme dem Winde zugänglich machen, wie die Schleifen durch ihre Seitwärts=

schiebung, welche Schleiflöcher und Spund- und Pfeifenstocklöcher über einander bringt. Die alte Springlade hat also ebenso wie die Schleiflade die Gefahr, daß eine nicht winddichte Kanzellenschiede benachbarte fremde Töne mitklingen läßt, eine Gefahr, die bei der Kegellade, wo die Schiede sehr dick sind und sein müssen, weil sie Bohrungen für die Windführung von der Registerkanzelle für die Pfeifen aufnehmen, selbstverständlich wegfällt. Damit nun aber nicht auch bei den Kegelladen fremde Töne mitklingen, wenn etwa ein Ventilkegel nicht fest in die Ventilöffnung zurückfällt, bringt man besonders bei den kleineren leichten Ventilen der höheren Töne unten an den Stechern kleine Bleikugeln an, welche das Ventil zurückziehen, sobald die Taste losgelassen wird.

So scheint es denn jetzt, daß die Kegellade die Schleiflade vollständig verdrängen wird; die meisten neueren Orgelbauer arbeiten nur noch Kegelladen, teilweise mit mehr oder minder starken Abweichungen (z. B. hängende Klappen statt der Kegelventile), die den Zweck haben, die Präzision der Ansprache wie des Verstummens der Pfeifen zu erhöhen. Dieselben knüpfen meist an die Idee des pneumatischen Hebels (s. 51) an, d. h. benutzen die Kraft des Windes selbst zum Öffnen und Schließen der Ventile.

Eine besondere Art von Windladen baute der in der zweiten Hälfte des 17. Jahrhunderts lebende berühmte Orgelbauer Eugenio Casparini zu Görlitz. Er machte nämlich weder Tasten- noch Stimmkanzellen, sondern führte den Wind durch besondere Kanälchen aus dem Windkasten direkt in die Pfeifen, wodurch der Wind, den die jedesmalige Füllung der ganzen Kanzellen erfordert, jedesmal gespart werden sollte. Die Spielventile gingen dann seitlich auf (vgl. Heinrich, Orgellehre S. 17). Unter anderm findet sich diese Einrichtung noch in der Orgel der Petrikirche zu Görlitz (erbaut 1691 bis 1697) und der Schloßorgel zu Sorau (Casparinis Geburtsort).

46. Wie werden die Pfeifen aufgestellt?

Damit die Pfeifen nicht umfallen, sich biegen oder brechen, stehen die kleineren in sogenannten Pfeifenbrettchen oder Pfeifenhaltern, dünnen, auf hölzernen Stäben ruhenden Bänkchen mit Löchern von verschiedener, dem Umfang der Pfeifen entsprechender Größe. Die großen Pfeifen werden am oberen Ende an besonderen Pfeifenlehnen an Stiften aufgehängt und zwar die metallenen mittels einer Öse oder eines Henkels, die hölzernen mittels hölzerner Klötzchen. Das Anleimen eines Lederstreifens an Pfeife und Pfeifenlehne nennt Seidel mit Recht eine Pfuscherei.

Der Zierde wegen wird ein Teil der Metallpfeifen, vornehmlich die großen und zwar meist Prinzipal 8', nicht auf der Windlade, sondern vorne im Prospekt aufgestellt. Diesen muß dann der Wind durch besondere Röhren von Metall, Blech oder Holz, die man Kondukten nennt, zugeführt werden, welche weiter sein müssen als die sonst entsprechenden Löcher im Pfeifenstocke, weil der Wind leicht durch die oft nicht unerhebliche Entfernung matt wird und einen schwächeren Ton erzeugt. Zungenpfeifen zu verführen (so nennt man diese Windleitung durch Kondukten resp. das Wegsetzen der Pfeifen vom Pfeifenstocke in den Prospekt) geht darum nicht wohl an, weil sie dann schwer oder gar nicht ansprechen, wenn sie nicht, durch einen besonderen Windkasten, besonders starken Wind bekommen.

Manchmal sind die Prospekt- oder Gesichtspfeifen auch **blind**, d. h. sie sind keine wirklichen, zum Tönen eingerichteten Pfeifen, sondern hölzerne oder blecherne Röhren, denen man Gestalt, Farbe und Glanz zinnerner Pfeifen giebt. Es geschieht dies meist aus ökonomischen, aber auch aus Zweckmäßigkeitsrücksichten, weil die Kondukten nicht nur eine kostspielige und Raum wegnehmende, sondern, wie gesagt, auch eine nicht unbedenkliche Einrichtung sind.

Manchmal stellt man auch Pfeifen und selbst ganze Stimmen, die viel Raum erfordern und darum auf der Windlade nicht gut Platz finden, auf gesonderte Pfeifenbänke, denen dann der Wind ebenfalls durch Kondukten zugeführt werden muß.

Die Windladen mit den Pfeifenstöcken müssen möglichst frei gelegt werden, damit der Klang der Pfeifen sich ungehindert entfalten kann. Die Größe der Windladen richtet sich natürlich nach der Zahl und Größe der darauf zu setzenden Pfeifen. Man hat sie von 9—11, aber auch bis 17 Fuß Länge (Hopkins § 1156). Schulze hat den Versuch gemacht, statt der horizontal gelegten schräge Windladen anzuwenden, auf welchen die Pfeifen terrassenförmig übereinander zu stehen kommen (Halle, Moritzkirche). Näheres bei Töpfer II. 956. Auch Adlung M. m. o. § 38 gedenkt schon einer terrassenförmigen Windlade in einer Görlitzer Orgel um 1768, ohne sie jedoch näher zu beschreiben.

Die stimmenweise Aufstellung der Pfeifen auf den Windladen kann auf dreierlei Weise stattfinden, nämlich

1) so, daß die größten Pfeifen in der Mitte stehen und die übrigen nach abnehmender Größe auf beiden Seiten, oder
2) so, daß die kleinsten in der Mitte stehen und die übrigen auf beiden Seiten nach zunehmender Größe folgen.
3) so, daß nur die unterste Oktave so geteilt wird, die übrigen Pfeifen aber in chromatischer Folge nebeneinander stehen (Töpfer I, Figur 324 des Atlas).

Man stellt nämlich besonders große Labialpfeifen, die nur einen Halbton in der Tonhöhe verschieden sind, nicht gern nebeneinander, weil die eine leicht die andere mit zur Ansprache bringt, natürlich infolge des Unterschiedes der Tonhöhe mit starken Schwebungen. Es verteilen sich also in den Fällen 1) und 2) die Pfeifen so, daß auf einer Seite die Pfeifen C, D, E, Fis, Gis, B, c ꝛc. auf der andern Cis, Dis, F, G, A, H, cis ꝛc. stehen. Wo die Windlade in zwei Teile geteilt ist, heißt dann die eine Hälfte die C-Lade, die andere die Cis-Lade. Welche von den drei beschriebenen Arten der Aufstellung ein Orgelbauer zu wählen hat, hängt meist von der Räumlichkeit ab, welche der einen oder der andern Art günstiger ist.

47. Welchen Weg hat nun im ganzen der Wind zurückzulegen vom Fangventil des Schöpfbalges bis in den Pfeifenfuß? Er strömt:
  a) aus dem Balg durch das Kropfventil in den Kropf;
  b) aus dem Kropf in den Hauptkanal;
  c) aus dem Hauptkanal in die Nebenkanäle.

NB. a—c gilt nur für Diagonal- und Kastenbälge; bei Magazinbälgen mit Schöpfern giebt es weder Kröpfe noch Hauptkanäle (wenn man nicht den Magazinbalg selbst als Hauptkanal ansehen will), sondern die Kanäle sind ohne Ventile direkt an den Hauptbalg aufsetzt.
  d) aus dem (Neben-) Kanal in den Windkasten.

Bei Schleifladen ist nun der weitere Weg:
  e) aus dem Windkasten durch das Spielventil in die Kanzelle.
  f) aus der Kanzelle durch die Spundlöcher, Schleiflöcher und Pfeifenstocklöcher in den Pfeifenfuß.

Bei der alten Springlade fallen die Spundlöcher und Schleifenlöcher weg und der Wind tritt direkt in die Pfeifenstocklöcher, sofern die Ventile von diesen stimmenweise abgezogen sind.

Bei der Kegellade endlich ist der Weg:
  e) aus dem Windkasten durch das Registerventil in die Registerkanzelle;
  f) aus der Registerkanzelle durch das Spielventil in die Windführung durch Windladenboden (Spund), Schiede und Pfeifenstock in den Pfeifenfuß (Stiefel der Zungenpfeifen).

Der weitere Prozeß des eigentlichen Anblasens wurde bereits bei Beschreibung der Struktur der Pfeifen erklärt.

V. Das Regierwerk.
(Registratur und Spielmechanik.)

48. **Was versteht man unter dem Regierwerk?**

Diejenigen Teile und Einrichtungen der Orgel, mittels deren man, solange für Windvorrat gesorgt ist, die Pfeifen sowohl einzeln als in Verbindung miteinander nach Belieben kann ertönen lassen. Man unterscheidet dabei: Die Registratur und die eigentliche Spielmechanik (Wellatur). Manche verstehen unter Regierwerk allein die Registratur. Dieselbe verschiebt durch die Registerzüge bei Schleifladen die Schleifen, sodaß sie entweder die Spundlöcher und Pfeifenstocklöcher gegen einander verschließen oder öffnen, letzteres, indem die Schleifenlöcher genau über die Spundlöcher resp. unter die Pfeifenstocklöcher treten; bei Springladen werden durch die Registerzüge ebenso auf einmal sämtliche, zu einer Stimme gehörigen Pfeifen dem Winde zugänglich gemacht, indem die Ventile von denselben abgezogen werden. Bei Kegelladen endlich öffnet der Registerzug das Registerventil und läßt den Wind in die Registerkanzelle. Es gehören daher zur Registratur auch die sogenannten Kollektivzüge, die bereits beschriebenen Einrichtungen, welche verschiedene Registerzüge verbinden, sowie einige Arten der Koppeln, besonders die Oktavkoppel. Der zweite unterschiedene Teil der Mechanik ist die Traktur, welche den Spieler in Stand setzt, die Spielventile zu öffnen, und zwar ist das erste Glied dieser Einrichtung die sogenannte Klaviatur, deren Tasten entweder mit den Fingern oder Füßen niedergedrückt werden, das letzte Glied aber das Spielventil. Die Spielventile verschließen, wie wir sahen, bei den Schleifladen und Springladen die Kanzellen, aus denen der Wind in die durch die Registerzüge geöffneten weiteren Windführungen tritt; bei den Kegelladen dagegen verschließen die Spielventile die letzten Windführungen selbst, während die Registerzüge dem Winde vorher den Weg bis zu den Spielventilen zu öffnen haben. Es ist daher im voraus zu erwarten, daß die Zwischenglieder beider Einrichtungen wesentliche Abweichungen aufweisen werden. Zur Traktur gehören auch die Arten von Koppeln, welche die für eine Klaviatur bestimmten Pfeifen auch durch die andere zur Ansprache zu bringen gestatten, d. h. die Manual= und Pedalkoppeln.

49. Aus was für Gliedern besteht die Registratur vom Knopf der Registerstange bis hin zum Windkasten?

Je nachdem Windkasten und Windlade gelegt sind, variiert die Zahl der Glieder erheblich. Bei Schleifladen werden die Schleifen durch Wippen (ein= oder doppelarmige Hebel) gefaßt und hin= oder hergezogen, bei Springladen sind Winkelhaken die letzten Glieder, welche untereinander durch eine Verbindungsleiste zusammenhängen, so daß sie gleichzeitig die Ventile von sämtlichen, zu einer Stimme gehörigen Pfeifen abziehen, und bei Kegelladen ist gleichfalls das letzte Glied ein Winkelhaken, der aber das Registerventil nicht abzieht, sondern emporhebt.

Wellen sind schwache kantig oder gerundet gearbeitete Leisten von Holz, an deren beiden Enden Drahtstifte eingesetzt sind, die sich in kleinen ausgebrannten oder auch mit festem Leder ausgefütterten Löchern im in kleinen Wellenrahmen eingeleimten quer durchbohrten Holzstückchen (Döckchen) um ihre Achse bewegen. Die Welle hat zwei Arme an verschiedenen Stellen, die im Winkel zu einander stehen, deren einer mit dem weiter rückwärts liegenden, der andere mit dem vorderen Teile der Mechanik in Verbindung steht; ihr Zweck ist ein ähnlicher wie der der Winkelhaken, nur sind die beiden Arme des Winkelhakens auseinander gerückt, so daß die Bewegung in gleicher Richtung aber seitlich oder nach oben oder unten verschoben fortgepflanzt wird. Die Wellen liegen in größerer Anzahl nebeneinander in Wellrahmen.

Manchmal findet man die Registerzüge nicht vor dem Spieler, sondern nach der Seite gehend angebracht, eine Einrichtung, welche gleichfalls die Mechanik verändern muß. Sitzt der Spieler an einem Spieltisch, so daß er der Orgel den Rücken dreht, so wird natürlich die Mechanik um einige Glieder verlängert, da sie unter dem Spieler weg nach der Orgel geführt werden muß.

50. **Was ist über die Spielmechanik besonders zu merken?**

Liegt dieselbe höher als die Tastatur, so nennt man sie Zug=wert (Traktur), liegt sie tiefer, so heißt sie Druckwerk.

Bei dem Zugwerk sind auf der Oberseite der Hinterenden der Tasten Messing=schrauben mit sogenannten Ledermütterchen (Schraubenmütterchen) angebracht, welche dazu dienen, die Tasten, wenn sie sich durch Witterungs=einflüsse gesenkt oder ge=hoben haben, wieder in ihre rechte Lage zu brin=gen, indem man diese Ledermütterchen nach rechts oder links um=dreht, je nachdem die Taste höher oder tiefer stehen soll. Damit verbunden sind die Lederstiefel=chen, in welchen die Ab=strakten (dünne, etwa 2 cm breite aber verschieden lange Brettchen (Fig. d) mittels einer Schlinge an=gehängt sind; diese stehen mit den Spielventilen in Verbindung und zie=hen sie von den Kan=

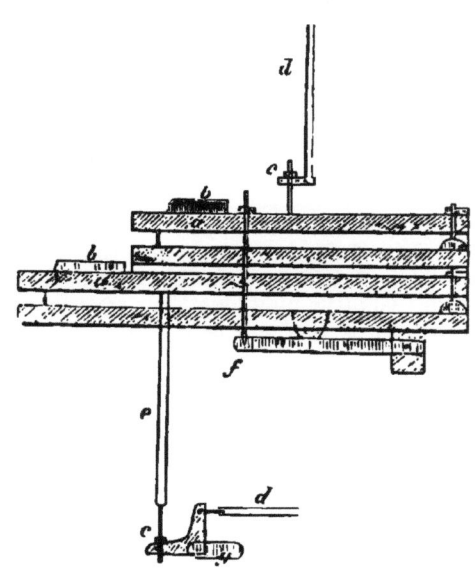

Untermanual Druckwerk, Obermanual Zugwerk, mit Koppel (f).

zellenöffnungen ab, sobald die betreffende Taste niedergedrückt wird. Weil aber die Windlade mit ihren Kanzellen breiter ist als die Klaviatur, so können die sämtlichen Abstrakten nicht unmittelbar in gerader Linie auf die Spielventile wirken, sondern sie müssen so ge=teilt werden, daß das eine Stück, welches von der Taste aufsteigt, mit dem andern, das am Ventile hängt, durch eine Welle verbunden ist. Die zu einer Windlade gehörigen Wellen sind an einem Brett (Wellenbrett) oder noch besser einem Rahmen (Wellenrahmen) befestigt. An den zwei in den vertikalen Linien der Taste und des Spielventils liegenden Stellen der Welle sind kleine Zapfen (Wellen=arme) angesetzt, an welchen die beiden Teile der Abstrakten mittels eiserner Häkchen von Eisen= oder Messingdraht eingehakt sind. Am obern Ende der zweiten (fortgesetzten) Abstrakte ist dieselbe durch einen Draht (Ziehdraht, Pulpetendraht) verlängert, welcher durch das Beutelbrett (so nennt man den Boden des Windkastens) hindurchgeht und in einer Öse am Ventil angehängt ist. Dieser Draht durchsticht nach seinem Eintritt in den Windkasten ein rundes ledernes Säckchen (Ledersäckchen, Pulpete), dessen ganze Peripherie auf dem Boden des Windkastens eingeleimt, oben aber mit einem metallenen Röhrchen versehen ist, durch welches zur Schonung des Säckchens der Draht hindurchgeht. Die Pulpeten haben den Zweck, zu verhüten, daß Wind durch das Loch im Beutelbrett verloren geht. In neuerer Zeit machen manche Orgelbauer gar keine Pulpeten mehr, sondern lassen den Draht durch ein über der Öffnung im Windkastenboden eingesetztes Messingplättchen gehen, in welchem die Öffnung so enge ist, daß der etwa noch mögliche Windverlust von keiner Bedeutung ist. Die Leichtigkeit des Spiels wird dadurch befördert, da die Pulpeten mehr oder minder Widerstand leisten und überdies auch leicht dem Zerreißen ausgesetzt sind. Wilke (Allg. M.-Ztg. 1843) spricht sich gegen die Messingplättchen für die Pulpeten aus. Dagegen erwähnt Hopkins der Pulpeten gar nicht und spricht nur von den Messingplättchen (S. 26).

Jede Taste hat sonach ihre eigene Welle nebst zwei Abstrakten. Sind letztere sehr lang, so läßt man sie durch Kämme oder Scheiden gehen, damit sie nicht schlottern; oder sie werden, wenn sie horizontal laufen, durch senkrecht herabhängende Drahtstäbe, die oben in einem Rahmen befestigt sind, in gerader Richtung erhalten.

Mitunter wird auch eine doppelte Wellatur angewendet, wenn nämlich die Wellen so lang werden müßten, daß sie sich werfen könnten; und ebenso sind bisweilen, namentlich wenn es an Raum fehlt, die Wellen auch von Eisen.

Schulze verwendet statt der Wellenbretter schräge Messingwinkel (Urania 1853. 130).

Liegt die Wellatur tiefer als die dazu gehörige Tastatur, mit andern Worten, ist es ein Druckwerk, so ist die Einrichtung im ganzen dieselbe, nur mit dem Unterschiede, daß statt der nach oben gehenden Abstrakten Stecher (Figur S. 91, e) nach unten gehen, auf deren oberen Enden die Taste ruht, so daß sie herabdrückt.

51. Worauf beruht die schwere oder leichte Spielart der Manuale?

Das Haupt- oder Spielventil wird, wie schon gesagt worden, bei den Schleifladen teils durch die unter ihm stehende Feder, teils durch den im Windkasten befindlichen Wind angedrückt und, wenn die betreffende Taste nicht niedergedrückt wird, daran festgehalten. Der Spieler hat demnach beim Niederdrücken der Taste einesteils die Kraft der Feder, andernteils den Druck des Windes zu überwinden und muß dadurch notwendig das Niederdrücken der Tasten erschwert werden. Je länger und breiter die Ventile und je stärker der Wind und die Federn, je mehr Ventile zugleich mit einer Taste (wie beim Gebrauch der Koppeln und bei Doppelventilen) aufzuziehen sind, um so viel muß verhältnismäßig die Erschwerung des Niederdrückens der Tasten zunehmen. Auch die Pulpeten und wenn der Pulpetendraht zu weit hinten an das Ventil gehängt ist, sowie ein zu tiefer Fall der Tasten tragen zu dieser Erschwerung bei. Der Tastenfall darf deshalb nur wenige Linien betragen.

Die Ventilfedern macht man nicht stärker, als zum Festhalten des Ventils an dem Bocke der Windlade gerade erforderlich ist. Statt durch Pulpeten läßt man, wie schon gemeldet, jetzt den Ziehdraht durch Messingdraht gehen, so daß also jenes Hindernis ganz wegfällt. Den größten Widerstand aber bewirkt der im Windkasten befindliche, von unten gegen das Ventil drückende Wind und zwar um so mehr, je stärker derselbe ist. Durch die dreieckige Form der Ventile wird zwar die Kraft des Windes einigermaßen geschwächt, bleibt aber noch immer sehr fühlbar, besonders wenn die Taste mehrere Ventile aufzuziehen hat. Diesem Übelstande abzuhelfen, haben denkende Orgelbauer allerlei ersonnen und versucht. So hat man eigens konstruierte Doppelventile angebracht, indem man nämlich in das an der Windlade liegende Ventil eine Öffnung gemacht und auf diese von unten ein zweites kleineres Ventil gelegt, welches leichter und schneller aufgeht und gleich so viel Wind einläßt, daß dadurch der Druck auf das größere Ventil vermindert und dessen Aufgehen erleichtert wird. Oder man hat am vorderen Ende des Ventils ein Stück in der Art abgeschnitten, daß der Schnitt sich nach unten erweitert, und dasselbe dann oben wieder mit Leder an das andere Stück angeleimt. Dieses kleinere Stück geht dann ebenfalls zuerst auf und thut die nämliche Wirkung, wie das vorher beschriebene kleine Ventil; dasselbe wird durch Gegenventile bewirkt, d. h. durch ein Ventil, welches hinter dem Hauptventile liegt. Ferner hat man statt der sich abwärts bewegenden Ventile Schieber (Schieberventile) gemacht, welche sich seitwärts bewegen und dadurch die Kraft des Windes unwirksam zu machen gesucht und ähnliches mehr.

Alle diese Mittel zur Erleichterung der Spielart waren aus einem oder dem andern Grunde noch immer mangelhaft. Sie alle wurden durch die von Barker erfundene und zuerst im Jahre 1841 an der großen Orgel zu St. Denis angebrachte **pneumatische Maschine** (den **pneumatischen Hebel**) überboten und überflüssig gemacht. Durch diese sinnreiche Erfindung wird Wind durch Wind überwunden. Das Wesentliche derselben besteht, mit wenig Worten zu sagen, in der großen Erleichterung für den Spieler, daß dieser nicht unmittelbar mittels Taste, Welle und Abstrakte das Hauptventil, sondern nur ein sehr kleines Ventil, welches in einem besonderen kleinen Windkasten liegt, aufzuziehen hat. Über der Öffnung, welche von diesem kleinen Ventile bedeckt wird, liegt ein schmaler, einen Fuß langer Balg, dessen Oberplatte mit der nach dem Hauptventil gehenden Abstrakte in Verbindung steht. Sobald nun das kleine Ventil mit dem Niederdruck der Taste aufgeht, wird die Oberplatte des kleinen Balges durch den eindringenden Wind in die Höhe geschnellt und zieht vermöge ihrer Verbindung mit dem Spielventil dieses von der Kanzellenöffnung ab. So lange die Taste niedergehalten wird, so lange wird auch die Oberplatte des kleinen Balges emporgehalten, wogegen andrerseits die Einrichtung getroffen ist, daß der Wind beim Loslassen der Taste ebenso rasch aus dem Balge wieder ausströmt, mithin die Oberplatte zurückfällt und das Hauptventil sich wieder schließt. Alle mit einer Taste in Verbindung gebrachten Spielventile werden immer nur durch einen kleinen Balg aufgezogen und es macht sonach für den Spieler keinen Unterschied, ob er nur auf ein oder auf eine beliebige Anzahl von Ventilen mit der Taste zu wirken hat. Die Windladen, auf denen die kleinen Bälge liegen, bekommen einen exakten Wind, der wohl doppelt so stark ist als der gewöhnliche Orgelwind.

Nicht identisch mit dem pneumatischen Hebel, aber doch schließlich dasselbe Ziel durch ähnliche Mittel erreichend ist die Röhrenpneumatik, welche ebenfalls das Öffnen sowohl der Spielventile als der Registerventile durch Luftdruck bewerkstelligt. Noch präziser wirkend, aber kostspieliger ist die in neuester Zeit aufgekommene, ebenfalls von Barker erfundene elektrische Mechanik, bei der das Niederdrücken der Tasten einen elektrischen Strom schließt und durch einen Elektromagneten das Spielventil öffnet. Letztere Einrichtungen sind aber vorläufig nur an einzelnen Orgeln zu finden; Störungen ihrer Funktionen entziehen sich noch mehr der Selbsthilfe des Organisten als solche der alten Mechanik.

VI. Die Instandhaltung der Orgel.

52. Worauf hat der Organist, als Konservator der ihm anvertrauten Orgel, zu achten?

Es ist begreiflich, daß ein so kompliziertes, aus so vielen Teilen und verschiedenen Stoffen zusammengesetztes Instrument allerlei Veränderungen unterworfen ist, die ihm nachteilig sind und seinem vollständigen Gebrauche hindernd entgegentreten. Keine Orgel der Welt, und wäre sie von dem denkbar besten Material und von dem geschicktesten Meister mit der gewissenhaftesten Sorgfalt erbaut, kann von solchen verderblichen Störungen ihres Mechanismus ganz frei bleiben; nur das Mehr oder Weniger giebt Zeugnis von dem Geschick und der Gewissenhaftigkeit ihres Verfertigers.

Sehen wir zuerst nach den Ursachen dieser nachteiligen Veränderungen, so finden wir dieselben

1) in dem Einfluß der Witterung auf viele Teile der Orgel, besonders die von Holz gefertigten. Die Feuchtigkeit dehnt das Holz aus, Trockenheit zieht es zusammen; die hölzernen Teile werden daher in jenem Falle größer, im andern aber kleiner, verlieren also in beiden Fällen ihre richtige Größe. Es muß sonach wohl darauf geachtet werden, daß die Orgel vor Feuchtigkeit soviel als thunlich und vor Sonnenstrahlen ganz und gar bewahrt werde.

2) Eine zweite Ursache von Störungen ist Unreinlichkeit und namentlich Staub. Dieser setzt sich in die kleinen Pfeifen und verstopft sie, daß sie schlecht oder gar nicht mehr ansprechen, er verengert die Kernspalte, setzt sich in die Rinne an die Seiten der Zunge der Zungenstimmen, alles zum Nachteil der Ansprache und des Tones. Diesen Übelständen möglichst zu begegnen, sehe man darauf, daß beim Reinigen der Kirche oder des Saales, in dem die Orgel steht, alle Fenster geöffnet werden, und daß dies nicht durch trockenes Kehren, sondern durch nasse Lappen, feuchten Sand oder Sägespähne geschieht und daß das Kehren in der Nähe der Orgel nicht in der Richtung nach dieser hin, sondern nach der entgegengesetzten Seite bewerkstelligt wird. Zur Entfernung des bereits eingesogenen Staubes dient es insbesondere, wenn der Organist öfters unter Anziehung sämtlicher Stimmen, Taste um Taste, eine Zeitlang mit öfters erneuertem Anschlage tönen läßt, wodurch der in die Pfeifen bringende Wind den dort vorhandenen Staub herausbläst. Unter allen Umständen muß eine Reinigung des ganzen Werkes durch den Orgelbauer alle 8—10 Jahre vorgenommen werden. Auch Spinneweben, Federn und Schmutz von Vögeln sind böse Feinde der Orgel; es ist z. B. auch gar nicht selten, daß Schwalben, Fledermäuse rc. tot in den Pfeifen gefunden werden. Durch Überziehen der offenen Pfeifen mit Gaze wird diesen Verunreinigungen vorgebeugt, ohne daß der Ton merklich darunter leidet. Von Zeit zu Zeit ist es nötig, besonders vor einer vorzunehmenden Durchstimmung zweckmäßig, an hellen trockenen Tagen die Orgel durch Öffnung der Fenster von der frischen Luft durchziehen zu lassen, damit kein Modergeruch in ihr einkehrt und nicht verderbliche Schwämme sich einnisten.

3) Einige Tiere können der Orgel ganz besonders verderblich werden. Dahin gehören a) Ratten und Mäuse, welche die Füße der metallenen Pfeifen zernagen, b) der Holzwurm, dessen Verheerungen sich nicht nur auf die hölzernen Pfeifen, sondern auch auf die Bälge, Kanäle, Windkasten, Windladen, Kondukten, das Gehäuse, kurz auf alle hölzernen Teile der Orgel erstrecken. Dieses Übel findet sich gewöhnlich dann ein, wenn das Holz nicht ganz trocken verarbeitet worden ist und wenn die Pfeifen nicht gehörig mit heißem Leim, Lack oder Firniß inwendig ausgestrichen sind. Zu vertreiben ist der Holzwurm nicht; so lange daher das Übel nicht allzusehr überhand genommen, sucht man

die Wurmlöcher mit starkem Papier zu überleimen oder mit Holzstiften auszufüllen. Ist die Zerstörung aber so weit gekommen, daß die Orgel teilweise unbrauchbar geworden, so bleibt nichts übrig, als die ergriffenen Teile sämtlich herauszunehmen und durch neue zu ersetzen, oder noch besser das ganze Holzwerk erneuern zu lassen. Es kann darum nicht genug darauf gedrungen werden, diesem Übel von Haus aus vorzubeugen und dies geschieht nur dadurch, daß das sämtliche zum Orgelbau verwendete Holz durchaus trocken, d. h. von Pflanzensaft völlig befreit ist, zu welchem Ende es mehrere Jahre im Freien und auch noch einige an einem geschützten trockenen und luftigen Orte gelegen haben muß. c) Die Motten sind dem Leder und noch mehr den Filz- und Tuchfütterungen sehr gefährlich. Man vertreibt sie mit Pfefferstaub oder mit einer Arseniklösung.

4) Auch der Spieler kann manche Teile der Orgel durch verkehrte und unvorsichtige Behandlung beschädigen und zu ihren Zwecken untauglich machen, sei es durch zu hartes Aufschlagen oder Auftreten auf die Tasten, sei es durch zu heftiges Ausziehen oder Abstoßen der Registerzüge. Durch jenes können die Spielventile sich auf die Stifte setzen, ihre Federn aus ihrer Lage kommen, Abstrakten und Windsäckchen beschädigt oder abgerissen werden; durch dieses kann leicht ein Wellenarm abgebrochen oder eine Schleife abgerissen werden.

53. Was versteht man unter dem sogenannten „Heulen" der Orgel?

Wenn ein Ton ohne Willen und Zuthun des Spielers unaufhörlich weiterklingt. Es kann dies sowohl nur bei einem als auch bei mehreren gezogenen Registern stattfinden und rührt allemal davon her, daß das Spielventil die Kanzellenöffnung nicht gehörig bedeckt, mithin der Wind ungehindert eindringen und die darauf stehenden Pfeifen anblasen kann. Dieser mehr oder minder mangelhafte Schluß des Spielventils kann aber wieder sehr verschiedene Ursachen haben, die aber immer an irgend einem Teil des Regierwerkes (Tasten, Abstrakten, Wellatur, Spielventil) zu suchen sind. Demnach kann a) etwas Fremdes (ein Stückchen Wachs oder Talg, ein Steinchen, Stückchen Kalk ꝛc.) zwischen zwei Tasten gekommen sein, wodurch sie sich klemmen und an der Rückbewegung gehindert sind, oder es kann eine Taste gequollen sein oder zu fest am oberen Vorsatzbrett anliegen, oder ihr Hebel hat sich geworfen. Ebenso kann es b) an der Abstrakte liegen, wenn diese sich entweder geworfen hat und dadurch zu kurz geworden ist oder wenn sie durch zu heftiges Schlagen der Tasten aus ihrem Einschnitt herausgeschnellt ist oder sich mit einer daneben liegenden anderen verwickelt hat, oder wenn sich ein paar Schlingen, die Abstrakte und Taste verbinden, übereinander gesetzt haben. Liegt es an der Welle, so kann sich c) eine Welle krumm gezogen oder ein Wellenstift verbogen haben. Liegt es am Spielventil, so kann sich d) dasselbe auf den Stift gesetzt haben, was immer ein Beweis von schlechter Mechanik ist und in guten Werken wohl nicht leicht mehr vorkommt, oder das Ventil kann sich geworfen haben oder klemmt sich zwischen seinen Leitstiften, oder seine Feder ist abgesprungen oder zu schwach, oder es hat sich etwas, vielleicht ein Sandkorn, auf das Ventil gesetzt, so daß es nicht genau anschließen kann, oder es hat sich von seinem Lederstreifen losgelöst oder endlich der durch den Windkasten gehende, Welle und Ventil verbindende Draht hat sich verbogen oder ist gerostet. Unter den Pedaltasten kann auch eine Feder weggesprungen sein. Hat das Manual oder Pedal, bei dessen Gebrauch das Heulen eintritt, ein **Sperrventil**, so darf man nur dieses abstoßen, um dem Heulen ein Ende zu machen. Fehlt es aber daran, so muß man alle Registerzüge der betreffenden Klaviatur abstoßen und sich derselben so lange enthalten, bis der Fehler verbessert ist; ein gewichtiger Grund, auch bei ganz kleinen Werken zwei Manuale zu disponieren.

54. **Wodurch entsteht das Überblasen (Überschlagen) einer Pfeife?**

Dieser Fehler kommt zumeist bei sehr eng mensurierten Stimmen vor und rührt daher, daß entweder a) das Oberlabium zuviel nach außen gebogen oder b) der Aufschnitt zu eng oder c) die Kernspalte zu weit ist. Bei gedeckten Pfeifen kann auch die Ursache sein, daß der Hut oder Deckel nicht gut schließt oder daß die Kernspalte teilweise verstopft ist, oder der Kern zu hoch liegt oder der Aufschnitt nicht hoch genug, oder daß die Pfeifenwände nicht dick genug sind, oder der Luftstrom am Labium nicht genug zusammen gehalten wird (Töpfer II. 651).

55. **Was versteht man unter dem sogenannten Durchstechen des Windes?**

Ein gedämpftes Mitklingen fremder Töne. Dies kann entstehen: a) wenn die Kanzellenschiede nicht völlig winddicht ist, so daß der Wind aus der einen vom Spieler geöffneten Kanzelle in die benachbarte ungeöffnete übergeht und die auf letzterer stehenden Pfeifen schwach anbläst. Dies ist nur bei Schleifladen, nicht aber bei Spring- und Kegelladen möglich. Oder b) es haben sich die Pfeifenstöcke von den Dämmen abgehoben, oder c) die Schleifen liegen nicht fest, in welchen beiden Fällen der Wind zwischendurchschleicht und in benachbarte Öffnungen eingeht. Oder d) es stehen zwei Pfeifen zu nahe beisammen und sind mit ihren Labien einander zugekehrt, so daß die eine die andere mit anbläst (letzterem Übel hilft man ab, indem man eine der beiden Pfeifen umdreht oder den Fuß verlängert). Alle diese Fehler sind meist Folgen nachlässiger Arbeit, können aber auch, mit Ausnahme der letzterwähnten, durch den Einfluß der Witterung entstehen.

56. **Was sind die Ursachen, wenn einzelne Pfeifen gar nicht ansprechen?**

Dem sind vorzugsweise die kleineren und kleinsten ausgesetzt. Die Ursache ist entweder a) Verstopfung der Kernlücke durch Staub, oder b) es ist etwas in den Aufsatz gefallen, oder c) der

Vorschlag hat sich losgelöst, oder d) die Pfeife ist aus dem Leim gegangen, oder e) der Stöpsel (bei gedeckten Pfeifen) ist eingedorrt und bis zum Aufschnitt herabgefallen. Bei Zungenpfeifen kann sich α) etwas Fremdes auf den Rand der Rinne gesetzt haben, wodurch die Zunge in ihrer Vibration gestört wird, oder β) der vordere Teil der Zunge ist zu viel oder zu wenig von der Rinne abgebogen, oder γ) der schwingende Teil der Zunge ist durch Herabsinken der Stimmkrücke so kurz geworden, daß das Schwingen unmöglich wird, oder δ) das die Zunge festhaltende Keilchen ist locker geworden oder hat sich losgelöst, oder die Pfeife resp. Rinne ist durch einen fremden, von oben hineingefallenen Körper verstopft. Auch schlechte oder zu langsame Ansprache rührt von Verstopfung der Kernspalte, ungleicher Lage des Kerns, Verstaubung ꝛc. her. Bei Zungenpfeifen ist in diesem Falle die Zunge zu weit von der Rinne abgebogen. Hört man mit der Ansprache einer Pfeife zugleich ein ungehöriges Nebengeräusch, ein Zischen, Klirren, Flattern, Tremulieren, so kann die Pfeife nicht fest genug in ihrem Stifte hängen, durch den Luftstrom hin und her bewegt werden und dies sich in dem Tone der Pfeifen als Zittern oder Beben kund geben. Weit häufiger aber ist daran irgend ein anderer mittönender Gegenstand schuld, eine lockere Thür, eine lose Fensterscheibe und dergleichen. Es kann dies nur durch Befestigung des flatternden Gegenstandes beseitigt werden.

57. Woher rührt ein fortwährendes Sausen, Zischen, Fauchen der Orgel?

Dasselbe deutet auf fehlerhaftes Entweichen des Windes an irgend einer zu seinem Aufenthalt bestimmten Stelle, wie namentlich aus den Bälgen, Kanälen, Windkasten und Windladen. Es kann entstehen durch schadhaft gewordene Belederungen der Bälge, Windsäckchen, durch Wurmstiche in den vom Winde berührten Holzteilen, oder durch Zusammentrocknen der letzteren, wodurch sie sich werfen und Risse bekommen.

Wenn die Manualtasten durch den Einfluß der Witterung in eine ungleiche Lage gekommen sind, indem sich ein Teil derselben bei feuchter Witterung gehoben, oder bei trockner gesenkt hat, so müssen sie wieder in ihre ursprünglich gleichhohe Lage gebracht werden. Dies geschieht dadurch, daß man das lederne Schraubenmütterchen, welches die Taste mit der Abstrakte verbindet, rechts oder links umdreht, je nachdem die Taste höher oder niedriger werden soll. Man hält sich zu dem Ende ein Maß in Gestalt eines eingekerbten Hölzchens, welches die richtige anfängliche Höhe anzeigt. An den Koppeln müssen dann ebenfalls die Ledermütterchen nachgeschraubt werden.

Ein fortwährendes Tremulieren des Orgeltones deutet, wenn es sich über eine ganze Klaviatur erstreckt, auf eine Veränderung der Lage oder ein Zusammentrocknen entweder des Kanal- oder Kropfventils; nur der Orgelbauer kann hier helfen.

Das Knarren und Greinen der Bälge rührt entweder von dem hart gewordenen Leder her, welches die Platten miteinander verbindet, oder es hat seinen Grund darin, daß die Bolzen, auf denen der Balgklavis aufliegt, nicht ganz gerade liegen oder zu trocken geworden sind, in welchem letzteren Falle ein erneuertes Einschmieren der Balgachsen stattfinden muß.

58. **Was ist zu thun, wenn am Regierwerk etwas klamm geht oder nicht funktioniert?**

Ist ein Register schwer herauszuziehen, was wohl als Folge feuchter Witterung vorkommt, so ist die Schleife gequollen und muß durch Höherschrauben der Pfeifenstöcke lockerer gemacht werden. Zieht sich im Gegenteil ein Register zu leicht, ist eine ganze Stimme verstummt, so ist die Verbindung zwischen Registerzug und Schleife aufgehoben, woran meistens das Herausfallen des Stiftes oder Vorstechers schuld ist.

Liegt eine Taste zu tief oder ganz unten, ohne zu tönen, so ist entweder a) etwas am Anhängewerk zerbrochen, oder b) die Anhängeschraube hinter dem Vorsatzbrett hat nachgelassen, oder c) es ist ein Stecher gesprungen, oder d) es hat sich eine Abstrakte losgehängt.

Läßt sich beim Niederdruck einer Taste ein schwirrendes Pfeifen hören, so hat sich der Draht, der Ventil und Welle verbindet, entweder verbogen, oder der Draht an der Welle hat nicht Spielraum genug. Zittern der Manualtasten und damit verbundenes leises Wimmern entsteht, wenn das Vorsatzbrett auf die Tasten drückt, wodurch die Spielventile an den Kanzellenöffnungen nicht genau schließen.

Wenn nach dem Anziehen einer Koppel eine oder mehrere Tasten von selbst ansprechen (heulen), dann ist die Koppel zu stramm geschraubt; wirkt die Koppel nicht lose genug, sprechen die Töne des angekoppelten Klaviers nicht recht an, so ist sie zu lose geschraubt.

59. **Was thut der Organist, um eine unangenehme Verstimmung einzelner Töne zu beseitigen?**

Die Stimmung der Zungenpfeifen geschieht, vorausgesetzt, daß die Aufsätze die richtige, für die Schönheit und Charakteristik des Tones günstigste Gestalt und Größe haben, durch Verlängerung oder Verkürzung des schwingenden Teils der Zunge, also durch Heraufziehen oder Hinabdrücken der Krücke, indem man mit dem Stemmeisen auf den umgebogenen oberen Teil derselben leise von oben oder unten anschlägt oder auch sie mit einer Flachzange herauszieht. Statt der Krücke, die mancherlei Mängel mit sich bringt, hat man auch Schrauben, die mit einem Stimmschlüssel rechts oder links gedreht werden. Diese Einrichtung ist der vorigen unbedingt vorzuziehen; man findet sie z. B. in der (von Markussen und Reuter erbauten) Orgel der Frauenkirche zu Kopenhagen (Allg. M.-Ztg. 1838 S. 547). Die Stimme wird im Verein mit einer gut gestimmten Prinzipalstimme angezogen und die Zunge wird so lange verkürzt oder verlängert, bis man keine Stöße mehr hört.

Für die Stimmung der Labialpfeifen gelten folgende Grundsätze:
1) Vertieft wird der Ton a) durch Verlängerung der schwingenden Luftsäule (d. h. der Pfeife), b) durch Verengerung, und c) vermehrte Deckung der Mündung des Pfeifenkörpers.
2) Erhöht wird der Ton a) durch Verkürzung der Pfeife, b) durch Erweiterung und c) durch verminderte Deckung der Pfeifenmündung.

Die großen offenen Metall-Labialpfeifen werden erhöht, indem man oben soviel als nötig abschneidet oder sie auf der Rückseite oben aufschlitzt, was namentlich bei den Prospektpfeifen geschieht; wird der Schlitz erweitert, so wird der Ton höher, wird er verengert, so wird er tiefer. Man vertieft sie auch, indem man oben ein Stück anlötet, oder sie haben oben einen länglichen Ring, der sich auf- und abschieben läßt und dadurch eine Vertiefung oder Erhöhung bewirkt.*)

Zur Stimmung der kleinen offenen, metallenen Labialpfeifen bis zu 2′ Länge bedient man sich des Stimmhorns, eines Instrumentes von Messing oder Eisenblech oder von festem Holz mit oder ohne Blechfütterung, welches auf der einen Seite einen spitz zulaufenden Kegel, auf der andern einen weiten Trichter hat, die beide durch einen Cylinder als Griff verbunden sind. Ist der Ton der Pfeife zu tief, so wird der Kegel in die Mündung gedrückt und diese erweitert, also der Ton erhöht; ist er zu hoch, so wird die Pfeifenmündung von dem Trichter umfaßt und durch Zusammendrücken der Ränder verengert, mithin ihr Ton vertieft. Bei der Verschiedenheit der Weite der Pfeifen hat man mehrere solche Stimmhörner nötig.

Die kleinen offenen Holzpfeifen (bis zu 3′ Länge) werden von Haus aus um ein geringes zu kurz zugeschnitten, aber oben an einem der vier Ränder mit einem beweglichen Blatt von Zinkblech versehen, welches mehr oder minder über die Mündung gedrückt werden kann und so eine größere oder geringere Deckung, d. h. eine Vertiefung oder Erhöhung des Tones bewirkt, ohne die Klangfarbe zu verändern. Noch zweckmäßiger sind zinnerne Reischen, welche um die Mündung der Pfeife gelegt und auf und abgeschoben werden, oder Stimmringe, die auf die Mündung aufgesetzt werden und die auf einer Seite mit einem halbmondförmigen Stück besetzt sind, welches durch einen Wirbel von Messingdraht vor- und rückwärts

---

*) In der Gothenburger Orgel (v. Marcussen) befinden sich in allen offenen Metallpfeifen bis zu 1′ hinten Einschnitte zum Stimmen, so daß auch die kleinsten Differenzen ohne Stimmhorn ausgeglichen werden können.

bewegt werden kann und somit eine vermehrte oder verminderte Deckung in äußerst kleinen Abständen ermöglicht.

Bei den über 3' langen Holzpfeifen ist, nachdem sie einmal richtig gestimmt haben, eine Veränderung ihrer Tonhöhe noch weniger als bei den metallenen zu befürchten; sie werden deshalb mit keiner Vorrichtung zum Stimmen versehen.

Gedeckte Pfeifen sind der Verstimmung mehr unterworfen als offene.

Das Stimmen der metallenen gedeckten Pfeifen geschieht durch Herabdrücken oder Emporziehen des Hutes, wodurch der Ton höher oder tiefer wird.

Am mangelhaftesten und zeitraubendsten ist die Stimmung der gedeckten Holzpfeifen; 4' gedeckt von Holz ist so sehr der Verstimmung unterworfen, daß es am besten ganz wegbleibt (Heinrich § 81). Die Stimmung gedeckter Holzpfeifen geschieht, indem man den Stöpsel entweder mit der Hand mehr herauszieht oder mit einem Hammer mehr hineintreibt, wobei das Zuviel sehr schwer zu vermeiden ist. Läßt sich der Stöpsel nicht mit der Hand herausziehen, so wird mit dem Hammer vorsichtig auf die Ränder der Pfeifen geschlagen, wodurch der Stöpsel in die Höhe rückt. Statt eines Handgriffes hat der Stöpsel auch bisweilen ein Schraubenloch, in welches eine Schraube mit Handgriff eingeschroben wird. In der Orgel der Marienkirche zu Lübeck haben alle gedeckten Pfeifen oben eine Schraubenvorrichtung zum bequemeren und sicheren Stimmen (Jimmerthal, Beschreibung der Lübecker Orgel S. 17), durch welche die Stöpsel auf- und abbewegt werden (Erfindung des Orgelbauers Vogel zu Frankenstein).

Endlich können bei Metallpfeifen auch die Seitenbärte zum Stimmen benutzt werden; werden sie mehr nach innen über den Aufschnitt gerichtet, so vertiefen sie, werden sie mehr nachaußen abgebogen, so erhöhen sie den Ton. Es darf dies aber in beiden Fällen nicht so weit gehen, daß dadurch der eigentliche Zweck der Bärte gefährdet würde. Bei gedeckten Pfeifen freilich, die oben zugelötet sind, wie man sie in alten Orgeln wohl noch findet, kann die Stimmung nur durch Biegen der Bärte bewerkstelligt werden. In der Gothenburger Orgel ist an der Windlade ein Mechanismus angebracht, wodurch beim Stimmen die Töne vom Stimmenden selbst angegeben werden können, eine Person zum Anhalten (Herabdrücken der Klaves) also nicht erforderlich ist (Jimmerthal S. 51).

Ist man nicht gewiß, ob die zu stimmende offene Labialpfeife zu hoch oder zu tief ist (denn die Stöße bleiben sich gleich, wenn sie um ein nämliches zu hoch oder zu tief ist), so nähert man die Spitze des Stimmhorns sachte der Pfeifenmündung. Nehmen dann die Stöße an Geschwindigkeit zu, so ist sie zu tief, werden sie aber langsamer, so ist sie zu hoch. Durch das Annähern des Stimmhorns wird nämlich die Pfeife mehr gedeckt, ihr Ton folglich tiefer; ist sie nun schon zu tief, so wird sie noch tiefer, entfernt sich also noch mehr von der Reinheit und die Stöße müssen schneller werden. Umgekehrt: ist die Pfeife noch zu hoch, so wird sie durch die vermehrte

Deckung tiefer, nähert sich also mehr der Reinheit und die Schwebungen werden langsamer. Bei gedeckten Pfeifen kann man diesen Versuch am Aufschnitt machen.

Durch größere Wärme oder größere Kälte werden alle Labialpfeifen gleichmäßig erhöht oder vertieft, die Zungenpfeifen dagegen nicht; man stimmt daher die Orgel am besten bei einer Temperatur, wie sie in der Kirche durchschnittlich ist, eine Orgel im Konzertsaale natürlich bei einer erheblich höheren, denn alle Pfeifen werden nur bei einer Temperatur genau zusammen stimmen, die annähernd der gleich ist, bei welcher sie eingestimmt wurden.

Hat man einen Orgelbauer in der Nähe, so thut man am besten, mit ihm gegen eine jährliche Vergütung einen Vertrag zu machen, wonach ihm die Verpflichtung obliegt, die Orgel in guter Stimmung zu erhalten und alle sich einfindenden Störungen im Mechanismus zu beseitigen. Ist aber eine solche Gelegenheit nicht vorhanden, so gehört es zu den Amtspflichten des Organisten, sich nicht allein die Konservierung der Orgel gewissenhaft angelegen sein zu lassen und nichts zu versäumen, was dazu beitragen kann, sondern er muß auch von dem Bau und der mechanischen Einrichtung derselben so viel verstehen, daß er die meisten der vorstehend angeführten sich einfindenden Mängel selbst verbessern kann. Gleichwohl möge er keine Änderungen vornehmen, wenn er nicht gewiß ist, im Falle des Nichtgelingens den status quo wiederherstellen zu können, damit er nicht etwa das Übel noch schlimmer macht. Überhaupt sei er, wenn nicht besondere Umstände vorliegen und eine unabweisbare Dringlichkeit es anders erfordert, nicht allzueilig mit der Abhilfe der eingetretenen Störungen, da diese, wie schon bemerkt worden, sowie sie zum großen Teile durch Witterungswechsel entstehen, auch wieder ebendadurch ihre Heilung finden und von selbst verschwinden.

Am meisten unter allen Stimmen sind die Zungenwerke einer Verstimmung unterworfen, die nicht auf Witterungsverhältnisse zu schieben ist, sondern auf eine Veränderung der Stellung der Stimmkrücke, sei es daß dieselbe allmählich tiefer herabsinkt oder daß der schwingende Teil der Zunge sie nach oben zurückdrängt. Daher ist das öftere Nachstimmen der Zungenwerke vorzugsweise Sache des Organisten und namentlich sollte er niemals eine solche Stimme in hervortretender Weise brauchen, ohne sie kurz vorher Ton um Ton untersucht und reingestimmt zu haben. Ebenso ist es nicht zu viel von ihm verlangt, daß er auch ärgeren Verstimmungen einzelner Labialpfeifen abhelfe. Von einer Durchstimmung des ganzen Werkes aber soll sich der Organist fern halten und sie dem Orgelbauer überlassen, und es ist nicht zu viel, wenn sie von diesem etwa alle zwei Jahre vorgenommen wird.

VII. Disposition einer neuen Orgel.

60. Was ist bei der Bestellung einer Orgel im allgemeinen ins Auge zu fassen?

Zum Bau einer neuen Orgel bedarf es vor allem eines Bauplanes, oder, wie man sich in diesem Falle auszudrücken pflegt, einer Disposition (in weiterem Sinne), d. h. einer schriftlichen Feststellung und unzweideutigen Bestimmung aller einzelnen Teile, aus denen die neue Orgel bestehen soll, womit zugleich ein Kostenanschlag verbunden ist. Ein solcher Plan wird gewöhnlich von dem Orgelbauer, den man zur Ausführung des Baues erwählt und dem man die verwendbaren Mittel bezeichnet, entworfen, und dann von einem oder mehreren anderen Sachverständigen geprüft und nach Befinden mit den ratsam erscheinenden Abänderungen versehen; oder man läßt sich von einem tüchtigen Sachkenner und bewährten Orgelspieler, deren es freilich nicht viele giebt, eine Disposition entwerfen und fordert dazu vom Orgelbauer den Kostenanschlag, der dann einer abermaligen Prüfung zu unterwerfen ist. Bei der Wahl des Orgelbauers hat man darauf zu sehen, daß nicht allein dessen Geschicklichkeit und Tüchtigkeit, sondern auch seine Rechtschaffenheit und ehrenhafte Gesinnung außer Zweifel sind, da der Mangel sowohl der einen als der anderen Eigenschaft geeignet sind, dem Besteller großen Nachteil und Verdruß zu bereiten. Man sei darum vorsichtig und glaube nicht, daß der wenigst fordernde auch der beste sei.

Das Werk eines Pfuschers, der schlechtes Material schlecht verarbeitet, wird sich über kurz oder lang als ganz oder teilweise unbrauchbar herausstellen und weit mehr an fortwährend notwendigen Reparaturen kosten als das beträgt, was ein tüchtiger und gewissenhafter Arbeiter mehr verlangt und begreiflicherweise auch verlangen muß. Der Preis für eine Orgel wird auch bei gleicher Größe und Disposition sehr verschieden ausfallen können, je nachdem dazu theureres oder wohlfeileres Material verwendet ist und je nachdem die Arbeitslöhne in dem Orte der Anfertigung hoch oder niedrig sind, besonders aber je nachdem die Arbeit sauber und genau oder flüchtig und liederlich gemacht ist, und namentlich, je nachdem auf die Intonation mehr oder weniger Fleiß und Arbeit verwendet ist. Dies alles in Rücksicht zu ziehen, vermag nur ein Fachmann, der selbst Orgelspieler, aber noch lange nicht jeder Organist, keinesfalls aber ein Mann, der die Orgel nur vom Hörensagen kennt und höchstens weiß, wie man die Finger und Füße setzt und die Register zieht. Man sollte darum mit der Auswahl der Sachverständigen sehr vorsichtig sein und nicht jeden Klavierspieler für einen solchen ansehen, vielmehr die Kosten nicht scheuen, anerkannte Autoritäten zu Rate zu ziehen.

Im weiteren Sinne versteht man unter Disposition die genaue Angabe und Beschreibung der sämtlichen zur Orgel gehörigen Gegenstände, wie namentlich: Anzahl und Umfang der Klaviaturen für Hände und Füße, Zahl, Art und Klangfarbe der klingenden Stimmen und Verteilung derselben in die verschiedenen Klaviaturen, Zahl, Art und Größe der Bälge, Zahl der Windladen, Angabe des zu jedem einzelnen Teil zu verwendenden Materials, der Holzarten, der Legierung des Metalls, Belegung der Manuale, die Koppeln nebst ihrer Bestimmung und Einrichtung, die Sperrventile und die zu sonstigen Zwecken dienenden Registerzüge, Beschreibung des Gehäuses nebst einer Zeichnung davon eventuell pneumatische Maschine, mechanisches Triebwerk für das Gebläse u. s. w.

61. Was versteht man im engeren Sinne unter Disposition?
Die Wahl der einer jeden Klaviatur zufallenden Stimmen, nebst Bestimmung ihrer Fußgröße, ihres Materials, ihrer Mensur und sonstigen Eigenschaften. Da dies die wichtigste Vorarbeit beim Bau einer Orgel ist, so wollen wir versuchen, die Grundsätze, wonach dabei zu verfahren ist, kurz aufzustellen.

Die Anzahl, Fußgröße und sonstige Beschaffenheit der für eine Orgel festzusetzenden Stimmen hängt von dreierlei Umständen ab, a) von den disponiblen Geldmitteln; b) von dem für die Aufstellung zur Verfügung stehenden Raum; c) von den Größenverhältnissen und der sonstigen Beschaffenheit der Kirche oder des Saales, in dem sie stehen soll. Was den letzten Punkt anbetrifft, so gehört in eine große Kirche auch eine große Orgel, während in einer kleinen Kirche auch eine kleine Orgel genügen kann, obgleich eine größere nichts schadet, da es vom Organisten abhängt, die Registrierung darnach einzurichten, daß die Klangfülle nicht zu gewaltig wird; die größere Orgel bietet aber jedenfalls den Vorteil größerer Mannigfaltigkeit der Klangfarben und die Mittel auch zu einem höheren künstlerischen Gebrauch des Instruments. Im allgemeinen kann man etwa annehmen, daß zu einer kleinen Kirche eine Orgel von 20—25, zu einer mittelgroßen eine von 25—40, zu einer großen eine von 40—60 und zu einer sehr großen eine von 60—100 Stimmen in richtigem Verhältnis steht. Schlimm ist es, wenn die Kirche akustische Fehler hat, weil die Baukunst bisher weder Mittel zu deren Verhütung noch zu ihrer Beseitigung kennt. Es giebt Kirchen, in denen ein so starker Nachhall ist, daß jeder Ton der Orgel sekundenlang weitertönt, nachdem der Klavis losgelassen ist (z. B. Dom zu Ulm). In solchen Kirchen ist freilich eine große Orgel oder vielmehr jede Orgel schlecht angebracht.

Der Raum, welchen die Orgel einnehmen soll, muß hinlänglich Breite, Tiefe und Höhe haben, daß die Pfeifen nicht zu dicht aneinander aufgestellt zu werden brauchen, Kröpfungen möglichst vermieden und die Gänge im Innern geräumig genug werden, um sich darin frei und ohne anzustoßen, bewegen zu können. Über den längsten Pfeifen muß immer noch mehrere Fuß freier Raum sein, damit der Schallstrahl nicht durch die zu nahe Decke an seiner Ausbreitung verhindert wird. Ist dies wegen der hohen Lage der Emporkirche nicht möglich), so muß die Orgel ganz oder teilweise tiefer gebaut werden, indem z. B. die Bälge unter der Empore sind und auch die längsten Pfeifen daselbst mit aufgestellt werden. Ebensowenig darf aber die Orgel zu weit von der Decke entfernt sein, weil sonst der Schall nicht gehörig zusammengehalten wird; in solchen Fällen giebt man ihr wohl eine besondere Schalldecke. Auch hat man darauf von vornherein zu sehen, daß die Orgel nicht die ganze Tiefe der Bühne einnimmt, sondern Platz für einen Sänger- und Instrumentalchor bei Aufführung von größeren Kirchenmusiken läßt. Auch darf die Orgel nicht dicht an die Kirchenmauer stoßen, sondern es muß zwischen beiden wenigstens so viel Raum gelassen werden, daß ein Mann bequem hindurchgehen kann; dieser Umstand begünstigt einesteils die Tonentwickelung und schützt andererseits die Orgel vor Feuchtigkeit.

Fehlt es nicht an Geldmitteln, so wird man es nicht bereuen, wenn man es an der neu zu erbauenden Orgel an nichts fehlen läßt und, falls die Kirche nicht etwa ganz klein ist, es gleich von vornherein auf ein vollständiges aus dem besten Material gefertigtes größeres Werk absieht. Ist das doch eine ebenso schöne als dauernde Zierde und mit Recht der Stolz und die Freude einer kunstsinnigen Gemeinde. Ist es aber schlechterdings nicht möglich, zu einem größeren Werke die nötigen Geldmittel zu beschaffen, wohl aber zu einem kleineren oder minder großen, so lasse man gleichwohl die Hauptanlage auf jenes richten, indem man die Windladen um so viel größer machen läßt, daß man später und nach und nach, bei günstigen Finanzen noch eine Anzahl Stimmen, die in der ersten Disposition gleich vorzusehen sind, nachfertigen und aufstellen lassen kann. Eine solche scheinbare Unmöglichkeit der Beschaffung der Geldmittel ist aber schon oft durch ernstlichen Willen beseitigt worden, indem durch rührige Thätigkeit im Kollektieren in ein paar Jahren mehrere tausend Thaler zusammengebracht wurden.

Bei den zu den Manualen und dem Pedal zu disponierenden Stimmen unterscheidet man a) den **Prinzipalchor**, wohin zuerst die Prinzipale von 1'—32', dann aber auch die dazugehörigen Hilfsstimmen (Quinten, Terzen und gemischte) gerechnet werden; b) den **Flötenchor**, d. h. die übrigen offenen Labialstimmen; c) den **Gedacktchor**, d. h. die gedackten Labialstimmen und d) den **Zungenchor**, sämtliche Zungenstimmen.

Es kommt nun darauf an, diese Stimmen durch die von jeder Gattung gewählte Zahl, Art und Fußgröße, sowie durch ihre Verteilung auf die verschiedenen Klaviaturen zu einander in ein richtiges Verhältnis zu bringen. Folgende Gesichtspunkte sind dabei im Auge zu behalten:

α) Was zuerst die Fußgröße der zu wählenden Stimmen betrifft, so ist als Regel anzunehmen, daß in den Manualen der 8', im Pedal der 16' Ton vorherrschend sein muß; denn das Pedal ist für die Orgel, was der Kontrabaß fürs Orchester ist. Begreiflicherweise kann man aber auf kleineren Orgeln, welche im Pedal nur ein paar Stimmen haben, letzterer Bestimmung nicht immer entsprechen.

β) Im allgemeinen ist in Deutschland der bei weitem größte Teil der Orgel den Labialstimmen eingeräumt, dergestalt, daß auf die Zungenstimmen nur etwa der siebente bis zehnte Teil kommt. Ungefähr in demselben Verhältnis stehen die offenen Labialstimmen zu den gedackten, und die Hilfsstimmen nehmen wieder bei weitem den größten Teil der offenen ein. Doch giebt es auch kleinere Orgeln, in denen die Hilfsstimmen und auch die Zungenstimmen gänzlich fehlen. So haben im Dom zu Mailand beide Orgeln keine Zungenstimmen.*)

γ) Zu der größten Prinzipalstimme einer jeden Klaviatur gehören auch noch die nächstfolgenden kleineren Prinzipal=Grundstimmen. Hat also ein Werk im Manual Prinzipal 16′, so hat es in demselben auch Prinzipal 8′, Prinzipal 4′ und Prinzipal 2′, häufig auch Prinzipal 1′; hat es nur Prinzipal 8′, so gehören dazu im nämlichen Manual auch noch Prinzipal 4′ (Oktave) und (wenigstens im Hauptmanual) Prinzipal 2′. Prinzipal 32′ wird nur ins Pedal gesetzt, inzwischen ist es von wenig Bedeutung, weil so große offene Pfeifen schwer und nur sehr schwach ansprechen, daher zu den großen Kosten, die sie erfordern, in keinem Verhältnis stehen (Zu Paris [St. Denis] und Tours [Kathedrale] steht Prinzipal 32′ im Hauptmanual.) Eine

---

*) Du Hamel sagt (nach Töpfers Übersetzung I. 963):

„Man wird bemerken daß die Orgeln in Deutschland sehr wenig Zungenstimmen haben im Vergleich mit den Labialstimmen, und daß man sehr kleine Labialstimmen auf dem Pedal findet, dem Gebrauch in Frankreich ganz entgegengesetzt. Dies kommt von der verschiedenen Bestimmung, welche man der Orgel giebt und von der Art, wie sie in beiden Ländern gebraucht wird. In Deutschland ist sie vorzugsweise zum Akkompagnement des Gesanges bestimmt und in diesen Beziehungen würden sehr glänzende Stimmen mehr schädlich als nützlich sein. Auch sind die wenigen Zungenstimmen, welche man anwendet, gewöhnlich von Holz (er meint die Posaunenaufsätze). In unsern Kirchen dagegen, wo die Orgel oft allein zu spielen hat, ist es notwendig, daß sie eine große Verschiedenheit in der Klangfarbe und Stärke des Tons darbietet, um die Einförmigkeit zu vermeiden. Die deutschen Organisten erwerben sich im Pedalspiel eine Fertigkeit, von welcher unsere Organisten weit entfernt bleiben. Bei ihnen ist das Pedal nicht darauf beschränkt, nur einige Baßtöne zu verstärken, sondern es behauptet in den polyphonen Sätzen seine eigene Stimme. Bald ahmt es die Gänge der rechten oder linken Hand nach, bald ist ihm der Cantus firmus allein anvertraut, während beide Hände sich in kontrapunktischen Wendungen dazu bewegen. Daher kommt die Anwendung der Klarinen, der kleinen Kornette, der zweifüßigen Stimmen, der 4′ Flöten, der Waldflöten, der 2′ Gemshörner, der Bauernflöte 1′, welche man in großen Orgeln findet" (nämlich im Pedal).

gedeckte 32' Stimme von Holz kostet ungleich weniger und thut dabei noch bessere Dienste, weil sie besser anspricht. Dennoch ist Prinzipal 32' im Pedal häufig, z. B. in Haarlem, Rotterdam, Paris [St. Denis und St. Sulpice], Frankfurt [Paulskirche] Hamburg [Michaeliskirche, Jakobik., Nikolaik. und Petrik.], Lübeck [Marienk.], Wismar, Kronstadt, Leipzig [Nikolaik. und Universitätsk.], Dresden [Kreuzk.], Prag [Dominikanerk.], Görlitz, Breslau [Maria-Magdalenenk., St. Johannk., Elisabethk.], Worchester, Birmingham [doppelt, eine von Holz und eine von Metall], Liverpool [ebenso 2mal] 2c. Man pflegt in sehr großen Orgeln Prinzipal 32' in den Prospekt zu stellen und diesen dadurch zu verschönern.

δ) Ist das Prinzipal im Hauptmanual von 16' Ton, so kann es im Pedal nicht kleiner sein. Da aber dann in dem letzteren der 32' Ton nicht fehlen darf, so wird er durch eine oder mehrere andere Stimmen von dieser Größe, gedeckte oder offene, besonders Posaunenbaß 32' vertreten.

ε) Je nachdem das Hauptmanual Prinzipal 16' oder nur 8' hat, nennt man das Instrument ein 16füßiges oder ein 8füßiges, und zwar jenes auch, wenn im Pedal Prinzipal 32' oder andere 32' Stimmen stehen. Auch bleibt das Instrument 8füßig, wenn es neben Prinzipal 8' etwa Bordun 16' oder Trompete 16' im Manual hat. Da es auch kleine Orgeln giebt, die kein größeres als 4' Manualprinzipal haben, so kann man auch von einem vierfüßigen Werke reden. Allein es ist dies immer ein Fehler in der Disposition, weil statt der Normaltonhöhe (8') dann die höhere Oktave durch das helle Prinzipal 4' vorherrscht, selbst wenn einige andere 8' Labialstimmen damit verbunden sind. Hat daher eine Orgel kein 8' Prinzipal, so sollte sie besser gar kein Prinzipal haben, sondern lieber nur offene und gedeckte Flötenstimmen 8' und 4', von letzteren etwa die Hälfte der ersteren. Dem Hauptmanual 16' zu geben, wird von manchen nur dann gutgeheißen, wenn es auf einer eigenen Lade steht, weil es sonst den andern auf der Hauptlade stehenden Stimmen zu viel Wind wegnimmt, selbst aber doch nicht so viel Wind erhalten kann, daß es in den tiefsten Tönen einer wirksamen Ansprache fähig wäre. Muß es aber wegen Mangels an Raum auf der Hauptlade stehen, so thut man wohl, ihm doppelte Ventile (vorne und hinten) zu geben, so daß die Kanzellen mit mehr Wind versehen werden. Dasselbe gilt von Prinzipal 32' im Pedal.

Zu einem 16' Werk gehören je nach seiner Größe drei bis vier Manuale, ein 8' Werk kann deren drei oder bei weniger Stimmen auch wohl nur zwei haben. Weniger als zwei Manuale sollte keine Orgel haben, einmal, weil eine ganze Klaviatur gelegentlich unbrauchbar werden kann und damit sonst die ganze Orgel unbrauchbar wäre, dann aber auch, weil bei nur einem Manuale ein schneller Wechsel zwischen Piano und Forte, der zu einem nur einigermaßen kunstgemäßen Orgelspiele unerläßlich ist, unmöglich sein muß. Hat eine Orgel so wenig Stimmen, daß eine Teilung ganz unthunlich wäre, so muß man wenigstens sorgen, daß eine Vorrichtung angebracht wird, daß (etwa mit einem Fußtritt) die ſtärkeren Stimmen auf einmal angezogen oder abgeſtoßen werden können.

ζ) Das Prinzipal iſt, wie auch ſein Name beſagt, die Hauptſtimme und wird in Deutſchland nicht nur für jede Orgel, ſondern auch für jede Klaviatur (Manuale und Pedal) als Grundlage der andern Stimmen angeſehen. Eine Ausnahme hiervon macht bisweilen ein etwaiges viertes Klavier, welches entweder nur ſanftere Flöten= und Zungenſtimmen erhält, oder auf welches durch beſondere mechaniſche Vorrichtungen ein Teil der andern Manualſtimmen als Wiederholung übertragen ſind (letzteres z. B. in der Ulmer Orgel).

Die Prinzipale der verſchiedenen Klaviaturen unterſcheiden ſich jedoch dadurch von einander, daß ſie eine verſchiedene Menſur haben, ſo daß ſie im Hauptmanual und Pedal die eigentliche weite, im zweiten Manual eine engere und im dritten eine noch engere Menſur bekommen. Die Prinzipale einer und derſelben Klaviatur bekommen aber einerlei Menſur, ausgenommen zwei in derſelben Klaviatur vorkommende Prinzipale von gleichem Fußton. Die verſchiedene Prinzipalmenſur in den verſchiedenen Klaviaturen bietet nicht nur den Vorteil größerer Mannigfaltigkeit der Klangfarbe und Klangſtärke, ſondern es ſollen auch gleichzeitig gebrauchte Stimmen nur dann den Ton merklich verſtärken, wenn ſie nicht die nämliche Konſtruktion haben. Zwei Pfeifen von gleicher Tonhöhe und ganz gleichem Bau tönen kaum ſtärker als eine und ſind überdies von einem ſtörenden Schwirren begleitet (Umſtände, die wahrſcheinlich auf Interferenz zurückzuführen ſind, vgl. Helmholtz, L. v. d. T. 4. Aufl. S. 265). Deshalb bekommen nicht allein die Prinzipale der verſchiedenen Klaviaturen, ſondern überhaupt alle in der Orgel mehrfach angewendeten Stimmen der nämlichen Art verſchiedene Menſur. So, wenn drei gemiſchte Stimmen ſich im Hauptmanual befinden, ſo bekommt die eine mittlere (beinahe Prinzipal=), die zweite enge und die dritte weite (Kornett=) Menſur.

η) Sind die Prinzipal-Grundſtimmen einer Klaviatur feſtgeſtellt, ſo werden zuerſt eine größere Anzahl von offenen und eine kleinere von gedeckten Labialſtimmen und einige Zungenſtimmen von entſprechender Größe hinzugenommen. Geſetzt, wir hätten im Hauptmanual: Prinzipal 16′, 8′, 4′ und 2′, ſo könnten wir dazu nur 4—5 offene und 2—3 gedeckte Labialſtimmen zu 8′, eine gedeckte zu 16′, 2—3 offene und 1—2 gedeckte zu 4′ nehmen und außerdem eine Zungenſtimme von 16′ und eine oder zwei von 8′; damit hätten wir 17—20 Kern= und Seitenſtimmen. Es bleiben nun noch die ſchärfenden und Klarheit gebenden Hilfsſtimmen; ehe wir dieſe diſponieren, müſſen wir auf die Obertonreihe zurückkommen. Wenn wir Prinzipal 16′ diſponiert haben, ſo iſt die Obertonreihe des tiefſten Tones (,C) =

$$,C \ldots C \ldots G \ldots c \ldots e \ldots g \ldots (b) \ldots c'$$
$$16' \quad 8' \quad 5\tfrac{1}{3}' \quad 4' \quad 3\tfrac{1}{5}' \quad 2\tfrac{2}{3}' \quad (2\tfrac{2}{7}') \quad 2'$$

Wollen wir also eine dem 16′ Ton entsprechende Quintstimme beigeben, so nehmen wir Quint 5⅓′, wollen wir eine Terz, so wählen wir 3⅕′. Haben wir dagegen nur Prinzipal 8′ disponiert, so dürfen wir nicht Quint 5⅓′ und Terz 3⅕, sondern wir müssen Quint 2⅔′ und Terz 1⅗′ disponieren. In Verbindung mit den kleineren Prinzipalstimmen (8′) 4′ und 2′ verstärken nun die Quint- und Terzstimmen, die wir disponierten, die 6 ersten Obertöne des Grundtones der tiefsten Hauptstimme. Eine homogenere und wirksamere Verstärkung, die besonders bei vollem Werke nötig wird, geben aber die **gemischten Stimmen**. Hinsichtlich dieser ist besonders zu bemerken 1) daß ihrer nicht zu viele und 2) daß sie nicht in zu kleinen Dimensionen genommen werden. **Mixtur** sollte bei kleineren Orgeln nur dreifach, bei großen nicht mehr als fünffach, nicht kleiner als 2′ und nicht größer als 4′ genommen werden (letzteres bei Prinzipal 16′ und 32′; in der Ulmer Orgel steht aber Mixtur fünffach 8′ Ton). **Cymbel** sollte nicht kleiner als 1′, **Scharf** nicht kleiner als 1⅓′ und beide nicht mehr als dreifach disponiert werden. Das **Kornett** wird, je nach der Größe der Orgel, fünf=, vier= oder dreifach, in großen Orgeln in allen drei Gestalten zugleich angewendet und zwar am besten zu 8′.

ϑ) Das **zweite Manual** bekommt nicht so große und auch nicht so viele Stimmen wie das erste. Die größte Prinzipalgrundstimme darf in der Regel nicht größer als 8′ sein, wozu dann noch Prinzipal 4′ und nach Umständen Prinzipal 2′ hinzutreten. Weiter disponiert man gewöhnlich eine 16′ gedeckte Stimme, wie Bordun oder Quintatön. Die Mensur der Prinzipalstimmen des zweiten Manuals ist enger als die des ersten, weshalb sie wohl auch als Geigenprinzipal bezeichnet werden. Das **dritte Manual** hat abermals engere Prinzipalmensur als das zweite und seine größte Prinzipalstimme ist ebenfalls 8′, oder auch, wiewohl weniger zu empfehlen, 4′. Wie die Prinzipale werden auch alle andern sich in dem zweiten und dritten Manuale wiederholenden Stimmen enger mensuriert und schwächer intoniert. Die gemischten Stimmen des zweiten Manuals sind kleinere als die des ersten, Zungenstimmen erhält es ebenso viele oder noch mehr. Ueberhaupt pflegt man bei größeren Werken die zarteren Flöten= und Zungenstimmen mehr in das zweite und dritte Manual zu verlegen, dem ersten Manuale dagegen nur wenige aber kräftige Zungenstimmen, namentlich Trompete, zu geben.

ι) Die größten und stärksten Stimmen aber bekommt das **Pedal**, und zwar von allen Arten; in ihm muß insbesondere der 16′ Ton am meisten vertreten sein, demnächst der 8′ Ton; der 2′ und 1′ Ton sind im Pedal nur bei sehr vielen Stimmen anwendbar. Ein zu stark bedachtes Pedal ist minder nachteilig als ein zu schwach bedachtes. Letzteres findet sich häufig in England, wo in vielen Orgeln von 20—30 Stimmen und mehr nur eine aufs Pedal kommt. Die Paulskirche in London hat bei 28 Manualstimmen 1 fürs Pedal, St. Peters Cornhill bei 38 Manualstimmen nur 2 Pedalstimmen, Chapel Royal, Whitehall 33 Manualstimmen, 1 Pedalstimme, St. Magareths West=

minster 25 Manualstimmen, 1 Pedalstimme. Auch bei den französischen Orgeln gehört das Pedal zu den schwachen Seiten, sowohl was den Umfang der Klaviatur, als was die Anzahl der Stimmen betrifft. Töpfer schließt daraus, daß die französischen Organisten mit dem Pedal nichts anzufangen wissen und sich dessen wenig bedienen. Zum 32' Ton im Pedal nimmt man die Posaune oder Bombarde, Prinzipal und Untersatz, zu 16' die beiden ersten und Subbaß, Violonbaß, Bourdon, Fagott, Quintatön, Trompete, Gambe 2c., d. h. diese nicht alle, sondern einige davon. Zum 8': Prinzipal, Violon, Violoncello, Baßflöte, Gemshorn, Fagott, Trompete, Doppelflöte, Blockflöte 2c., zum 4': Prinzipal und Clarino. Von Quinten $10^2/_3$ und $5^1/_3$ ($21^1/_3$ nicht zu empfehlen, weil auf 64' berechnet — Bremer Domorgel), von Terzen $6^2/_5$. Vor Quinte $2^2/_3'$ muß Oktave 2', vor Quinte $1^1/_3$ und Terz $1^3/_5$ muß Oktave 1' disponiert sein, damit immer die Oktave höchster Ton bleibt. Von gemischten Stimmen: Kompensationsmixtur, Mixtur 4—6fach. Viele nehmen aber ins Pedal gar keine gemischte und manche nicht einmal ein Quint- oder Terzstimme (so z. B. Paris, in der von Ducroquet erbauten Orgel zu St. Eustache, auch zu St. Sulpice), was aber nicht zu billigen ist. Manche Orgeln haben überhaupt keine Hilfsstimmen (Dom und St. Crucificio zu Como, evang. Kirche zu Bonn); gar keine Zungenstimmen haben Wien Peterskirche, Mailand Dom, Regensburg St.-Emmeran. Wenn aber bei der Verbindung des Pedals mit dem Hauptmanual dieses mit Hilfsstimmen gemischt ist, so würde seine Klangfarbe mit der des ohne Hilfsstimmen registrierten Pedals nicht in Übereinstimmung sein, oder man müßte dann jedesmal die Pedalkoppel ziehen, was wieder aus andern Gründen nicht immer dienlich ist.

χ) Kleinere als 8' Zungenstimmen im Manual werden nicht oder doch nur selten disponiert, weil die Zungen nach der Höhe hin zu schwach tönen. Disponiert man 4', so muß die letzte Oktave repetieren oder man besetzt sie mit Labialpfeifen. Im Pedal dagegen sind 4' und selbst 2' Zungenstimmen wohl anwendbar, da wegen der Kürze der Klaviatur selbst bei einer 2' Stimme sehr hohe Töne nicht nötig werden.

Es giebt auch große Orgeln, die im Manual kein größeres Prinzipal als 8' haben (Breslau, Elisabethk. mit 54 St., Dom zu Solothurn, Berlin, Garnisonsk. 51 St.). Dagegen haben wieder andere viel kleinere (z. B. die lutherische Kirche zu Warschau bei 27 St.) im Hauptmanual Prinzipal 16'.

λ) Duplikate, d. h. Stimmen von derselben Art und Größe in einem Klavier mehrmals finden sich in Deutschland fast gar nicht, in Italien, Spanien, Frankreich und England aber häufig. Namentlich ist dies mit dem Prinzipal 8' im Hauptmanual der Fall, und außer diesen findet sich öfters noch ein zweites Duplikat bloß für den Diskant, so daß es also heißt: Prinzipal 8' Nr. 1, Prinzipal 8' Nr. 2', Prinzipal 8' Diskant. Auch 16' und 4' haben im Manual bisweilen Duplikate (Hopkins 469). Dabei wird für die Duplikate verschiedene Mensur angewendet (obgleich sie wohl eigentlich nicht für gleichzeitigen Gebrauch berechnet sind), auch dürfen sie auf der Lade nicht nahe beisammen stehen. Für andere Stimmen als die Prinzipale finden sich Duplikate zwar auch, aber seltener, z. B. in der Orgel zu Tours, wo Trompete 8' im Hauptmanual dreimal steht. Im Pedal findet man die großen Prinzipale 16' und 32' ebenfalls doppelt, dann aber eins von Metall und das andere von Holz (Birmingham, Exeter Hall London).

Man findet auch, daß einzelne Register entweder durch die ganze oder die größere obere Hälfte der Klaviatur mit doppelten Pfeifen der nämlichen oder verschiedener Art besetzt sind (Haarlem); in der Orgel der alten Kirche zu Amsterdam sind alle Grundstimmen mit doppelten Pfeifen besetzt.

In Beziehung auf den Fußton gelten außer dem Gesagten etwa noch folgende Grundsätze:

a) 32' als offene oder gedeckte Labialstimme oder als Zungenstimme findet sich nur im Pedal; Ausnahmen sind selten, z. B. hat die von Schulze erbaute Orgel zu Halberstadt im Hauptmanual Kontrafagott 32', Prinzipal 32' findet sich zu St. Denis und Tours, 32' gedackt zu Bremen im 1. und 2. Manual von c an.

b) 16' als offene Labialstimme im Pedal und auch im Manual; gedackt 16' gehört ins Hauptmanual, selbst bei kleineren Orgeln, bei größeren kann es dabei auch im zweiten, ja selbst im dritten zu stehen kommen. Dennoch giebt es auch größere Orgeln, die im Hauptmanual weder ein offenes noch ein gedecktes 16' Labial haben, z. B. St. Giles zu London; im Dom zu Solothurn sind überhaupt keine 16' Stimmen, ebenso in der von Walcker erbauten Orgel der Synagoge zu Mannheim (22 St.), wo die beiden Manuale unter 17 St. 11 oder 12mal 8' und kein einziges 16' haben. Im Pedal darf es auch in der kleinsten Orgel nicht fehlen und wird es in solche gewöhnlich als Subbaß genommen. 16' Zungenstimmen können in allen Manualen, sowie auch im Pedal stehen, doch gehören die starken und kräftigen, wie Posaune und Trompete, mehr ins Pedal und Hauptmanual, schwächere, wie Physharmonika, Aoline ins 2. und 3. Manual. Wenn eine Klaviatur nur eine 16' Stimme hat, so muß diese eine gedeckte sein; eine offene 16' muß immer eine gedeckte 16' zur Seite haben.

c) 8' Stimmen aller Art müssen in jedem Manual und auch im Pedal sein, jedoch mehr in den Manualen, wo sie gegen die übrigen Stimmen dominieren sollen, um die Normaltonhöhe hervorstechen zu lassen.

d) 4' Stimmen geben dem 8' Tone Deutlichkeit und Klarheit, wie ihm die 16' Stimmen Fülle und Rundung geben. 4' Labialstimmen, sowohl offene als gedeckte, gehören in alle Manuale und ins Pedal*), jedoch überall in geringerer Zahl als die achtfüßigen,

---

*) Nur eine 4' im Hauptmanual haben: Weißenfels (v. Schulze) 19 St., Haarhausen 22 St., Schwelm (Ibach) 20 St., Sonders=

und ins Pedal nur vereinzelt. Von 4' Zungenstimmen wird Clarino (Clairon, Trompete) mit Nutzen ins Pedal gesetzt, in den Manualen aber sind sie zu entbehren, zumal ihre höchsten Töne sehr abfallen, sich schlecht stimmen lassen und schlecht Stimmung halten.

e) 2' offene Labialstimmen gehören, wenigstens eine, bei großen Orgeln wohl auch zwei ins Hauptmanual und in letzterem Falle auch eine ins zweite und dritte Manual. Gedeckte Labial- und Zungenstimmen 2' sind dagegen von den Manualen ausgeschlossen. Im Pedal ist eine 2' Zungenstimme oder Labialstimme sehr zu empfehlen, weil sie das Mittel darbietet, den Cantus firmus in Diskantlage ins Pedal zu verlegen.

f) Von 1' Stimmen kommt in großen Orgeln nur die Oktave 1' (Prinzipal 1') im Hauptmanual vor; Kornettino 1' steht zu Frankfurt in der Paulskirche im Pedal.

g) In italienischen Orgeln findet man noch kleinere selbständige Stimmen, die anderwärts nur als Teile von gemischten Stimmen vorkommen, als: vigesima quarta (Terz $\frac{4}{5}$'), vigesima sexta (Quinte $\frac{2}{3}$'), vigesima nona (Oktave $\frac{1}{2}$'), trigesima prima (Terz $\frac{2}{5}$'), trigesima tertia (Quinte $\frac{1}{3}$') und trigesima sexta (Oktave $\frac{1}{4}$'). Zweckmäßig kann dies nicht genannt werden, hat auch in anderen Ländern keine Nachahmung gefunden.

Beispielsweise seien die Herstellungspreise einiger Orgeln hier angeführt:*)

1) Heilbronn 3 M. 1 P. Spieltisch 50 St. Walcker. 4724 Thlr.
2) Schwelm 3 M. 1 P. 47 St. Ibach in Barmen 5200 Thlr.
3) Essen 2 M. 1 P. 27 St. Ibach in Barmen 2600 Thlr.
4) Magdeburg 3 M. 1 P. 51 St. Reubke 4730 Thlr.
5) Salzwedel 2 M. 1 P. 42 St. v. Turley 3096 Thlr.
6) Corbach (in Waldeck) 2 M. 1 P. 32 St. Siegfried Heße 2700 Thlr. (2 Pr. 16', 1 Unterf. 32'.)
7) Dittfurth 3 M. 1 P. 37 St. Reubke 3200 Thlr. ohne Gehäuse.
8) Ulm (Dom) 100 St. Walker 40,000 fl. r.
9) Paris, St. Eustache, 100 St. Cavaillé-Coll 163,000 fr.
10) Lissa (erb. von Wünsche in Breslau) 29 St. 2356 Thlr.
11) Rhoden (Jakob Vogt in Corbach) 22 St. 937 Thlr.

---

hausen (Strobel) 20 St., Görlitz (Buckam) 16 St., Breslau (St. Barbara) 21 St.

*) Eine vollständige Disposition mit beigefügten Preisen siehe bei Seidel-Kuntze; auch Ur. 1849 Nr. 5. Ein Revisionsprotokoll von Töpfer Ur. 1861 Nr. 4. Preise der einzelnen Orgelteile Urania 1861 Nr. 9 Orgelkontrakt Urania 1857 S. 156.

Die Stimmen einer Klaviatur werden in der Disposition gewöhnlich so aufgezählt, daß zuerst die Labialstimmen nach ihrer Fußgröße von der größten anfangend, dann die eintönigen Hilfsstimmen, dann die gemischten und zuletzt die Zungenstimmen nach ihrer Fußgröße genannt werden.

12) Speier (Domorgel erb. 1840 von Frosch) 62 St. 35,000 fl. f.
13) Scharzfeld (von Engelhardt in Herzberg am Harz) 18 St. (Bordun im Manual, und Subbaß und Posaune im Pedal) 1000 Thlr.
14) Meegeringhausen, 21 St. (von Vogt in Corbach) 1070 Thlr.
15) Lobenstein 31 St. (von Petronell) vorzügliches Werk 3500 Thlr.
16) Rötha (Georgskirche von Gottfr. Silbermann 1721 erb.) 1400 Thlr. Ur. 1849 S. 115.
17) Denstedt bei Weimar (von Petronell) 19 St. 1200 Thlr. (wohl ohne Gehäuse).
18) Adelnau (Pr. Posen) 6 St. mit Gehäuse 160 Thlr.
19) Pölitz bei Stettin (Seminar) 2 M. 1 P. 9 St. 2 Koppeln (von Grüneberg) 750 Thlr.
20) Bobau (von Schuricht aus Danzig) 12 St. 1 M. 1 P. 640 Thlr. Euterpe 1869 Nr. 5.
21) Das von Flight und Robson erbaute Apollonikon Organ im Colosseum zu London, für 6 Spieler gleichzeitig spielbar, kostete 10,000 Pfd. Sterling. Darnach sind doch wohl die Allg. M.-Ztg. XXI. 264 und Bernstorf Un. Lex. Art. Ap. im Irrtum, welche es für eine kleine Orgel von 16—20 Stimmen erklären.
22) Hamburg St. Petri 3 M. 1 P. Spieltisch ic. 60 St. Walcker 10,000 M. und das alte Werk (38 St.).

62. Welche Orgelbauer sind als Verfertiger hoch angesehener Werke zu merken?

a) Aus älterer Zeit (16. und 17. Jahrhundert): Esajas Compenius zu Braunschweig im Anfang des 17. Jahrhunderts. Es sollen jetzt noch drei seiner Werke existieren: zu Friedrichsberg bei Kopenhagen, zu Bückeburg und zu Halle. Arp. Schnitker zu Hamburg († 1720), von dem noch Werke zu Hamburg, Magdeburg, Berlin, Frankfurt a. O. vorhanden sind. Eugenio Casparini († 1706 zu Neuenwiese bei Görlitz) erfand Lack für die Pfeifen zum Schutze vorm Holzwurm und baute u. a. eine kleine Orgel von 6 Registern für Wien mit Pfeifen aus Papier. Bernhard Schmidt († 1709 als Hoforgelbauer der Königin Anna zu London), von Geburt ein Deutscher. Harris, Renatus († 1724 zu Bristol); es giebt mehrere Orgelbauer Harris.

b) Aus dem 18. Jahrhundert: Zacharias Hildebrand (um 1760) Erbauer der Neustädter Kirchenorgel und Vollender der katholischen Kirchenorgel zu Dresden; J. Gottfr. Hildebrand (Sohn d. v.), erbaute die berühmte Orgel der großen Michaeliskirche zu Hamburg (60 St.).

Michael Engler († 1760) gründete die berühmte Orgelbauwerkstatt zu Breslau, aus der St. Elisabeth zu Breslau, St. Nicolai in Brieg u. a. die Orgeln erhielten.

Joh. Joach. Wagner zu Berlin.

Die 3 Gebrüder Trampeli in Adorf im Vogtlande (Sachsen).

Die Familie Silbermann zu Dresden und Straßburg

drei Brüder nebst ihrem Oheim Gottfried Silbermann, welcher der berühmteste Orgelbauer seiner Zeit war († 1753).

c) Neuere Orgelbauer: Daublaine et Callinet und Cavaillé-Coll (St. Sulpice und St. Denis) zu Paris, Schulze in Paulinzelle, Buchholz zu Berlin, Merklin und Schütze in Brüssel (Erbauer der Hauptorgeln zu Lüttich, Dijon, Toulouse, Namur, Paris, Brüssel 2c.), Ladegast in Merseburg, Willis und Hill zu London, E. F. Walcker und Co. zu Ludwigsburg, Sauer in Frankfurt a. M., Reubke in Hausneindorf.

63. Aus welchen Werken kann sich der Wißbegierige mehr Belehrung über den Orgelbau holen?

Ein Verzeichnis in Druck erschienener theoretischen und praktischen Werke über und für die Orgel mit Angabe der Preise und Verleger, siehe Urania 1845 S. 28. 43. 59. 76. 1846 107.

In dem 1615 erschienenen Syntagma musicum von Michael Prätorius († 1612) handelt der dritte Teil des zweiten Bandes von den alten, der vierte Teil desselben Bandes von den neuen Orgeln. Es ist dies für die Geschichte der Orgel und der Musik überhaupt ein unschätzbares Werk, ohne welches wir über die Orgeln des 15. und 16. Jahrhunderts fast ohne alle Nachricht wären. Besonders wichtig sind auch die vielen Abbildungen aller zu damaliger Zeit gebräuchlichen musikalischen Instrumente. Der erste Band ist ganz in lateinischer, der zweite in deutscher Sprache jedoch mit starker lateinischer Vermischung geschrieben. Für das 17. und die erste Hälfte des 18. Jahrhunderts sind zwei Werke des Mag. Jacob Adlung († 1762) nicht minder wichtig; sie heißen „Anleitung zur musikalischen Gelahrtheit" 1758 und „Musica mechanica organoedi"; letzteres Werk ist 1768 von Albrecht mit Zusätzen des Hofkomponisten Agricola herausgegeben. Ihm folgte der Benediktinermönch Don Bedos de Celles († 1797) zu Toulouse mit dem Werke L'art du facteur d'orgues, 4 Teile in 3 Bänden in Folio nebst 137 vortrefflichen Kupfertafeln. Dieses ist das erste den Orgelbau systematisch und praktisch behandelnde Werk, in welchem der Orgelbauer eine vollständige Anleitung zur Verfertigung aller Teile der Orgel erhält. Eine neue Ausgabe besorgte Du Hamel, und vermehrte sie mit einem 5. Teile, worin er die bis zu seiner Zeit erfolgten Verbesserungen und Erfindungen anführt und noch eine Geschichte der Orgel hinzufügt (Nouveau manuel complet du facteur d'orgues etc. Paris, Rovet 1849).

Der bedeutendste Schriftsteller über Orgelbau in der neuesten Zeit ist der 1870 verstorbene Professor Töpfer in Weimar. Sein Hauptwerk führt den Titel „Lehrbuch der Orgelbaukunst" in zwei Bänden nebst 130 dem Bedos entlehnten Kupfertafeln, Weimar 1855.*) Der erste Band enthält eine freie Übersetzung des Werkes von Bedos, jedoch mit Zusätzen und Auslassungen, der zweite Teil ist Töpfers selbständige Arbeit. Gleichzeitig mit diesem erschien in England ein

---

*) Neu bearbeitet von Max Allihn (1888).

anderes umfassendes Werk über die Orgel unter dem Titel „The Organ, its history and construction" ꝛc. von Edward J. Hopkins, Organisten zu Temple Church in London; vorausgeschickt ist eine Geschichte der Orgel von Edward J. Rimbault (London 1855). Darin ist eine große Anzahl Dispositionen von englischen, deutschen, französischen, holländischen, spanischen und italienischen Orgeln mitgeteilt.

Von neueren einschlägigen Werken sind zu nennen:
1) Töpfer: „Die Orgel" 1843. Ohne Zeichnungen.
2) Schlimbach: „Über Struktur, Erhaltung und Stimmung der Orgel" 1843, 3. Aufl. mit Kupfern.
3) Seidel: „Die Orgel und ihr Bau" 1844. Neu herausgegeben von Kuntze 1875 mit Abbildungen, wesentlich erweitert von B. Kothe 1887.
4) Sattler: „Die Orgel" 1858. Mit 6 Kupfertafeln.
5) J. G. Heinrich: „Orgellehre" 1861. Ohne Abbildungen.
6) A. G. Ritter: „Die Erhaltung und Stimmung der Orgel durch den Organisten" 1861. 38 S. Mit 4 Tafeln.
7) E. Fr. Richter, Katechismus der Orgel (Leipzig, J. J. Weber).
8) Karl Locher: „Erklärung der Orgelregister" [alphabetisch] (Bern 1887) 77 S.

Ein hochbedeutsames und allseitig geschätztes Werk, das die Geschichte des Orgelspiels zum speziellen Vorwurf hat und sowohl in seinem textlichen Teile als in den umfassenden Notenbeilagen (2. Band) ein lebendiges Bild entrollt, ist

A. G. Ritter: „Geschichte des Orgelspiels im 14.—18. Jahrhundert" 2 Bde. (Leipzig 1884, Max Hesse's Verlag. Preis: brosch. 20 Mark, gbdn. 23 Mark).

Anhang.

Ausgewählte Dispositionen.

a) Alte Orgeln.

(1—4 Aus Michael Prätorius' Syntagma musicum II. De organographia S. 161 ff.)

1) Die große Orgel zu Danzig in St. Marienkirche, so Anno 1585 von Julio Antonio erbauet worden, helt 55 Stimmen.

Im Oberwerk seynd 13 Stimmen:

1. Principal 16′
2. Holflöite 16′
3. Quintadehna 16′
4. Spillpfeife 8′
5. Octava 8′
6. Quintadehna 8′
7. Offenflöite oder Viol 8′
8. Spillpfeife 4′
9. Viol 4′
10. Sedecima
11. Rauschquint

(Dieser Stimmen eine jede hat 48 Pfeifen.)

12. Zimbel hat 144 Pfeifen, ist derwegen dreychöricht.
13. Mixtur hat in alles 1152 und auff jeden Clavem 24 Pfeifen.

In dem Brust= oder Vorpositiv 8 Stimmen:

1. Gedakte Stimm 8′
2. Gedakt 4′
3. Prinzipal 4′
4. Quintadehna 4′
5. Zimbel
6. Dunecken 2′
7. Regal singend 8′
8. Zincken 4′.

Im Rückpositiv 18 Stimmen:

1. Principal 8′
2. Holflöit oder Holpfeiff 8′
3. Spillpfeiff oder Blockpfeiff 8′
4. Octav 4′
5. Offenflöit oder Viol 4′
6. Kleine Blockflöit 4′
7. Gemßhorn
8. Sedecima
9. Flöit
10. Waldflöit
11. Rauschquint
12. Nasatt
13. Zimbel von 144 Pfeiffen
14. Mixtur von 220 Pfeiffen
15. Trommet 8′
16. Krumbhorn 8′
17. Zincken 4′
18. Schallmeyen 4′.

Im **Pedal zum Oberwerke** 4 Stimmen, eine jede von 43 Pfeifen.
1. Groß Unterbaß von 32′
2. Unterbaß 16′
3. Posaunenbaß 16′
4. Trommete 8′.

Im Pedal auff beiden Seitten 12 Stimmen.
1. Flöiten oder Octava 8′
2. Gedakt 8′
3. Quintadehna 4′
4. Superoctav 2′
5. Nachthorn
6. Rauschquint
7. Bawerpfeiff
8. Zimbel von 144 Pfeiffen
9. Mixtur von 220 Pfeiffen
10. Spitz oder Cornett
11. Trommeten oder Schallmeyen
12. Krumbhörner.

Ueber das seynd noch in der gantzen Orgel 3 Tremulanten und 1 Trummel im Baß.

Daß also 60 Register in alles vorhanden seyn.

2) Die (Lübecker) Orgel bei unser lieben Frawen (Marienkirche) welche M. Bartold N. (Hering 1518) verfertiget, begreifft 46 Stimmen, 3 Manualclavier, deren die beiden obersten vom D bis ins $\overline{\overline{a}}$, das unterste vom c bis ins $\overline{\overline{a}}$, das Pedal aber von C bis ins $\overline{d}$ hinauff steiget. Item Koppel zum Pedal und Manual.

Oben in der Orgel seind 7 Stimmen.
1. Principal
2. Großoctava
3. Kleinoctava
4. Ruschquint
5. Scharff Zimbel
6. Superoctava
7. Mixtur.

Im Rückpositiv 20 Stimmen.
1. Gemshörner
2. Blockpfeiff 4′
3. Principal
4. Zimbel
5. Mixtur
6. Superoctava
7. Principale
8. Feldpfeife
9. Octava
10. Borduna.
11. Offenflöit 8′
12. Gedakt 8′
13. Dulcian oder Fagott 8′
14. Querpfeiffe 4′
15. Offenflöit 4′
16. Octava 4′
17. Superoctav
18. Mixtur
19. Dulcian oder Fagott 16′
20. Trommeten.

In der Brust 5 Stimmen.
1. Regal
2. Zinck oder Cornett
3. Krumbhorn
4. Baarpfeiffe
5. Gedakt.

Im Pedal 14 Stimmen.
(Ventile zu allen Röhrenbässen oben in der Orgel. Ventile zu allen Pfeiffenbässen im Stuel; Ventile zum Bassun- und Trommetenbaß im Stuel).

1. Groß Principal Unterbaß
2. Duppelte Unterbaß
3. Unterbaß
4. Mixturbaß im Stuel
5. Trommetenbaß
6. Bassunenbaß
7. Schallmeyenbaß
8. Feldpfeifenbaß im Stuel
9. Kleinoctavenbaß
10. Dulcianbaß
11. Cornettbaß
12. Großoctavenbaß im Stuel
13. Detzehmbaß im Stuel
14. Quintadehnenbaß im Stuel.

3) Das große Werk zu Bückeburg, so der hochgeborne Graff und Herr Herr Ernst Graf zu Holstein, Schaumburg und Sternberg, Herr zu Gehmen durch M. Esajam Compenium, Fürstlich Braunschweigischen Orgel- und Instrumentenmacher auch Organisten anno 1615 verfertigen lassen, hat 48 Stimmen, 3 Clavir im Mannal, Koppel zum Oberwerk und Brustclavir, 3 Tremulanten (im Oberwerk, Rückpositiff und im Pedal), 9 Spänenbälge oben uffn Kirchgewelbe gleich uber der Orgel. Ein Register, daß die Bälge allzugleich loß leßt und zugleich einschleußt, daß sie der Calcant nicht mehr treten kann.

Im Oberwerk seind 12 Stimmen.

1. Großprincipal 16′
2. Großquintadehn 16′
3. Großoctava 8′
4. Gemshorn 8′
5. Gedakte Blockpfeiff 8′
6. Biol de Gamba 8′
7. Querpfeiffe 4′
8. Octava 4′
9. Klein Gedakt Blockpfeiff 4′
10. Gemshorn Quinta 3′
11. Klein Flachflöit 2′
12. Mixtur 8. 10. 12. 14 Chor.

In der Brust 8 Stimmen.

1. Rohrflöiten 8′
2. Nachthorn 4′
3. Offenflöit, so forn an zu stehen kommen, von Elffenbein 4′
4. Klein Gemshorn 2′
5. Holzquintlein 1 1/2′
6. Zimbel, kleine 2chör.
7. Regal 8′
8. Geigend Regal von Holtze 4′.

Im Rückpositiff 12 Stimmen.

1. Principal 8′
2. Groß Nachthorn 8′
3. Gedaktflöite (Holz) 8′
4. Nasattpfeiffe (Holz) 4′
5. Spillpfeiffe 4′
6. Klein Rohrflöit 4′
7. Klein Octava 2′
8. Klein Gedakt 2′
9. Suisflöit 1′
10. Klingende Zimbel 3ch.
11. Ranket v. Holz 16′
12. Krumbhorn 8′.

Im Pedal seind 13 Stimmen.

1. Subprincipalbaß 32′
2. Großrohrflöitbaß 16′
3. Groß Gemshornbaß 16′
4. Holzpfeiffenbaß 8′
5. Groß Nachthornbaß 8′
6. Querflöitbaß von Holz 8′
7. Octavenbaß 4′
8. Klein Gemshornbaß 4′
9. Trommetenbaß 8′
10. Posaun- oder Bombardb. 16′

Bruſtpedalia.
11. Hornbäßlein 2′
12. Bawrpfeifflein 1′
13. Zimbelbaß 2chör.
14. Sordunbaß v. Holtz 16′
15. Dolcianbaß v. Holz 8′
16. Cornettbaß 2′.

Manual Clavirs Dispoſition.

```
                Ais         eis        ais
   Dis  Fis Gis B   cis dis fis gis    ‗ ‗
C D  E F  G  A  c  d e  f  g  a etc. bis ins c f
```

Pedal Clavier.

```
         Fis Gis       eis         ais    _
          D  E  B   cis dis     fis gis  b cis
  C F G A  c d e f g a h c̅ d̅ e̅
```

4) Zu Dresden in der Schloßkirche iſt ein Werck ſo M. Gott=
fried Fritſche an. 1614 von 33 Stimmen, Coppel zu beiden
Manualen, Coppel zum Pedal und Rückpoſitiff, Heer=Trommeln E
und F, Zimbelglöcklin am Stern, geſetzet und verfertiget hat. Das
Manualclavir geht vom c bis ins d̄ und iſt alſo geſetzet:

```
                       eis       ais
          D  E  B   cis dis  fis gis  b
  C F G A H c  d  e  f  g  a  h
```

bis ins c̿ cis d̿ ſeind 53 Claves. Das Pedal aber vom c bis ins d:

```
    D  E
  C F G A etc. bis ins d
```

Im Oberwerk ſeynd 13 Stimmen.

1. Gantz vergüldete Trommet 8′ ⎫
2. Schön zinnern Octava   ⎬ Drei Principal
3. Schön zinnern Principal   ⎭
4. Groß Quintadeena 16′
5. Quintadeena 8′
6. Höltzern Principal 8′
7. Koppel Octava 4′
8. Quinta über Octava
9. Gedakt Nasatt 3′
10. Gemshorn 6′
11. Superquinta 1 1/2
12. Zimbel gedoppelt
13. Mixtur 4fach

Tremulant.

Bruſtpoſitiff 5 Stimmen.

1. Regal gantz ver= güldet 4′   ⎫
2. Schön zinnern Schwiegelpf. 1′ ⎬ Drei Principalia
3. Schön zinnern Quintadeena 4′ ⎭
4. Gedakt Flöitlin 2′
5. Scharff Octav 2′
   Tremulant.

Das Positiff uff beiden Seitten anstatt des Rückpositiffs 7 Stimmen.

1. Krumhorn gantz vergüldet 8′ ⎫
2. Schön zinnern Superoctav 2′   ⎬ Drei Principal
3. Schön zinnern Principal 4′   ⎭
4. Lieblich Flöiten oder Flauten
5. Octav Quint
6. Spitzpfeiffen oder Querflöiten von Holz 4′
7. Gedoppelte Zimbel
   Tremulant.

Im Pedal 8 Stimmen.

1. Großer Subbaß offen von Holz 16′
2. Gedakter Subbaß 16′
3. Groß Quintadeena 16′
4. Subbaß Posaunen 16′
5. Offen Principal 8′
6. Cornett 2′
7. Spitzflöitlein 1′
8. Vogelgesang durchs gauze Pedal.

An Stelle dieses Werkes, das dann in die Kirche der Friedrichsstadt gesetzt wurde, trat ein um 1750—55 von Gottfried Silbermann und Zacharias Hilbebrand gebautes, welches Adlung (Musica mechanica organoedi I S. 196 ff) folgendermaßen beschreibt.

Hauptwerk (von großen und gravitätischen Mensuren).

1. Principal 16′   ⎫
2. Principal 8′   ⎬ englisch Zinn im Prospekt
3. Viola da Gamba oder Spillflöte 8′ ⎭
4. Bordun 16′ tiefste Octave Holz
5. Rohrflöte 8′   ⎫
6. Octava 4′   ⎪
7. Spitzflöte 4′   ⎬ engl. Zinn
8. Quinte 3′   ⎪
9. Octave 2′   ⎭
10. Terz aus 2′   ⎫
11. Mixtur 4fach, größte Pfeife 2′ ⎪
12. Zimbel 3fach größte Pfeife 1½′ ⎬ engl. Zinn
13. Cornett 5fach (c—d) auf besonderen Windstöcken und Röhren ⎪
14. Fagott 16′   ⎪
15. Trompete 8′   ⎭

Brustwerk (von lieblichen Mensuren).

1. Principal 8′   ⎫ engl. Zinn
2. Chalumeau 3′   ⎭
3. Gedakt 8′   ⎫
4. Rohrflöte 4′   ⎬ Metall
5. Nasat 3′   ⎭
6. Octave 2′
7. Sesquialtera   ⎫
8. Quinte 1½′   ⎬ engl. Zinn
9. Sifflöt 1′   ⎪
10. Mixtur 3fach ⎭

Oberwerk (von scharfen und penetranten Mensuren).

1. Principal 8′   ⎫
2. Quintatön 16′ ⎬ engl. Zinn
3. Quintatön 8′   ⎭
4. Gedakt 8′   ⎫
5. Rohrflöte 4′   ⎬ Metall
6. Nasat 3′   ⎭

7. Octave 4'
8. Octave 2'
9. Terze
10. Flageolet 1'
11. Mixtur 4fach
} engl. Zinn

12. Unda maris
13. Echo zum Cornett 5fach (c¹ bis d³) auf besonderen Windstöcken und Röhren
14. Vox humana 8'
} engl. Zinn

Die Manualklaviere gehen von C D Dis bis d³, das Pedal von C D Dis bis c¹.

Pedal (von starken und durchdringenden Mensuren).

1. Großuntersatz 32'
2. Principalbaß 16'
} Holz
3. Octavenbaß 8'
4. Octavenbaß 4'
} engl. Zinn

5. Mixtur 6fach
6. Posaunenbaß 16'
7. Trompetenbaß 8'
8. Clarinbaß 4'
} engl. Zinn

Nebenregister.

4 Ventilen. Tremulant (Hauptwerk), Schwebung (Oberwerk), Kalkantenklingel.

Schwarze Untertasten, weiße Obertasten, 6 Bälge mit 1 Falte, 10 Windladen.

Kammerton.

Herr Gottfried Silbermann aus Frauenstein in Meißen, 2 Meilen von Freyberg, gebürtig, welcher die Orgelbaukunst von seinem Bruder, einem berühmten Orgelbauer in Straßburg erlernt hatte, hat dieses Werk erbauet. Weil er aber wegen seines Alters sein herannahendes Ende voraussah, so hat er gleich vom Anfange des Baues an seinen besten Schüler, den Herrn Zacharias Hildebrand, dessen eigene großen Werke in Naumburg und Dresden, in der Folge vorkommen werden, zum Gehülfen angenommen; welcher Herr Z. Hildebrand auch das itzt beschriebene Werk nach Hrn. Gottfried Silbermanns darüber würklich erfolgtem Tode, glücklich geendiget hat. .... An seinen (G. Silbermanns) Orgeln finden echte Orgelkenner weiter nichts zu tadeln als die allzueinförmige Disposition, welche bloß aus einer übertriebenen Behutsamkeit, nichts von Stimmen zu wagen, wovon er nicht ganz gewiß versichert war, daß ihm nichts daran mißraten würde, herrührte; ferner die allzueigensinnige Temperatur und endlich die allzuschwachen Mixturen und Cimbeln, wegen welcher seine Werke zumal für große Kirchen nicht Schärfe und durchschneidendes Wesen genug haben. Drei Dinge, welche er alle sehr leicht hätte ändern können. Dagegen bewundern Kenner: Die vortreffliche Sauberkeit, Güte und Dauerhaftigkeit der Materialien sowohl, als der Arbeit, die große Simplizität der inneren Anlage, die ungemein prächtige und volle Intonation und die überaus leicht und bequem zu spielenden Klaviere.

5) Disposition der 1738 von Christian Müller erbauten großen Orgel zu Harlem (beschrieben vom Organisten J. P. Schumann).

Grand Manuel (Hauptmanual).

1. Prestant 16′
2. Bourdon 16′
3. Octave 8′
4. Viole de Gamba 8′
5. Roer-Fluit 8′
6. Octave 4′
7. Gems-Hoorn 4′
8. Roer-Quint 6′
9. Quint 3′
10. Tertian 2 f.
11. Mixture 6, 8 à 10 f.
12. Wout-Fluit 2′
13. Trompette 16′
14. Trompette 8′
15. Trompette 4′
16. Haut-Bois 8′.

Manuel Supérieur (Oberwerk).

1. Prestant 8′
2. Quintadena 16′
3. Quintadena 8′
4. Baar-Pijp 8′
5. Octave 4′
6. Flag-Fluit 4′
7. Nassat 3′
8. Nacht-Hoorn 2′
9. Flageolette 1 1/2′
10. Sexquialter 2 f.
11. Echo Cornet 4 f.
12. Mixture 4 à 6 f.
13. Schalmey 8′
14. Dulcian 8′
15. Vox Humana 8′.

Positif.

1. Prestant 8′
2. Hol-Fluit 8′
3. Quintadena 8′
4. Octave 4′
5. Flute 4′
6. Speel-Fluit 3′
7. Sexquialter 2, 3 à 4 f.
8. Supre Octave 2′
9. Scherp 6 à 8 f.
10. Cornet 4 f.
11. Carrillion 2 f.
12. Fagotte 16′
13. Trompette 8′
14. Regaal 8′.

Pedale.

1. Principal 32′
2. Prestant 16′
3. Subbas 16′
4. Roer-Quint 12′
5. Hol-Fluit 8′
6. Octave 8′
7. Quint Prestant 6′
8. Octave 4′
9. Ruisch-Quint 3′
10. Hol-Fluit 2′
11. Bazuin 32′
12. Bazuin 16′
13. Trompette 8′
14. Trompette 4′
15. Cincq (Zink) 2′.

60 Stimmen, 4 Windladen, 2 Tremulanten, 2 Koppeln, 12 Bälge, im ganzen c. 5000 Pfeifen.

Die längste Pfeife des Prinzipal 32′ mißt 38 Fuß Höhe und 15 Zoll Breite.

Die Bälge sind 9 Fuß lang und 5 Fuß breit.

b) Neuere Orgeln.

6) Disposition der Orgel der Paulskirche zu Frankfurt am Main. (1833 erbaut von E. F. Walcker, 74 klingende Stimmen.)

Hauptwerk, unteres Manual.

1. Principal 16′
2. Untersatz 32′, vom g anfangend, gedeckt
3. Flauto major, offen 16′
4. Viola major 16′
5. Octav 8′
6. Viola di Gamba 8′
7. Gemshorn 8′
8. Jubal=Flöte 8′ m. dopp. Labien
9. Quint 5 1/3′
10. Octav 4′
11. Hohlpfeife 4′
12. Fugara 4′ } Gemshorn
13. Terz 3 1/5′
14. Quint 2 2/3′
15. Waldflöte 2′
16. Octav 2′ 2fach repetiert
17. Terz 1 3/5′
18. Octav 1′ geht durch
19. Cornet 10 2/3′ 5fach
20. Mixtur 2′ 5fach
21. Scharf 1′ 4fach
22. Tuba 16′
23. Trompete 8′.

Zweites Werk, mittleres Manual.

1. Principal 8′
2. Bourdon 16′
3. Salicional 8′
4. Dolce 8′
5. Gedeckt 8′
6. Quintatön 8′
7. Quintflöte 5 1/3′
8. Octav 4′
9. Rohrflöte 4′
10. Flûte traversière 4
11. Quint 2 2/3′
12. Octav 2′
13. Mixtur 2′ 5fach
14. Vox humana 8′
15. Posaune 8′.

Drittes Werk, oberes Manual.

1. Principal 8′
2. Quintatön 16′
3. Lieblich Gedeckt 8′
4. Hohlflöte 8′
5. Harmonika 8′
6. Bifara 8′
7. Spitzflöte 4′
8. Flûte d'amour 4
9. Gedeckt 4′
10. Dolcissimo 4′
11. Flautino 2′
12. Nasard 2 2/3′
13. Physharmonica 8′
14. Hautbois 8′.

Erstes Pedal, untere Pedaltastatur.

1. Prinzipal 16′
2. Subbaß 32′ offen
3. Contrabaß 32′ offen
4. Violon 16′
5. Octav 16′
6. Quint 10 2/3′
7. Octav 8′
8. Violoncello 8′
9. Quint 5 1/3′
10. Terz 6 2/5′
11. Octav 4′
12. Posaune 16′
13. Trompete 8′
14. Clarine 4′
15. Cornetino 2′.

Zweites Pedal, obere Pedaltastatur.

1. Gedeckt 16′
2. Violon 16′
3. Principal 8′
4. Flöte 8′
5. Flöte 4′
6. Waldflöte 2′
7. Fagott 16′.

Nebenzüge.

1. Sperrventil zum 1. Manual
2.   ″   ″   2.   ″
3.   ″   ″   3.   ″
4.   ″   ″   1. Pedal
5.   ″   ″   2.   ″
6. Tremulant
7. Koppel des unteren Manual mit dem mittleren
8. Koppel des mittleren Manual mit dem oberen
9. Koppel des ersten Pedal mit dem zweiten Pedal
10. Koppel des ersten Pedal mit dem Hauptwerk
11. Koppel des zweiten Pedal mit dem zweiten Manual
12. Kalkantenwecker
13. Manualwindtrennung.

Fußtritte.

1. Crescendo zum 2. Manual
2.   ″   ″   3.   ″
  Beide durch Ventile
3. Crescendo zum 3. Manual, welches in einem Kasten steht, der vermittelst Jalousie=Läden geöffnet und verschlossen wird.
4. Crescendo zur Physharmonika.

Das Werk hat 12 Bälge; jeder ist 14 Fuß lang und 5½ breit. 7 davon sind zu den Manualen und 5 zu den Pedalen gehörig. Ist aber der Subbaß 32 Fuß und die Manualwindtrennung gezogen, so geben 4 Bälge dem Hauptwerk, 3 dem zweiten und dritten Werk, 3 dem Hauptpedal und zweiten Pedal und 2 den 32füßigen Bässen ihren abgesonderten Wind.

7) Disposition der 1854—55 von Merklin und Schütze erbauten großen Orgel der Kathedrale zu Murcia.

Erstes Manual.

1. Montre 8 pieds
2. Viola di Gamba 8 p.
3. Flûte traversière 8 p.
4. Bourdon 8 p.
5. Flûte douce 4 p.
6. Prestant 4 p.
7. *Cornet 4 p.
8. Flageolet 2 p.
9. *Euphone 16 p.
10. *Grosse trompette 8 p.
11. *Trompette douce 8 p.
12. *Clarion 4 p.

Zweites Manual.

1. Montre 16 p.
2. Bourdon 16 p.
3. Montre 8 p.
4. Salicional 8 p.

5. Viola 8 p.
6. Bourdon 8 p.
7. Grosse flûte 8 p.
8. Flûte 4 p.

   Registres de Combinaison.

9. Prestant 4 p.
10. Doublette 2 p.

11. Fourniture de 4 tuyaux par touche.
12. *Cornet de 5 tuyaux par touche.
13. *Trompette céleste 8 p.
14. *Euphone 8 p.
15. *Clairon 4 p.
16. *Ophicléide et Cor 16 p.

Drittes Manual.

1. Bourdon 16 p.
2. Montre 8 p.
3. Flûte harmonique 8 p.
4. Bourdon 8 p.
5. Fugara 8 p.
6. Flûte octaviante 4 p.
7. Prestant 4 p.

8. Nasard 3 p.
9. Fourniture progressive.
10. *Bombarde 16 p.
11. *Trompette bombarde 8 p.
12. *Trompette harmonique 8 p.
13. *Clairon harmonique 4 p.

Viertes Manual.

1. Flûte harmonique 8 p.
2. Dolciana 8 p.
3. Bourdon 8 p.
4. Voix céleste 8 p.
5. Flûte d'Echo 4 p.
6. Voix humaine 8 p.

   Registres de Combinaison.

7. Musette 8 p.
8. Cornet de 4 tuyaux par touche.
9. Trompette douce 8 p.
10. Cor anglais & hautbois 8 p.
11. Clairon 4 p.

Pedal.

1. Contrebasse 32 p.
2. Sousbasse 16 p.
3. Contrebasse 16 p.
4. Bourdon 16 p.
5. Flûte 8 p.
6. Violoncelle 8 p.
7. Basson 16 p.

8. Flûte 4 p.

   Registres de Combinaison.

9. Bombarde 16 p.
10. Trompette 8 p.
11. Clairon 4 p.
12. Bombarde 32 p.

(64 klingende Stimmen.)

Koppeln.

1. Pédale servant à réunir le 1. Clavier au 2.
2. Pédale servant à réunir le 2. Clavier au 3.
3. Pédale servant à réunir le 3. Clavier au 4.
4. Pédale servant à réunir le 2. Clavier au 4.

5. Pédale servant à réunir la main gauche du 1. Clavier au Clavier des Pédales séparées
6. Pédale servant à réunir la main gauche du 2. Clavier au Clavier des Pédales séparées
7. Pédale servant à réunir la main gauche du 3. Clavier au Clavier des Pédales séparées

Collektivzüge und Tremulanten.

8. Pédale servant à faire sortir & rentrer les registres de Combinaison du 2. Clavier
9. Pédale servant à faire sortir & rentrer les registres de Combinaison du 3. Clavier
10. Pédale servant à faire sortir & rentrer les registres de Combinaison du 4. Clavier
11. Pédale servant à faire sortir & rentrer les registres de Combinaison des Clavier des Pédales separées
12. Pédale d'expression pour le 4. Clavier
13. Pédale de Tremblant pour le 4. Clavier
14. Pédale de Tremblant pour le 1. Clavier
15. Pédale servant à reunir tous les registres marqués de *.

8) Disposition der Orgel im großen Konzertsaale zu Frankfurt am Main (von E. F. Walcker & Co. 1873).

Erstes Manual (Hauptmanual, unteres).

1. Principal 16′
2. Bourdon 16′
3. Principal 8′
4. Gemshorn 8′
5. Bourdon 8′
6. Gambe 8′
7. Hohlflöte 8′
8. Trompete 8′
9. Octave 4′
10. Gemshorn 4′
11. Rohrflöte 4′
12. Quinte $5^{1}/_{3}$′
13. Superoctave 2′
14. Mixtur 5fach $2^{2}/_{3}$′
15. Scharf 3fach $1^{1}/_{3}$′

Zweites Manual (mittleres).

1. Gedeckt 16′
2. Principal 8′
3. Flöte 8′
4. Dolce 8′
5. Lieblich Gedeckt 8′
6. Clarinett 8′
7. Octave 4′
8. Spitzflöte 4′
9. Quinte $2^{2}/_{3}$′
10. Flautino 2′
11. Cornett 5fach 8′.

Drittes Manual (oberes).

1. Principal 8′
2. Gedeckt 8′
3. Salcional 8′
4. Aoline 8′
5. Fagott und Oboe 8′
6. Traversflöte 4
7. Fugara 4′
8. Mixtur 3fach $2^{2}/_{3}$′

Pedal.

1. Principal 32′
2. Principal 16′
3. Violonbaß 16′
4. Subbaß 16′
5. Posaune 16′
6. Principal 8′
7. Violoncello 8′
8. Gedecktbaß 8′
9. Trompete 8′
10. Octave 4′
11. Clarino 4′.

Nebenzüge.

a) für die Hände:

1. Koppel des zweiten Manuals zum ersten
2. „ des dritten zum ersten
3. „ des dritten zum zweiten.

b) für die Füße:

4. Koppel des ersten Manuals zum Pedale
5. des zweiten Manuals zum Pedale
6. Pianozug für das Pedal, wodurch die etwa gezogenen starken Register des Pedals plötzlich zum Schweigen gebracht werden, so daß nur die Pedalregister Nr. 3, 4, 7 und 8 erklingen
7. *Forte*, wodurch das volle Werk erklingt
8. *Tutti*, wodurch zwar auch eine starke Registrierung, aber doch nicht alles erklingt
9. *Tutti* zum dritten Manuale, das dessen sämtliche Stimmen ertönen läßt
10. *Crescendo* zum dritten Manuale.

Umfang der Manuale C bis $\overline{\overline{f}}$, des Pedales C bis $\overline{f}$.

Das Werk hat Kegelladen, sieben Kastenbälge und 45 klingende Stimmen.

9) Disposition der Orgel in der größeren evangelischen Kirche zu Düsseldorf, erbaut 1841 von Adolf Ibach Söhne in Barmen. 25 Stimmen.

Erstes Manual.

1. Principal 8′
2. Bordun 16′
3. Viol di Gamba 8′
4. Gedeckt 8′
5. Hohlflaut 8′
6. Octav 4′
7. Rohrflöte 4′
8. Quint 2⅔′
9. Octav 2′
10. Mixtur 4fach 1⅓′
11. Cornett 4fach 4′ von g anfangend
12. Trompete 8′.

Zweites Manual.

1. Lieblich Gedeckt 16′
2. Salicional 9′
3. Flaut traverse 8′
4. Rohrflöte 8′
5. Principal 4′
6. Spitzflöte 4′
7. Gemshorn 2′.

128 Anhang.

Pedal.

1. Violon 16′
2. Subbaß 16′
3. Posaune 16′
4. Principal 8′
5. Quint 5 1/3′
6. Octav 4′.

Nebenzüge.

1. Manualkoppel
2. Pedalkoppel
3. Kalkantenwecker
4. Ventil.

10) Disposition der Konzertorgel in der Musikhalle in Boston, erbaut 1862 von E. Fr. Walcker & Co. 86 klingende Stimmen.

Erstes Manual, Hauptwerk.

1. Principal 16′
2. Tibia Major 16′
3. Viola Major 16′
4. Basson 16′
5. Ophicleide 8′
6. Diapason 8′
7. Flöte 8′
8. Gemshorn 8′
9. Viola di Gamba 8′
10. Gedeckt 8′
11. Trombone 8′
12. Trompete 4′
13. Octav 4′ (Regal)
14. Fugara 4′
15. Hohlflöte 4′
16. Flûte d'amour 4′
17. Clairon 4′
18. Waldflöte 2′
19. Octave 2′
20. Quint 5 1/3′
21. Terz 3 1/5′
22. Quint 2 2/3′
23. Cornett 5 fach
24. Mixtur 6 fach
25. Scharff 4 fach.

Zweites Manual, Schwellwerk.

1. Bourdon 16′
2. Principal 8′
3. Salicional 8′
4. Dolce 8′

Ausgewählte Dispositionen.

5. Quintatön 8'
6. Gedeckt 8'
7. Trompete 8'
8. Trompete 4'
9. Basson 8'
10. Hautbois 4'
11. Octav 4'
12. Rohrflöte 4'
13. Traversflöte 4'
14. Cornettino 4'
15. Quintflöte 5 1/3'
16. Nasard 2 2/3'
17. Octav 2'
18. Mixtur 5fach 2'.

Drittes Manual.

1. Gedeckt 16'
2. Flöten=Principal 8'
3. Spitzflöte 8'
4. Bifra 2fach 8' u. 4'
5. Gedeckt 8'
6. Viola 8'
7. Clarino 8'
8. Clarino 4'
9. Hohlpfeife 4'
10. Principal=Flöte 4'
11. Physharmonica 8' m. Schw.
12. Dolce 4'
13. Flautino 2'
14. Sesquialtera
15. Superoctav 2'.

Viertes Manual, Oberwerk.

1 Bourdon 16'
2. Geigen=Principal 8'
3. Äoline 8'
4. Konzertflöte 8'
5. Corno Bassetto 8'
6. Vox humana 8' m. Schwellung
7. Gemshorn 4'
8. Piffaro 2fach 4'
9. Vox angelica 4'
10. Quint 2 2/3'
11. Piccolo 2'.

Pedal.

I. Forte=Abteilung.

1. Principal=Baß 32', Diameter der größten Zinnpfeife 1 3/4 Fuß, Gewicht 800 Pfd.
2. Bombardon 32'
3. Grand=Bourdon 32'
4. Octav=Baß 16'
5. Sub=Baß 16'
6. Contre Violon 16'
7. Trombone 16'
8. Octav=Baß 8'
9. Hohlflöten B. 8'
10. Violoncell 8
11. Trompete 8'
12. Corno Basso 4'
13. Octav 4'
14. Cornettino 2'.

II. Piano=Abteilung.

1. Bourdon 16'
2. Basson 16'
3. Flöte 8'
4. Viola 8'
5. Flöte 4'
6. Waldflöte 2'.

Verzeichnis der Nebenzüge und Kollektivpedale.

a. Kollektivpedal für die sämtlichen Zungenwerke
b. Kollektivpedal für ein Fortissimo im I. Manual
c. Kollektivpedal für ein *forte* im I. Manual
d. Kollektivpedal für ein *piano* im I. Manual

Riemann, Orgellehre.

e. Kollektivpedal für Solo Zwecke im IV. Manual
f. Kollektipedal fürs volle Werk (86 Register)
g. Koppel d. I. Manuals z. Pedal
h. „ II. Manuals z. Pedal
i. „ III. Manuals z. Pedal
k. „ IV. Manuals z. Pedal
l. „ I. II. III. und IV. Manuals zum Pedal
m. Koppel zum Forte Pedal
n. Koppel d. I. Manuals zur Pneumatik
o. Koppel d. II. Manuals zum I. Manual
p. Koppel d. III. Manuals zum I. Manual
q. Koppel d. IV. Manuals zum I. Manual
r. Schweller zur Vox humana
s. „ zur Physharmonica
t. „ zum ganzen II. Manual und zur 2. Pedalabteilung
u. Tremolo zur Vox humana
v. „ zur Bifra im III. Manual.

Jedes dieser Klaviere und Pedale ist, sogar gekoppelt, vermittelst der Pneumatik so leicht zu spielen wie ein gewöhnliches kleines Werk von 8 bis 10 Registern.

w. Crescendo und Decrescendo fürs ganze Werk, durch welche Vorrichtung die Wirkung desselben vom leisesten Hauch bis zur vollen Stärke aller Register nach Graden, die auf dem Zifferblatt x, durch einen Zeiger angegeben werden, entweder durch den Spieler selbst oder durch eine zweite Person gesteigert werden kann.

Sechs Schöpfbälge beschaffen den Wind für ein 525 Kubitfuß großes Reservoir und werden mittels Dampfkraft durch eine eiserne Triebmaschine in Bewegung gesetzt, deren Thätigkeit sich selbst nach dem jeweiligen Windverbrauch reguliert und so das Werk auf die zuverlässigste und ruhigste Weise mit Wind versieht.

Die größte Zinnpfeife hält 5 Eimer und 12 Imi Flüssigkeit (Württembergisches Maß).

11) **Genf**, St. Pierre. 46 Stimmen, 3 Manuale, von Merklin und Schütze 1866 erbaut für 100,000 Franken.

Links:

1. Reihe (wagerecht, gelb).
1. Calcant
2. Violoncello 8′
3. Sousbasse 16′
4. Sousbasse 32′
5. Contrebasse 16′.

2. Reihe (blau).
6. Voix humaine 8′
7. Gambe 8′
8. Bourdun 8′

Rechts:

1. Reihe (gelb).
24. Bombarde 16′
25. Trompette 8′
26. Clairon 4′
27. Octave 4′
28. Octave basse 8′.

2. Reihe (blau).
29. Trompette 8′
30. Basson et Hautbois 8′
31. Trompette harmonique 8′

Links:	Rechts:
9. Voix céleste 8'	32. Cornet 2'
10. Flûte octaviante 8'	33. Fugara 4'
11. Grand Cornet 8'.	34. Flûte d'Echo 4'
3. Reihe (weiß).	3. Reihe (weiß).
12. Flûte octaviante 4'	35. Ophicléide et Cor 16'
13. Gambe 8'	36. Principal 16'
14. Flûte harmonique 8'	37. Bourdun 8'
15. Bourdun 16'	38. Dulciana 8'
16. Montre 8'	39. Préstant 4'
17. Fourniture 3'.	40. Quintfloete $2^1/_3'$.
4. Reihe (rot).	4. Reihe (rot).
18. Flûte harmonique 4'	41. Clairon 4'
19. Gambe 8'	42. Principal 8'
20. Salicional 8'	43. Clarinette 8'
21. Rohrfloete 8'	44. Trompette 8'
22. Bourdon 16'	45. Fourniture
23. Doublette 2'.	46. Flautino 2'.

Tonnerre, 7 Koppeln (incl. 1 Octavkoppel), 4 Kollektivzüge, Forte générale, Tremolo und Expression.

12) Disposition der 1885 von E. F. Walcker & Co. in Ludwigsburg erbauten neuen Orgel der Petrikirche in Hamburg (60 klingende Stimmen).

I. Manual (C—g^3, 56 Tasten).

1. Principal 16': aus reinem englischem Zinn
2. Flauto major 16' von Holz, offen
3. Principal 8', tiefste Octave von Holz, von c an aus reinem englischem Zinn
4. Bourdon 8' von Holz gedeckt, von a^2 an Probezinn (12 lötig)
5. Viola di Gamba 8' von Probezinn
6. Quintatön 8' von Probezinn
7. Hohlflöte 8' von Holz, offen
8. Gemshorn 8', untere Octave von Holz, Fortsetzung Probezinn
9. Dolce 8', erste Octave Holz, Fortsetzung Probezinn
10. Octave 4' von Probezinn
11. Rohrflöte 4' von Metall
12. Gemshorn 4' von Probezinn
13. Hohlflöte 4' von Holz, offen
14. Quinte $5^1/_3'$ von Probezinn
15. Quinte $2^2/_3'$ von Probezinn
16. Octave 2' von Probezinn
17. Cornet 8 Fußton, 5 fach, in c anfangend, von Probezinn
18. Mixtur $2^2/_3'$, 6 fach, von Probezinn
19. Basson 16' aufschlagende Zungen; Stiefel und Schallbecher von Holz, letztere von c an Probezinn
20. Trompete 8', aufschlagende Zungen; Stiefel und Schallbecher von Probezinn
21. Clairon 4', dgl.

II. Manual (C—g³, 56 Tasten).

1. Bourdon 16', von Holz, gedeckt
2. Salicional 16', die beiden unteren Octaven von Holz, Fortsetzung Probezinn
3. Principal 8', untere Octave von Holz, Fortsetzung Probezinn
4. Salicional 8', untere Octave Holz, Fortsetzung Probezinn
5. Spitzflöte 8', untere Octave Holz, Fortsetzung Probezinn
6. Viola d'amour 8', von Probezinn
7. Gedeckt 8', von Holz, von a² an Probezinn
8. Biffra doppelchörig 8' und 4' von Probezinn, 8' gedeckt, 4' offen
9. Octave 4' von Probezinn
10. Viola 4' von Probezinn
11. Flauto dolce 4 von Holz, offen, von a² an Probezinn
12. Piccolo 2' von Probezinn
13. Cymbal 2⅔', 4fach, von Probezinn
14. Klarinette 8', einschlagende Zungen; Stiefel von Holz, Schallbecher von Zinn.

III. Manual (C—g³, 56 Tasten) mit Schwellung.

1. Lieblich Gedeckt 16' von Holz
2. Geigenprincipal 8', untere Octave von Holz, Fortsetzung von Probezinn
3. Lieblich Gedeckt 8' von Holz, mit doppelten Labien, von a² Probezinn
4. Konzertflöte 8', von Holz, mit runden Labien
5. Aoline 8', untere Octave von Holz, Fortsetzung von Probezinn
6. Voix céleste 8' von Probezinn, von c anfangend
7. Fugara 4' von Probezinn
8. Dolce 4' von Probezinn
9. Traversflöte 4' von Holz, mit gedrehten Cylindern und überblasendem Ton
10. Oboe 8', einschlagende Zungen; Stiefel von Holz, Schallbecher von Zinn, mit Schwellung durch Windentziehung und Tremolo.
11. Vox humana 8' einschlagende Zungen; Stiefel und Schallbecher von Holz und Zinn, mit eigener Windlade, Expressionskasten und Schalltrichter.

Pedal (C—f¹, 30 Tasten).

1. Principalbaß 32', untere Octave kombiniert (16' und Quinte 10⅔'), Fortsetzung von Holz, offen, in natürlicher Tonlänge
2. Principalbaß 16' von Holz, offen
3. Violonbaß 16' von Holz, offen
4. Subbaß 16' von Holz, gedeckt
5. Gedecktbaß 16'
6. Octavbaß 8' von Zinn
7. Flötenbaß 8' von Holz, offen
8. Violon 8' von Probezinn
9. Violoncello 8', C—G von Holz, Fortsetzung Probezinn
10. Octavbaß 4' von Probezinn
11. Posaune 16', aufschlagende Zungen, Stiefel und Schallbecher von Holz
12. Fagott 16', dgl.
13. Trompete 8', aufschlagende Zungen, Stiefel und Schallbecher von Probezinn
14. Clairon 4', dgl.

(zusammen 3652 Pfeifen.

Das Werk hat 3 Pedal- und 3 Manualkoppeln, und zwar:

1) Manual I. zum Pedal   4) Manual II. zu Manual I.
2)   „   II. „   „   5)   „   III. „   „   I.
3)   „   III. „   „   6)   „   III. „   „   II.

Diese Koppeln sind sämtlich pneumatisch eingerichtet und werden in sehr bequemer Weise durch Druckknöpfe über den Klaviaturen gehandhabt. Außerdem existiert eine Oktavkoppel vom Manual I. zum Pedal.

Das Regierwerk arbeitet außerordentlich leicht, elastisch und geräuschlos, so daß die Spielart eine äußerst angenehme und die Ansprache der Pfeifen eine durchaus prompte ist. Das I. Manual hat Pneumatik, an welche die beiden Manualkoppelungen II.—I. und III.—I. angehängt sind, so daß die Spielart auch bei vollem Werk und der Anwendung aller Koppeln eine stets gleichmäßige, ungemein leichte bleibt.

Der zum Vorwärtsspielen eingerichtete Klavierschrank mit polierten Klaviaturbacken und Registerzugsstaffeleien enthält die Registerzüge der obenbenannten 46 Manual- und 14 Pedalregister; die Namen derselben sind auf verschiedenfarbigen Porzellanschildern über den Registerzügen angebracht und zwar I. Manual weiß, II. Manual rot, III. Manual blau und Pedal grün. Hieran schließen sich folgende Nebenzüge: 2 Tremolozüge für Oboe 8′ und Vox humana, und ein Zug Viola tremolo, welcher zur Aoline die in sanfter Schwebung gestimmte und mit einem eigenen Zug versehene Voix céleste gesellt; (die letztere, allein gezogen, besteht somit aus Aoline und Viola tremolo); ferner der Zug zur Crescendo-Walze, der Anker zu derselben, der sie auf jedem beliebigen Punkt zum Stehen bringen kann und die Kalkantenglocke. Über dem Pedal befinden sich sechs Kombinationstritte, ein Forte- und ein Pianopedaltritt, eine Oktavkoppel vom I. Manual zum Pedal, der Schwelltritt zum III. Manual und zu den drei oben erwähnten Pedalstimmen, ein Kombinations-Prolongement und ein Tritt zum Auslösen der Crescendo-Walze für den Fall, daß die Hände beide zu sehr beschäftigt sind — alles Vorrichtungen von höchstem Werte, die bis jetzt nur in sehr wenigen Orgeln existieren (vgl. S. 8).

13) Disposition der Orgel im Dom zu Fulda. 54 Stimmen, 3 Manuale, von W. Sauer (Frankfurt) 1877 erbaut.

Hauptmanual.

1. Principal 16′
2. Bordun 16′
3. Bombarde 16′ aufschlagend
4. Principal 8′
5. Flûte harmonique 8′
6. Gemshorn 8′
7. Gedakt 8′
8. Gambe 8′
9. Nasard $5\frac{1}{3}$′
10. Octave 4′
11. Rohrflöte 4′
12. Spitzflöte 4′

13. Rauschquinte $2^2/_3'$ und $2'$
14. Mixtur 5fach $2'$, $1^1/_3'$, $1'$, $^2/_3'$ und $^1/_2'$
15. Cornett 4fach $4'$, $2^2/_3'$, $2'$, $1^3/_5'$
16. Cymbel 3fach $1^3/_5'$, $1^1/_3'$, $1^1/_7'$
17. Trompete $8'$ aufschlagend.

Obermanual.

1. Lieblich gedakt $16'$
2. Principal $8'$
3. Rohrflöte $8'$
4. Salicional $8'$
5. Lintatön $8'$
6. Fernflöte $8'$
7. Clarinette $8'$ einschlagend
8. Basson $8'$ einschlagend
9. Octave $4'$
10. Traversflöte $4'$
11. Gemshorn $4'$
12. Nasard $3^2/_3'$
13. Flautino $2'$
14. Progressivharmonika 4—6f. ($5^1/_3'$, $4'$, $2^2/_3'$, $2'$, $1^1/_3'$, $1'$).

Schwellwerk (Rückwerk).

1. Geigenprincipal $8'$
2. Lieblich gedakt $8'$
3. Äoline $8'$
4. Voix céleste $8'$
5. Traversflöte $8'$
6. Oboe $8'$
7. Fugara $4'$
8. Flauto dolce $4'$.

Pedal.

1. Offenbaß $16'$
2. Principal $16'$
3. Violon $16'$
4. Subbaß $16'$
5. Posaune $16'$
6. Quintbaß $10^2/_3'$
7. Octavbaß $8'$
8. Violoncello $8'$
9. Baßflöte $8'$
10. Quintflöte $5^1/_3'$
11. Octave $4'$
12. Trompete $8'$
13. Klarinette $4'$.

Manualkoppel 1 + 2
    „   1 + 3
    „   2 + 3
Pedalkoppel zum Hauptmanual
Kollektivtritt zum 1. Manual
    „   „   2.   „

Kollektivtritt zum 3. Manual
    „   „   Pedal
Schweller zum 3. Manual
Evakuant
Kalkantenglocke.

14) Disposition der Orgel in der Münsterkirche in Ulm. Erbaut von E. Fr. Walcker & Co. 1856, umgebaut 1887/88.

a) Die Orgel von 1856.

Manual, Hauptwerk.

1. Principal $16'$
2. Tibia major $16'$
3. Contra Fagott $16'$
4. Second Fagott $16'$
5. Viola di Gamba $16'$
6. Manual=Untersatz $32'$
7. Octava $8'$
8. Gemshorn $8'$

9. Viola di Gamba 8'
10. Gedeckt 8'
11. Salicional 8'
12. Flöte 8'
13. Posaune 8'
14. Trompete 8'
15. Octava 4'
16. Flöte 4'
17. Rohrflöte 4'
18. Clarino 4'
19. Fugara 4'
23. Quint 5 1/3'
24. Terz 3 1/5'
25. Cornett 10 2/3' 8fach
26. Mixtur 5fach, 8' Ton
27. Mixtur 5fach, 4' Ton
28. Scharff 5fach, 2' Ton
29. Sesquialtera 2fach, 4' Ton
30. Super Octav 1'
20. Octava 2'
21. Waldflöte 2'
22. Clarinetto 2'.

II. Manual.

1. Gedeckt 16'
2. Salicional 16'
3. Principal 8'
4. Flöte 8'
5. Piffaro doppelt 8' und 2'=8'
6. Quintatön 8'
7. Dolce 8'
8. Trompete piano 8'
9. Posaune piano 8'
10. Gedeckt 8'
11. Fagott 8'
12. Clarinett 8'
13. Spitzflöte 4'
14. Viola 4'
15. Octava 4'
16. Klein Gedeckt 4'
17. Corno 4'
18. Traversflöte 4'
19. Piccolo 2'
20. Octav 2'
21. Mixtur 8fach, 8' Ton
22. Quint 5 1/3'
23. Cymbal 1' 3fach.

III. Manual.

1. Bourdon 16'
2. Principal 8'
3. Gedeckt 8'
4. Piffaro doppelt 8' und 4'=8'
5. Harmonika 8'
6. Spitzflöte 8'
7. Physharmonica 8'
8. Vox humana 8'
9. Octava 4'
10. Gemshorn 4'
11. Dolce 4'
12. Oboe 4'
13. Octav 2'
14. Flautino 2'

15. Nasard 2⅔'
16. Mixtur 5fach, 4' Ton
17. Copula zur Physharmonica
18. Tremulant zur Vox humana.

IV. Manual.

Mit dem vierten Klavier werden sämtliche Zungenstimmen gespielt, unbeschadet daß jede Stimme auch auf der ihr angewiesenen Stelle eines jeden Manuals mittels eines Koppelzugs willkürlich dirigiert werden kann.

I. Pedal.

1. Principalbaß 32'
2. Grand Bourdon 32'
3. Bombarde 32'
4. Subbaß 16'
5. Octavbaß 16'
6. Principalbaß 16'
7. Posaunenbaß 16'
8. Fagottbaß 16'
9. Posaune 8'
10. Trompete 8'
11. Clarine 4'
12. Corno Basso 4'
13. Cornettino 2'
14. Violon 16
15. Viola 8'
16. Violoncell 8'
17. Flöte 8'
18. Octava 8'
19. Octava 4'
20. Quint 10⅔'
21. Quint 5⅓'
22. Terz 6⅖'
23. Cornett 5fach 4'
24. Bourdon 16'.

II. Pedal.

1. Violon 16'
2. Gedeckt 16'
3. Flöte 8'
4. Flöte 4'
5. Hohlflöte 2'
6. Serpent 16'
7. Bassethorn 8'.

1. Copula I. zum II. Klavier
2. Copula II. zum III. Klavier
3. Copula II. zum IV. Klavier
4. Copula IV. Manual zum I. Manual
5. Copula I. Pedal z. I. Man.
6. Copula II. Pedal zum II Manual
7. Copula I. Pedal zum II. Pedal
8. Kalkantenwecker.

(100 Register.)

Jedes dieser Klaviere und Pedale ist mit einer pneumatischen Vorrichtung versehen und sogar gekoppelt so leicht zu traktieren, wie ein gewöhnliches kleines Werk von 8 bis 10 Registern. 12 Kastenbälge, 2 große Reservoire mit 3 Schöpfbälgen, welch letztere mit einer Maschine in Thätigkeit gesetzt werden; 3 große Kompensationsbälge und 4 kleinere Egaliseurs liefern den Wind zu den 6286 Pfeifen, deren größte in der Fronte stehend 40' lang ist und 2' im Durchmesser hat.

Die Höhe des Werks mit Inbegriff der Dekorationen ist 92', die Breite 41' und die Tiefe ohne das Spielpult und die großen Vorsprünge 29'.

Besondere Vorrichtungen sind: Erstens ein Crescendopedal für ein einzelnes Register, Physharmonica 8' und zweitens ein Forte und Piano, vermittelst dessen auf eine großartige Weise der Ton von der zartesten Stimme dieser Disposition in den feinsten Nuancen bis zur vollen Kraft des ganzen Werks willkürlich an- und abgeschwellt werden kann, während sich der Spieler durch die Registrierung mit der Hand jede beliebige Tonfarbe wählen und diesen Fortepiano-Zug hinein lavieren kann.

b) Disposition derselben Orgel nach dem 1887—88 erfolgten Umbau.

I. Manual (C—f 54 Tasten).

1. Principal 16'
2. Tibia major 16'
3. Fagott 16'
4. Viola di Gamba 16'
5. Manual-Untersatz 32'
6. Octava 8'
7. Gemshorn 8'
8. Viola di Gamba 8'
9. Gedeckt 8'
10. Salicional 8'
11. Flöte 8'
12. Fugara 8' (neu)
13. Doppelflöte 8' (neu)
14. Viola 8' (neu)
15. Basson 8' aufschlagend, (neu)
16. Trompete 8' aufschlagend (neu)
17. Octava 4'
18. Flöte 4'
19. Rohrflöte 4'
20. Clarino 8' aufschlagend (neu)
21. Fugara 4'
22. Octava 2'
23. Waldflöte 2'
24. Clarinetto 2' aufschlag. (neu)
25. Quint $5\frac{1}{3}$'
26. Terz $3\frac{1}{5}$'
27. Cornett $10\frac{2}{3}$' 8fach
28. Mixtur 5fach, 8' Ton
29. Mixtur 5fach, 4' Ton
30. Scharff 5fach, 2' Ton
31. Sesquialtera 2fach, 4' Ton
32. Super-Octav 1'.

II. Manual (C—f 54 Tasten).

1. Gedeckt 16'
2. Salicional 16'
3. Principal 8'
4. Flöte 8'
5. Piffaro doppelt 8' und 2' = 8'
6. Quintatön 8'
7. Dolce 8'
8. Trompete 8' aufschlagend (neu)
9. Gedeckt 8'
10. Fagott und Clarinette 8'
11. Spitzflöte 4'
12. Viola 4'
13. Octav 4'
14. Klein Gedeckt 4'
15. Corno 4' aufschlagend (neu)
16. Traversflöte 4'
17. Piccolo 2'
18. Octav 2'
19. Mixtur 8fach, 8' Ton
20. Quint $5\frac{1}{3}$'
21. Cymbal 1' 3fach).

III. Manual (C—f 54 Tasten).

1. Bourdon 16'
2. Principal 8'
3. Gedeckt 8'
4. Piffaro doppelt 8' und 4' = 8'

5. Harmonika 8'
6. Spitzflöte 8'
7. Physharmonica 8'
8. Vox humana 8'
9. Octava 4'
10. Gemshorn 4'

11. Dolce 4'
12. Oboe 4'
13. Octav 2'
14. Flautino 2'
15. Nasard 2²/₃'
16. Mixtur 5fach 4' Ton.

Pedal (C—d 27 Tasten)

1. Principalbaß 32'
2. Grand Bourdon 32'
3. Bombardon 32'
4. Subbaß 16'
5. Octavbaß 16'
6. Principalbaß 16'
7. Posaunenbaß 16'
8. Fagottbaß 16'
9. Posaune 8'
10. Trompete 8' aufschlagend
11. Clarine 4' aufschlagend (neu)
12. Corno Basso 4'
13. Cornettino 2' aufschlag. (neu)
14. Violon 16'
15. Viola 8'
16. Violoncello 8'

17. Flöte 8'
18. Octava 8'
19. Octava 4'
20. Quinte 10²/₃'
21. Quinte 5¹/₃'
22. Terz 6²/₅'
23. Cornett 5fach 4'
24. Bourdon 16'
25. Violon 16'
26. Gedeckt 16'
27. Flöte 8'
28. Flöte 4'
29. Hohlflöte 2'
30. Serpent 16'
31. Bassethorn 8'.

Zusammenstellung der Register.

I. Manual 32 Register
II.   "   21   "
III.   "   16   "
    Pedal 31   "
zusammen 100 Register (klingende Stimmen).

Nebenzüge.

neu {
1. Koppelung, I. Manual zum Pedal
2.   "   II.   "   "   "
3.   "   III.   "   "   "
4.   "   III.   "   " II. Manual
5.   "   II.   "   " I.   "
6.   "   III.   "   " I.   "
}

neu {
1. Kollektivpedal für *tutti* samt Koppel
2.   "   " *tutti* ohne Zungenstimmen
3.   "   " *fortissimo*
4.   "   " *forte*
5.   "   " *mezzoforte*
6.   "   " *piano*
}

3 Pedalgruppentritte (Kombinationspedale) je einem der Manuale entsprechend und sich gegenseitig selbst wieder auslösend (neu).
1 Schwelltritt und Mechanik fürs III. Manual (neu).
1 Schwelltritt' für Physharmonika (neu).
1 Crescendo und Decrescendo. — Vorrichtung fürs volle Werk, auf jedem Punkt fixierbar, sowie mit Zifferblatt und Zeiger versehen (neu).
Pneumatik [neu].
1 mechanisches Gebläse mit einem 4pferdigen Ottoschen Gasmotor (neu).
Klavierkasten zum Vorwärtsspielen (neu).
Regierwerk [neu].
Schwellkasten fürs III. Manual (neu).

15) Disposition der 1878 von Walcker & Co. erbauten neuen Orgel in der Votivkirche zu Wien (61 klingende Stimmen, 3 Manuale und Pedal).

I. Manual (C—f 54 Tasten).

1. Principal 16′
2. Fagott 16′
3. Flauto major 16′
4. Principal 8′
5. Flötenprincipal 8′
6. Bourdon 8′
7. Viola di Gamba 8′
8. Hohlflöte 8′
9. Gemshorn 8′
10. Quintatön 8′
11. Posaune 8′
12. Quinte 5 1/3′
13. Rohrflöte 4
14. Octav 4′
15. Flöte 4′
16. Clairon 4′
17. Terz 3 1/5′
18. Nasard 2 2/3′
19. Octav 2′
20. Cornettino 2′
21. Mixtur 2 2/3′ 6fach
22. Cornett, 8′ Ton 5fach
23. Scharff 1′ 3fach.

II. Manual (bgl).

24. Principal 8′
25. Bourdon 16′
26. Salicional 16′
27. Gedeckt 8′

28. Salicional 8′
29. Aoline 8′
30. Trompete 8′
31. Fagott und Oboe 8′
32. Octav 4′

33. Hohlflöte 4′
34. Spitzflöte 4′
35. Corno 4′ aufschlagend
36. Superoctav 2′
37. Mixtur 2²/₃′ 5fach.

III. Manual (Schwellwerk, dgl.).

38. Geigenprincipal 8′
39. Spitzflöte 8′
40. Lieblich Gedeckt 8′
41. Concertflöte 8′
42. Dolce 8′

43. Clarinette 8′
44. Fugara 4′
45. Traversflöte 4
46. Gemshorn 4′
47. Piccolo 2′.

Pedal (C—d 27 Tasten).

48. Grand Bourdon 32′
49. Principalbaß 16′
50. Bombardon 16′
51. Violonbaß 16′
52. Quintbaß 10²/₃′
53. Octavbaß 8′

54. Flötenbaß 8′
55. Trompete 8′
56. Terzbaß 6²/₅′
57. Clarino 4′
58. Octavbaß 4′.

Piano-Abteilung (des Pedals).

59. Subbaß 16′
60. Bourdon 8′

61. Violoncello 8′.

Koppelungen und Kollektivpedale.

1. Koppelung I. Manual zum Pedal
2. „ II. „ „ „
3. „ II. „ „ I. Manual
4. „ III. „ „ II. „
5. „ III. „ „ „ „
6. Kollektivpedal für Tutti (sämtl. Register u. Koppel II. z. I. M.)
7. „ „ alle Zungenstimmen
8. „ „ III. Manual mit Piano Pedal
9. „ „ Forte I. Manual ⎫
10. „ „ Forte II. „ ⎬ je mit entsprechenden
11. „ „ Solo III. „ ⎭ Pedalregistern
12. Schwelltritt zum Echowerk (III. Manual)
13. „ zu Fagott und Oboe 8′ (II. Manual)
14. Tritt für die Piano-Pedal-Abtheilung.

16) Disposition der 1886 von E. Fr. Walcker & Co. erbauten Orgel im St. Stephansdom zu Wien (90 klingende Stimmen, 3 Manuale und Pedal).

Ausgewählte Dispositionen.

Rechts:

I Manual-Unterfatz 32'	I Principal 16'	I Tibia major 16'	I Viola major 16'	I Posaune 16'	I Ophycleide 8'	I Posaune 8'	I Clairon 4'	I Cornettino 2'
I Bourdon 16'	I Octav 4'	I Principal 4'	I Rohrflöte 4'	I Hohlflöte 4'	I Fugara 4'	I Gemshorn 4'	I Octav 2'	I Octav 1'
I Octav 8'	I Principal 8'	I Doppelflöte 8'	I Viola di Gamba 8'	I Hohlflöte 8'	I Fugara 8'	I Gemshorn 8'	I Rohrflöte 8'	I Salicional 8' / I Bourdon 8'
I Quinte 5 1/3'	I Quinte 2 2/3'	I Terz 3 1/5'	I Doublette 2'	I Mixtur 4' 6fach	I Cornett 8' 5fach	I Scharf 1 1/3' 4fach		
Koppel I. Man. z. Pedal	P Principalbaß 16'	P Subbaß 16'	P Flötenbaß 16'	P Gedecktbaß 16'	P Octavbaß 8'	P Quintbaß 10 2/3'	P Octavbaß 4'	P Octavbaß 2' / P Mixtur 5 2/3' 5fach / P Terzbaß 6 2/5' / Kalkant

Links:

II Dolce 8'	II Gedeckt 8'	II Spitzflöte 8'	II Quintatön 8'	II Viola 8'	II Principal 8'	II Salicional 16'	II Quintatön 16'	II Principal 16'
II Cornett 8' 5fach	II Mixtur 2⅔' 5fach	II Nasard 2⅔'	II Oktav 4'	II Gedeckt-Flöte 4'	II Viola 4'	II Spitzflöte 4'	II Principal 4'	II Bifra 8' und 4'
III Bifaro 8' und 2'	III Violine 8'	III Voix céleste 8'	III Lieblich Gedeckt 8'	III Wiener Flöte 8'	III Principal 8'	III Lieblich Gedeckt 16'	III Klarinette 8'	II Trompete 8'
P Bombardon 32'	P Principalbaß 32'	III Cymbel 2 4fach	III Oktav 2'	III Flauto dolce 4'	III Viola 4'	III Oktav 4'	III Oboe 8'	II Corno 4'
P Clairon 4'	P Trompete 8'	P Posaune 16'	P Gedecktbaß 8'	P Flötenbaß 8'	P Violonbaß 8'	P Violonbaß 16'	P Contrabaß 16'	III Trompette harmonique 8'
								Koppel III. Man. 3. Pedal / Koppel II. Man. 3. Pedal

Zwischen dem I. und II. Manuale befinden sich die pneumatischen Druckknöpfe zur Koppelung des II. Manuals zum I. Manual, des III. Manuals zum I. Manual und des III. Manuals zum II. Manual. Kollektivtritte: *Pianissimo*, *Piano*, *Mezzoforte*, *Forte*, *Fortissimo*, *Tutti*; Schwelltritt für Oboë im III. Manual. Das I. und II. Manual haben Pneumatik. Windapparate: 15 Piatonbälge und 3 Regulatorbälge; Manual-Umfang 54 Tasten, Pedal-Umfang 27 Tasten.

Bemerkenswert ist vor allem, daß 90 zum großen Teile machtvolle Stimmen nur auf 3 Manualen mit Pedal disponiert sind. Es entfallen davon 35 auf das I., 21 auf das II. und 14 auf das III. Manual. Das Pedal zählt 20 Stimmen. Das I. Manual, welches einen 32′ und fünf 16′ enthält, ist für sich allein eine äußerst kräftige Orgel. Es hat vier gemischte Stimmen und sogar eine Terz, welcher eine solche im Pedal entspricht, das selbst wieder mit einer Mixtur versehen ist.

Die Principale im I. M. sind doppelt vorhanden und entsprechend der Helmholtzschen durch die Erfahrung bestätigten Theorie, in Mensur und Intonation wesentlich verschieden gehalten, sie wirken also mehr doppelt. Gemischte Stimmen haben auch die zwei anderen Manuale.

Im Crescendo-Kasten steht lediglich die Oboë, es fehlen im weiteren alle jene kunstvollen und künstlichen Einrichtungen, welche dem konzertanten und galanten Orgelspiele dienen. Das Instrument ist in der That eine reine Kirchenorgel, aber nichts desto weniger befähigt, jedwedem musikalischen Bedürfnisse des Gottesdienstes gerecht zu werden.

17) Disposition der 1882—83 von E. Fr. Walcker & Co. erbauten Orgel im Dom zu Riga (Rußland).

I. Manual.

Labialstimmen.

1. Prinzipal 16′
2. Flauto major 16′
3. Viola di Gamba 16′
4. Octav 8′
5. Hohlflöte 8′
6. Viola di Gamba 8′
7. Doppelflöte 8′
8. Gemshorn 8′
9. Quintatön 8′
10. Bourdon 8′
11. Dulciana 8′
12. Octav 4′
13. Gemshorn 4′
14. Gamba 4′
15. Hohlflöte 4′
16. Rohrflöte 4′
17. Superoctav 1′
18. Octav 2′
19. Quinte $2^2/_3$′
20. Terz $3^1/_5$′
21. Quinte $5^1/_3$′
22. Sesquialtera $5^1/_3$′ und $3^1/_3$′
23. Scharff $1^1/_3$′ 4 fach
24. Cornett 5 fach
25. Mixtur 4′ 6 fach.

Zungenstimmen.

26. Contrafagott 16′
27. Tuba mirabilis 8′

28. Trompette harmonique 8′
29. Cor anglais 8′
30. Euphon 8′

31. Clairon 4′
32. Cornettino 2′.

II. Manual.

Labialstimmen.

1. Geigenprincipal 16′
2. Bourdon 16′
3. Principal 8′
4. Fugara 8′
5. Spitzflöte 8′
6. Rohrflöte 8′
7. Konzertflöte 8′
8. Lieblich Gedeckt 8′
9. Viola di alta 8′
10. Dolce 8′
11. Principal 4′
12. Fugara 4′
13. Salicet 4′

14. Flauto dolce 4′
15. Superoctav 2′
16. Waldflöte 2′
17. Quinte $2^2/_3$′
18. Terz $1^3/_5$′
19. Mixtur $2^2/_3$′ 5fach
20. Cornett 5fach
21. Sexquialtera $2^2/_3$′ und $1^3/_5$.

Zungenstimmen.

22. Aolodicon 16′
23. Ophicleïde 8′
24. Fagott und Oboë 8′
25. Oboë 4′.

III. Manual.

Labialstimmen.

1. Salicional 16′
2. Lieblich Gedeckt 16′
3. Geigenprincipal 8′
4. Viola d'amour 8′
5. Wienerflöte 8′
6. Gedeckt 8′

7. Salicional 8′
8. Bifra 8′ und 4′
9. Harmonika 8′
10. Bourdon d'Echo 8′
11. Traversflöte 4′
12. Dolce 4′
13. Geigenprincipal 4′

14. Spitzflöte 4′
15. Piccolo 2′
16. Mixtur 2⅔′ 4fach.

Labialstimmen.

1. Quintatön 16′
2. Flötenprincipal 8′
3. Unda maris 8′
4. Piffaro 8′ und 2′
5. Melodica 8′
6. Flûte traversière 8′
7. Bourdon doux 8′
8. Aoline 8′
9. Voix céleste 8′

Zungenstimmen.

17. Vox humana 8′
18. Basson 8′
19. Clarinett 8′.

IV. Manual.

10. Viola tremolo 8
11. Flötenprincipal 4′
12. Gedecktflöte 4′
13. Vox angelica 4′
14. Salicet 2′
15. Harmonia aetherea 2⅔′ 3fach.

Zungenstimmen.

16. Trompete 8′
17. Physharmonika 8′.

Pedal.
A. Haupt-Pedal.

Labialstimmen.

1. Principalbaß 32′
2. Octavbaß 16′
3. Violonbaß 16′
4. Contraviolon 16′
5. Subbaß 16′
6. Flötenbaß 16′
7. Gedecktbaß 16′
8. Octavbaß 8′
9. Hohlflöte 8′
10. Gedeckt 8′
11. Violoncello 8′
12. Octav 4′

13. Hohlflöte 4′
14. Octav 2′
15. Quintbaß 10⅔′
16. Terzbaß 6⅖′
17. Sesquialtera 10⅔′ und 6⅖′
18. Mixtur 5⅓′ 5fach
19. Grand Bourdon 32′ (kombiniert).

Zungenstimmen.

20. Bombardon 32′
21. Posaune 16′
22. Trompete 8′
23. Corno 4′.

B. Schwell-Pedal.

Labialstimmen.

1. Violon 16′
2. Bourdon 16′
3. Dolceflöte 8′
4. Violon 8′

5. Viola 4′
6. Flautino 2′.

Zungenstimmen.

7. Serpent 16′
8. Bassethorn 8′.

Hauptklavierkasten.
A. Koppelungen.

a. Koppel IV. Manual zum I. Manual

b. Koppel IV. Manual zum II. Manual

c. Koppel IV. Manual zum Pedal
d. Koppel I., II., III., IV. Manual zum Pedal
e. Koppel III. Manual zum I. Manual
f. Koppel III. Manual zum II. Manual
g. Koppel III. Manual zum Pedal
h. Koppel II. Manual zum Pedal
i. Koppel IV., III., II. Manual zum I. Manual
k. Koppel II. Manual zum I. Manual
l. Koppel I. Manual zum Pedal
m. Koppel Pedal zum I. Manual.

Die Koppel m ist eine bis jetzt noch nirgends angewandte Neuerung, mit der ganz riesige Effekte zu erzielen sind. Da sie jedoch beim Spiel einer ganz besonderen Behandlung bedarf, wurde sie mit „noli me tangere" bezeichnet.

B. Nebenzüge.

n. Anter zum momentanen Anhalten der Crescendowalze
o. Automatische Gangstellung der Crescendowalze
p. Steuerung für Crescendo und Decrescendo
x. Tremulo für Vox humana und Bourdon d'écho
y. Tremolo für Oboë 8' II. Manual
z. Zifferblatt zum Crescendo und Decrescendo

I. Abstoßer für alle Manual-Register
II. Abstoßer für die Register des I. Manuals
III. Abstoßer für die Register des II. Manuals
IV. Abstoßer für die Register des III. Manuals
V. Abstoßer für die Register des IV. Manuals
VI. Abstoßer für die Register des Hauptpedals
VII. Abstoßer für die Register des Schwellpedals.

C. Tritte.

A. Omni-Copula.
B. Pedalgruppe I.:
   A. 3, 4, 5, 6, 7, 9, 10, 11, 13, 19.
   B. 1, 2, 3, 4, 5.
C. Pedalgruppe II.:
   A. 4, 5, 6, 6, 9, 10, 11.
   B. 1, 2, 4.
D. Pedalgruppe III.:
   A. 4, 5, 10, 11.
   B. 1, 2, 3, 4.
E. Pedalgruppe IV.:
   B. 1, 2, 3, 4.
F. Forte IV. Manual 1, 2, 3, 4, 5, 6, 7, 8, 9, 11, 12, 13, 14, 15.
G. Organo pieno.
H. Fortissimo I., II., III. Man.: alle Labialstimmen.
J. Forte I., II., III. Manual: alle 16', 8' u. 4' Labialstimmen ohne gemischte Stimmen.
K. Piano:
   I. Manual 2, 3, 5, 6, 7, 11, 14, 15, 16, 26, 29, 30.
   II. Manual 5, 6, 7, 9, 10, 13, 14, 16, 22, 24, 25.
   III. Manual 1, 4, 5, 7, 9, 11, 12, 15, 19.
L. Mezzoforte I. Manual: 5, 6, 8, 10, 11, 13, 14, 15, 16.
M. Mezzopiano I. Manual: 6, 8, 10, 11, 14.
N. Mezzoforte II. Manual: 4, 5, 6, 7, 8, 9, 10, 12, 13, 14.

O. Mezzopiano II. Manual:
4, 8, 9, 10, 13, 14.
P. Mezzoforte III. Manual:
3, 4, 5, 7, 8, 9, 11, 14.
Q. Mezzopiano III. Manual:
5, 7, 8, 9, 11.
R. Trompeten-Chor:
I. Manual 27, 28, 31, 32.
II.   „   23.

III. Manual 17, 18.
IV.   „   16.
Pedal   21, 22, 23.
S. Kombinations-Prolongement.
T. An- und Abkoppeln der Crescendowalze.
U. Schwelltritt für Oboë II. Man.
V. Schwelltritt für IV. Manual und Pedal B.

D. Klavierkasten

auf der unteren Empore mit den Registern des Schwellwerkes (IV. Manual und Pedal B).

W. Koppelung Manual z. Pedal.
X. Tutti IV. Man. u. Pedal B.
Y. Schwelltritt z. Echokasten.
Z. Schwelltritt f. Physharmonika.

Die Windladen des Werkes sind durchgehends Kegelladen ohne Federdruck mit verbesserter doppelter Windzuleitung.

Dieselben sind etagenmäßig über-, hinter- und nebeneinander gruppiert, so daß die ganze

Höhe des Werkes ca. 20 Meter
Breite „   „   „ 11   „
Tiefe „   „   „ 10   „   beträgt.

Der pneumatische Hebel ist in Anwendung

im I. Manual . . . . . mit 54 Bälgchen
„ II. „ . . . . . „ 54 „
„ Pedal . . . . . . „ 27 „
bei den Registerzügen . . „ 124 „
für die Koppelungen . . „ 12 „
für den Prinzipalbaß 32′ . „ 27 „
mit zusammen 298 Bälgchen

von verschiedener Konstruktion.

Das Gebläse mit mechanischem Getriebe und kontinuierlichem sich selbst regulierendem Gang wird durch einen vierpferdigen Ottoschen Gasmotor in Bewegung gesetzt.

11 große Schöpfer beschaffen den Wind für die verschiedenen Reservoirs.

Die auf der unteren Emporbühne stehende Schwellorgel mit 17 Manual- und 8 Pedalstimmen kann auch ganz unabhängig vom großen Orgelwerk gespielt, durch Abkoppelung vom mechanischen Getriebe des Hauptgebläses für sich allein durch Menschenkraft mit Wind versorgt und so zu kleineren gottesdienstlichen Handlungen verwendet werden.

Die Koppelungen sind alle mittelst kleiner pneumatischen Druckknöpfe sehr leicht zu handhaben und befinden sich über den Manualtasten in den Vorsatzbrettchen, so daß sie vom Organisten zum Teil während des Spieles und ohne die Finger von den Tasten zu nehmen erreicht werden können.

Die Crescendo- und Decrescendovorrichtung fürs ganze Werk hat automatische Aktion, so daß der Organist nur den Nebenzug o zu ziehen hat, um sie in Thätigkeit zu setzen, und kann er außerdem auch deren Gang (schneller oder langsamer) beliebig regulieren; die Direktion, ob Crescendo oder Decrescendo, giebt er der Walze durch durch die Steuerung p; mittelst des Ankers n kann er die Walze sowohl im Crescendo als Decrescendo in jeder beliebigen Stellung momentan anhalten und endlich mit dem Tritt T die Wirkung der Walze auf die Registerzüge in beliebiger Stellung augenblicklich aufheben, während die Walze leer weiter geht, ohne ein Register zur Ansprache zu bringen.

Auf dem rechts an der Innenseite des Klavierkastens angebrachten Zifferblatt ersieht der Organist den jeweiligen Stärkegrad des hervorgebrachten Crescendo oder Decrescendo.

Die Abstoßer I bis VII ermöglichen dem Organisten ein sehr rasches Registrieren, weil er je mit einem einzigen leichten Druck entweder alle Manualregister oder aber die sämtlichen Register je eines Manuales oder Pedales verstummen machen und sich sofort wieder eine andere Mischung herrichten kann.

Um ihm ferner das Registrieren während des Spieles und zwar so zu ermöglichen, daß er eine gewählte Registermischung im Spiel beibehalten und, während er dieselbe benutzt, wieder eine beliebig andere einstellen kann, um sie in einem gegebenen Moment an Stelle der bisherigen erklingen zu lassen, ist ihm das Kombinations-Prolongement S zur Verfügung gestellt.

Durch die Pedalgruppen B C D und E hat der Organist neben dem Hauptpedal, auf dem er jedes beliebige Pedalregister einstellen kann, eigentlich noch 4 weitere Pedalklaviere von verschiedener Stärke zur Verfügung, was, wenn er von einem Manual zum andern übergeht, von größtem Wert ist.

Die Zusammenstellung dieser Pedalgruppen I, II, III, IV, korrespondiert inbezug auf Stärke und Tonfülle mit den gleichnamigen Manualen I, II, III, IV und sind diese Pedaltritte, um eine möglichst rasche Benutzung derselben zu ermöglichen, so eingerichtet, daß, wenn der eine niedergedrückt wird, der etwa schon vorher gezogen gewesene sich gleichzeitig von selbst auslöst und der Organist also gar nicht nötig hat, sich um diese Auslösung zu bekümmern. Es ist dies eine große Erleichterung für eine rasche Abwechselung im Pedalspiel und der Anbringung zweier Pedalklaviere über einander, wie sie früher manchmal angewendet wurde, entschieden vorzuziehen.

In ähnlicher, jedoch konstruktiv ganz verschiedener Weise sind die Tritte H J K L M N O P Q hergestellt. Auch diese haben unter einander die Eigenschaft, daß der zu ziehende Tritt gleichzeitig den vorher gezogen gewesenen abstößt. H J K üben jeder für sich seine Wirkung auf die Manuale I, II und III aus, während L und M nur auf das I. Manual, N und O nur auf das II. Manual, P und Q nur auf das III. Manual wirken. Man erhält somit durch diese 9 Tritte für jedes der 3 Manuale 5 verschiedene Registermischungen und für die 3 Manuale also im ganzen 15 Kombinationen, ohne den Tritt G Organo pieno und die Koppelungen zu rechnen, welche außerdem noch eine Anzahl der verschiedensten Kombinationen auf diesen Manualen ermöglichen. Hat der Organist z. B. den Tritt K gezogen, so hat er auf den Manualen I, II, III je ein Piano, nun möchte er aber im II. Manual rasch eine Forte haben, in den übrigen Manualen I und III aber das frühere Piano beibehalten, weil er im Spiel wieder darauf zurückkommen möchte. Er tritt einfach den Tritt N nieder und das bisherige Piano im II. Manual ist ausgelöst und an dessen Stelle ein Mezzoforte getreten, während das Piano in den zwei andern Manualen unverändert geblieben ist. — Zu besserer und schnellerer Übersicht ist bei diesen Tritten noch die weitere Einrichtung getroffen, daß jeder Tritt die durch ihn zum Ertönen gebrachten Stimmen durch Hervortreten der betreffenden Registerzüge kennzeichnet, dieselben aber beim Niederdrücken eines andern Trittes jedesmal wieder zurücknimmt, um der durch den zuletzt gezogenen Tritt in Aktivität tretenden Serie Platz zu machen.

18) Disposition der 1884 von E. Fr. Walcker & Co. erbauten großen Konzertorgel im neuen Gewandhaus zu Leipzig.

I. Manual (C—a^3 58 Tasten).

1. Principal 16′
2. Flauto major 16′
3. Principal 8′
4. Bourdon 8′
5. Gemshorn 8′
6. Hohlflöte 8′
7. Quintatön 8′
8. Dolce 8′
9. Viola di Gamba 8′
10. Trompete 8′ aufschlagend
11. Octav 4′
12. Rohrflöte 4′
13. Gemshorn 4′
14. Clairon 4′ aufschlagend
15. Quinte $5^{1}/_{3}$′
16. Quinte $2^{2}/_{3}$′
17. Octav 2′
18. Mixtur $2^{2}/_{3}$′ 6fach
19. Cornett 5fach.

II. Manual (C—a^3 58 Tasten).

20. Bourdon 16′
21. Principal 8′
22. Gedeckt 8′
23. Salicional 8′
24. Spitzflöte 8′
25. Aoline 8′
26. Voix céleste 8′
27. Oboë 8′ einschlagend
28. Basson 8′ aufschlagend
29. Principal 4′
30. Flauto dolce 4′
31. Piccolo 2′
32. Cymbal $2^{2}/_{3}$′ 3fach.

III. Manual (C—a³ 58 Tasten).
Echowerk.

33. Quintatön 16′
34. Geigenprincipal 8′
35. Lieblich Gedeckt 8′
36. Konzertflöte 8′
37. Harmonika 8′

38. Clarinette 4′
39. Fugara 4′
40. Traversflöte 4′
41. Harmonica aetherea 2²/₃′
    3 fach.

Pedal (C—f 30 Noten).

42. Principalbaß 32′
43. Principalbaß 16′
44. Violonbaß 16′
45. Subbaß 16′
46. Quintbaß 10²/₃′
47. Gedecktbaß 16′
48. Posaunenbaß 16′ aufschlagend

49. Octavbaß 8′
50. Violoncello 8′
51. Flötenbaß 8′
52. Trompete 8′ aufschlagend.
53. Octav 4′
54. Clairon 4′ aufschlagend.

Koppelungen, Kombinationspedale und Nebenzüge.

1. Koppelung II. Manual zum I. Manual
2.   „   III.   „   I.   „
3.   „   III.   „   II.   „
4.   „   I.   „   Pedal
5.   „   II.   „   „
6.   „   III.   „   „
7. Kollektivtritt für *tutti*
8.   „   „   *fortissimo*
9.   „   „   *forte*
10.   „   „   *piano*
11. Kombinationspedal nach Belieben verstellbar
12. 1 Tritt *forte* fürs Pedal
13. 1   „ *piano*   „   „
14. Kombinations-Prolongement
15. Crescendo- und Decrescendo-Vorrichtung fürs ganze Werk mit Zifferblatt und Walze, auf jedem beliebigen Punkt auslösbar
16. Vorrichtung zum Abstoßen sämtl. Register des I. Manuales
17.   „   „   „   „   „   „ II. „
18.   „   „   „   „   „   „ III. „
19.   „   „   „   „   „   „ Piano } Pedals
                                                                                                        Forte
20. Schwelltritt für den Echokasten des III. Manuals
21. Tremolo für Oboë 8′ im II. Manual
22. Auslöser der Crescendowalze.

Inhalt.

Einleitung	Seite	1—4
I. Die Klaviaturen und Registerzüge	„	4—13
Gehäuse, Prospekt	Frage	4
Manuale und Pedale	„	5
Kombinationspedale und Kollektivtritte	„	6
Koppeln	„	7
Registerzüge	„	8
II. Allgemeines über die Pfeifen (Labialpfeifen und Zungenpfeifen)	S.	13—27
Unterscheidungen	Fr.	9
Material	„	10
Labialpfeifen	„	11
Gedackte Kröpfung	„	12
Mensur	„	13
Überblasende Pfeifen	„	14
Zungenpfeifen	„	15
III. Die klingenden Stimmen	S.	27—63
Klassifikation, Fußgröße, Hilfsstimmen	Fr.	16
Offene Labialstimmen	„	17
Normalmensur [Prinzipale]	„	18
Enge Mensur [Gamben, Flöten]	„	19—21
Weite Mensur [Hohlflöten]	„	22
Spitzflöten und Pyramidflöten	„	24
Tremolierende Stimmen	„	23—25
Gedakte und Halbgedakte	„	26
Hilfsstimmen	„	27
Quinten, Terzen, Septimen	„	28
Gemischte Stimmen	„	28
Zungenstimmen	„	29—32
Schlagstimmen	„	33
Registrierung	„	34
IV. Das Gebläse (Bälge, Kanäle, Windkasten und Windladen)	S.	63—89
Bälge	Fr.	35—39
Kanäle	„	40

Inhalt.

Sperrventil	Fr. 41
Tremulant	„ 42
Windkasten und Windladen	„ 43—46
Schleiflade	„ 44
Kegellade	„ 45
Aufstellung der Pfeifen [Pfeifenbretter, =Lehnen; Konducten, C=Laden und Cis=Laden]	„ 46
Weg des Windes	„ 46
V. Das Regierwerk (Registratur und Spielmechanik)	**S. 89—94**
Allgemeines	Fr. 48
Registratur	„ 49
Spielmechanik	„ 50
Schwere und leichte Spielart, pneumatischer Hebel, Röhrenpneumatik	„ 51
VI. Die Instandhaltung der Orgel	**S. 94—103**
Allgemeines [Feuchtigkeit, Schmutz]	Fr. 52
Heulen	„ 53
Überblasen	„ 54
Durchstechen	„ 55
Nichtansprechen einzelner Töne	„ 56
Fauchen, Tremulieren	„ 57
Allerlei Störungen	„ 58
Verstimmung einzelner Töne	„ 59
VII. Disposition einer neuen Orgel	**S. 104—115**
Allgemeines	Fr. 60
Gesichtspunkte für richtige Stimmenzusammenstellungen	„ 61
Berühmte Orgelbauer alter und neuer Zeit	„ 62
Litteratur über Orgelbau und Orgelspiel	„ 63
Anhang. Einige Dispositionen	„ 116—150